U0525415

正义之殇

DOING JUSTICE
A Prosecutor's Thoughts on Crime,
Punishment, and the Rule of Law

美国检察官
反思犯罪、处罚与法治

[美]普里特·巴拉拉（Preet Bharara）——著

陈召强——译

湖南文艺出版社

Doing Justice by Preet Bharara
Copyright © 2019 by Preet Bharara
Published by arrangement with The Cheney Agency, through The Grayhawk Agency Ltd.

© 中南博集天卷文化传媒有限公司。本书版权受法律保护。未经权利人许可，任何人不得以任何方式使用本书包括正文、插图、封面、版式等任何部分内容，违者将受到法律制裁。

著作权合同登记号：图字 18-2021-038

图书在版编目（CIP）数据

正义之殇 /（美）普里特·巴拉拉（Preet Bharara）著；陈召强译. -- 长沙：湖南文艺出版社，2022.3
书名原文：Doing Justice
ISBN 978-7-5726-0372-3

Ⅰ. ①正… Ⅱ. ①普… ②陈… Ⅲ. ①司法制度-研究-美国 Ⅳ. ①D971.26

中国版本图书馆 CIP 数据核字（2021）第 200625 号

上架建议：非虚构·法律
ZHENGYI ZHI SHANG
正义之殇

作　　者：	［美］普里特·巴拉拉（Preet Bharara）
译　　者：	陈召强
出 版 人：	曾赛丰
责任编辑：	匡杨乐
监　　制：	吴文娟
策划编辑：	黄　琰
特约编辑：	吕晓如
版权支持：	辛　艳　张雪珂
营销编辑：	傅　丽　闵　婕
封面设计：	棱角视觉
版式设计：	李　洁
出　　版：	湖南文艺出版社
	（长沙市雨花区东二环一段 508 号 邮编：410014）
网　　址：	www.hnwy.net
印　　刷：	北京天宇万达印刷有限公司
经　　销：	新华书店
开　　本：	700mm×995mm　1/16
字　　数：	290 千字
印　　张：	22
版　　次：	2022 年 3 月第 1 版
印　　次：	2022 年 3 月第 1 次印刷
书　　号：	ISBN 978-7-5726-0372-3
定　　价：	68.00 元

若有质量问题，请致电质量监督电话：010-59096394
团购电话：010-59320018

献给我的家人以及美国纽约南区检察官办公室的勇敢的人们,那里是我愿意一直工作下去的最好的地方。

目 录
Contents

序 /001

第一部 调查

引言 /002
扑朔迷离的真相：兄弟弑亲案 /007
不要被假象所迷惑："温文尔雅的牛仔" /014
金牌调查员：黑帮克星肯尼思·麦凯布的职业道德 /027
确认偏误：17号潜在指纹 /036
不放过任何细节：桑德维尤谋杀案 /049
好奇心与询问：提问基本问题 /063
审讯的原则："野蛮主义是没有必要的" /076
告密者：污点证人的道德困境 /096
延续与变革：以创新的方式实现正义 /128

第二部 指控

引言 /142
三思而后行 /151
但愿不会如此 /159
放弃指控 /176
文化 /196
宝莱坞 /206

第三部　判决

引言 /220
出庭日 /223
法官 /236
审判 /255
纽约三巨头 /274
裁决 /280

第四部　处罚

引言 /290
婴儿卡利娜 /293
蝇王 /305
超越正义 /326

致谢 /331

序

这本书是在一次偶然的职业转变期间写成的,用时超过一年。此前,我担任纽约南区检察官达七年半之久,超出了一般的任期。2016 年 11 月 30 日,我应当选总统唐纳德·J. 特朗普(Donald J. Trump)的个人请求而留任,那时他刚赢得大选不久。然后,2017 年 3 月 11 日,我突然被特朗普总统解职了。

在我离任之前,危机四伏;在我离任之后,危机频繁发生,甚至成为常态。法治和法治信仰,司法独立性和检察独立性,真相的意义和真相至上的理念——所有这些都受到质疑,并在很多方面遭到抨击。

时下,"法治""正当程序"和"无罪推定"等短语和概念看起来更像是政治口号而不是基本原则,其他备受推崇的原则似乎也在沦陷。如今,人们好像更愿意妖魔化对手而不是正视对手,更愿意挥舞棍棒威胁批评者而不是赢得批评者的支持。人们对真相和专门知识的蔑视与日俱增。严谨成为一种稀缺品。我们活在谎言里,而谎言从未得到澄清。作为一个概念,正义似乎走到了自己的对立面；它被赋予了不同的含义，具体取决于你是政治对手还是政治盟友。

有些原则的确重要。我们的对手不是我们的敌人，法律不是政治武器，客观真相确实存在，公平程序在文明社会中至关重要。

事实证明，法律会教我们了解真相，了解尊严，了解正义。法律会教我们用理由和证据而不是嘲讽和人身攻击来解决分歧与争端。这样一来，时下公共领域内的很多争论会被一笑置之。从政者和电视上的发言人会因歪曲事实和说出赤裸裸的谎言而被剥夺律师资格。正如最近有人所说的那样，联邦法院不是推特。

很多人发现，现在的美国正处于一个危急时刻。保持这样一种紧迫感无疑是对的。但在紧迫之中，深呼一口气，后退一步，并试着理解如何实现正义也至关重要。然后，对比研究"虚夸和愤怒"与"冷静的思维过程"，而教育就在这种对比研究之中。

在担任联邦检察官初期，我曾想过为年轻检察官写一个指南，帮助新入行的理想主义者。用我的前辈亨利·史汀生（Henry Stimson）的话来说，他们是拥有"希望和美德"的人，但没有任何经验，亦未接受过训练。这个指南其实并不是关于法律本身，而是关于如何以正确的方式做正确的事；它并不是取材于法律文本和法律专著，而是来自日常生活中实实在在的人类困境。在进一步构思主题时，我意识到这个指南其实也可以写成一般意义上的司法指南，既适用于司法从业者，也适用于那些在工作和家庭生活中为实现公平公正而不懈努力的人。当时由于各种各样的原因，写书之事并没有提上日程，但这个想法一直停留在我的脑海里，停留在我的心里。

多年来，我一直工作在一线，带领的也是我所见过的最优秀的公务员队伍。我希望这些年的经历可以为我提供某种视角，帮助人们了解美国所发生的事情。

在写下这些想法和故事的同时，我的思绪被拉回了早前的案件和争议上。更重要的是，我回到了最根本的问题上。公平和公平思维意味着什么？独立性需要什么？真相是如何被发现的？正义是如何被伸张的？什么是自由裁量权，以及如何明智地行使这种权力？我说的并不是一个抽象的世界，而是混乱的、处处受干预的真实世界，而在这样一个世界里，我们靠着有缺陷的人类去实现那些实实在在的理想。

这就是本书的内容，而正因为如此，它不仅是关于过去的，更是关于现在的。有时候，解决当前事件的最佳方法就是回顾基本原则。

自记事起，我就立志推动正义的发展，推动社会对正义的理解。我一直都对正义之使命、事业和理念矢志不渝。无论是从个人角度、学术角度，还是职业角度讲，莫不是如此。正义是什么？正义意味着什么？如何实现正义？正义是如何弘扬的？正义是如何消失的？

在新泽西州读高中时，我参加过公开演讲比赛。其中一个比赛项目是要求演讲者就他人已发表过的演讲稿进行演讲。（在我看来，这称得上是超级呆板的歌曲翻唱大赛。）那年我15岁，碰巧遇到的是"人民诉亨利·斯威特审判"（People v. Henry Sweet trial）的辩论总结。这个案件的事实是这样的：奥西恩·斯威特（Ossian Sweet）医生一家搬到底特律某街区的一处新住宅居住。斯威特医生是一名黑人，他的白人邻居不想让这家黑人住在他们社区。那是1925年。

在搬进新住处的第二个晚上，一群愤怒的暴民突然出现，对斯威特一家进行恐吓。他们朝着这家人大吼大叫，并投掷石块。在随之引发的混乱中，斯威特医生的弟弟亨利为了保护家人朝着人群开了一枪，导致一名白人死亡。

在接受审判时，亨利·斯威特发现他不仅会失去自由，还会失去生命。密歇根州正争取将他处以极刑。但亨利是幸运的，因为他的辩护律师是克拉伦斯·达罗（Clarence Darrow）。在"人民诉亨利·斯威特"一案中，达罗发表了有史以来最出色的辩论总结之一。他当然谈到了该案的事实，并就自卫法进行了辩论。可他也谈到了普遍意义上的正义，并以雄辩的口才陈述了黑人的困境。要知道，他们正式从奴隶制中解放出来还是不久前的事情。

在谈到非洲裔美国人时，他说："法律赋予了他们平等的权利，但人并没有给予他们这种权利。我们最终要问的是人做了什么，而不是法律做了什么。"90年后，这个问题依然重要。

达罗还说："毕竟，这个世界上每一个人的生命都不可避免地与其他人的生命交织在一起，而无论我们通过什么样的法律，也不管我们采取什么样的预防措施，除非我们遇上的是友好、正直、有人性和热爱自由的人，否则就不会有自由的存在。自由源于人类，而非产生于法律和制度。"

迄今为止，在对成为一个追求正义的律师的理解上，没有哪一堂课、哪一位教授或哪一本法律著作对我的影响超得过30多年前我牢记的这些话；后者于我而言更有力量，也更具说服力。我可以肯定地说，作为一个还在长痘的青少年，那时我并没有完全理解这些话的意义。但在担任联邦检察官之后，我越来越把它们视为至关重要的真理。虚假指控、错误定罪、过度惩罚和司法不公等通常都是由人性的弱点造成的，而非源于非人性化的司法体制的缺陷。

虽然我们国家是一个令人钦佩的法治国家，但有时候正义也会产生于内心，频率跟产生于大脑的差不多。这是因为法律过于强调抽象意义，使得抽象凌驾于现实之上。体制下的每一个人都是一个个体，而正义则是一个抽象概念，追求正义的是实实在在的人，感受正义的也是实实在在的人。

"聪明"的法律并不能保证正义的结果，就好比好的食谱并不能保证可口的佳肴一样。法律只不过是一种工具，而如果没有人的介入，它就像装在盒子里的小提琴一样，失去生机和活力。法律不能强迫我们彼此相爱或彼此尊重。它不能消除仇恨，也不能战胜邪恶；它不能教人优雅，也不能荡涤冷漠。无论何时，法律的最佳目标都是由人来执行的，结果或好或坏。正义是被伸张还是被践踏取决于人，宽恕是被给予还是被拒绝同样取决于人。

我之所以读法学院，是因为我想成为那个致力于推动美国正义事业的法律界的一分子。自法学院毕业后，我从事过很多工作，先是在私人部门做了六年，所涉业务包括白人犯罪的刑事辩护、证券诉讼和国际仲裁等。后来我有幸成为美国参议院司法委员会（U.S. Senate Judiciary Committee）参议员查尔斯·舒默（Charles Schumer）的首席法律顾问。在此期间，我制定犯罪立法草案，审查司法任命，并负责调查一起涉及联邦检察官的政治解雇案（颇具讽刺意味的警告）。

但我唯一真正想做的是成为纽约南区的一名助理检察官（AUSA）。要知道，纽约南区检察官办公室即使不是全世界，也是美国首屈一指的公共法律办公室。早年在律师事务所做助理时，我父母有时会来纽约看我，我就带他们去唐人街吃广式早茶。中午，当我们从曼哈顿下城的市政厅地铁站出来去吃饭时，我会指着紧邻警察总部的一栋野兽派风格的柱状蹲式混凝土建筑物跟他们说："那就是我将来想去工作的地方。"圣安德鲁广场1号（One St. Andrew's Plaza），这对我来说是一个神奇的地方。2000年，我如愿以偿：在玛丽·乔·怀特（Mary Jo White）的见证下，我宣誓成为一名新人检察官。自此之后，我的生命被彻底改变。

总部设在曼哈顿的联邦检察官办公室是一个众所周知的机构，设立于美国诞生之初,甚至比司法部(Department of Justice)的成立还早了近一个世纪。纽约区的首任检察官是理查德·哈里森(Richard Harrison),而提名他出任这一职务的正是乔治·华盛顿(George Washington)。华盛顿呈送给参议院的这份手写文件中还有美国国务卿的提名者托马斯·杰斐逊(Thomas Jefferson)。在哈里森的继任者中,很多人后来都成了州长、市长、内阁部长和最高法院法官。几个世纪以来,纽约南区一直负责起诉各种联邦刑事案件——从叛国到恐怖主义,从公共腐败到有组织犯罪,不一而足。到了现代,它雇用了超过200名高资质又值得信任的专业人员,其中大多数是充满理想主义的年轻律师,还有一支由同等数量的工作人员组成的敬业团队。除了纽约南区检察官办公室,美国司法部还有其他92个检察官办公室,但纽约南区一向以立案独立而闻名,这一点从它早前所得的绰号——"主权区"(Sovereign District)中就可窥一斑。

在2009年接任该办公室负责人时,我决意拥抱从前任那里继承下来的文化。在那里,有且只有一条恒久不变的戒律:以正确的理由、正确的方式做正确的事情。这是绝对不可以违背的。在任何可能的情况下,我都会强调这一点,从而影响了一整代的公务员。在这样一个办公室办公感觉是美好的。尽管刑事工作意味着你会看到人性中最阴暗的一些地方,但我依然认为这是我所待过的最激励人心的地方,也是最充满希望的地方。

我们做不到永远正确,我们也会犯错误。我们会追踪有人认为办过头的案件,也会放弃有人希望我们提起诉讼的案件。但对于任何案件,我们都就如下问题认真思考过:我们在做什么,我们为什么要做,以及我们这样做是否有利于正义。

正义是一个宽泛而模糊的主题。它是人类已知的最难捉摸和最具争议的概念之一,而源于正义含义的那些分歧则导致了革命,产生了宗教,引发了内战。当然，我不会在这里提出某种宏大而新奇的正义理论。但我要表明的是，如果人们认为得出某一结果的程序是公平的，并认为执行该程序的人是公允的，那么他们就会认为这一结果是公正的。常言道，正义不仅必须得到实现，还要以看得见的方式实现。当下，在我们这个国家，很多人都看不到公平程序，也不理解这种程序。现代美国存在着信任危机，可这并不总是因为法律的失灵或宪法程序的崩溃。我们拥有的是一个经常被人为损坏的体系，那些男男女女带着封闭的思想、错误的先入之见、偏见和自私自利来到正义面前。在他们看来，这个体系是可以被打败、被绕开的；它不是一条寻找真相的路径。

在本书中，我会详细讲述美国法院是如何解释和执行联邦法律的，同时也会向读者展示成熟、善于思考的人是如何在他们的社区、工作场所和家庭中做决策的。这并不仅仅是一本关于法律的书，也是一本关于正直、领导力、决策和道德推理的书，而所有这些都对正义的意义和本质至关重要。

比如，并非只有负责审判刑事案件的终身制法官才会面临公平与有效惩罚的道德困境。这种困境很多人都会遇到：必须处罚无赖公司的监管人员，必须处理行为不端的雇员的主管人员，甚或不得不管教不守规矩的孩子的父母。公平和有效惩罚的均衡点在哪里？什么样的惩罚是有效的？什么样的惩罚可以在未来达到震慑当事人以及其他所有人的目的？什么样的起诉虽证据充分但没那么必要？

法律存在漏洞，而自由裁量权的海洋则留给了检察官。想一想每天做出的所有判断。显然，很多这样的判断是在各地法庭上做出的。不过在工作中、家中、学校里和互联网上，那些谈不上完美但发挥着缓和作用的判例、约束性规则、公开诉讼程序和申诉权等，却未被人们纳入考量，进而出现了糟糕且后果严重的判断。在所有这些生活领域，存在着多少不公？有多少是固守成见？有多少是草率判断？有多少是不当惩罚？就此而言，这也是一本关于公平判断的书。

所有这些问题都没有准确的或确定的答案。然而，一个有秩序的社会每一天都需要回答这些问题，而每一天也都有人竭尽所能地迎接这一挑战。

第一部

调查

引言

真相是正义的核心所在,而发现真相则需要深挖细究式的调查。在刑事司法中,这被称作侦查。侦查不仅是寻求真相的路径,还是追究责任或证明无罪的方式。在对特定案件进行侦查时,公平性、有效性、严密性、完整性和速度自然是决定正义能否得到伸张的关键因素;刑事案件或其他任何案件,无一不是如此。

侦查的过程是艰难的。当人们看到艺术家、作家或企业家倾尽心血创造出来的成品时,他们往往会低估这背后的努力。煞费苦心、艰苦繁重和痛苦不堪的付出未必会体现在笔法的优雅、叙事的明晰以及商业模式的简约上。在通往成品的道路上,他们遭遇了错误的开始、死胡同、各种迂回曲折,以及其他种种挫折;但对所有这一切,位于终端的消费者知之甚少,甚或一无所知。外行看到的只是终点,而不是整个过程。

侦查亦是如此。在描述侦查工作应如何开展方面,流行文化中有一句现成的话,暗示这项工作毫不费力,即人们常说的"无非是把那些圆点连接起来"(just connect the dots)。这个认为运用我们在幼儿园学到的技巧就能获知真相的想法一向令我困惑。

在连接圆点时，只要你会数数，就可以画出图案。即便是一个小朋友，也可以用蜡笔把标注为1的小圆点同旁边标注为2的小圆点连接起来，然后再把标注为2的小圆点同旁边标注为3的小圆点连接起来，以此类推，直到某个粗糙的图像出现为止，比如牛、谷仓、房子或狗等。但在现实世界中人们却没有如此好的运气。在开展侦查工作时，没有万无一失的指南或指令可以确保你能绘制出清晰、准确和可提起诉讼的画面。你要做的并不是握着蜡笔在纸上连接圆点，而是拖着脚步走遍全城——会见目击证人、发送传票和查阅财务文件等。

同连接圆点一样，"追踪资金"（follow the money）显然也是一种被过于简单化的想法。这个短语并非如人们普遍认为的那样出自水门事件的头条新闻，而是由已故编剧、小说家威廉·戈德曼（William Goldman）在影片《总统班底》（*All the President's Men*）中生造出来的。鲍勃·伍德沃德（Bob Woodward）和卡尔·伯恩斯坦（Carl Bernstein）从未使用过这一措辞。它出自那位才华横溢的好莱坞编剧，并成为一个广为人知的习语。但事实上，追踪资金并不像听起来那么简单。

自金融犯罪出现以来，调查人员就知道你会关注资金的流向问题：从哪里流出、流往何处以及流动的用途等。"连接圆点"和"追踪资金"等习语的问题在于，它们大大低估了标准刑事侦查的难度、复杂性和持续时间，尤其是当侦查工作涉及人的内心活动时。

侦查的难度并不仅仅在于案件的复杂性。我们来看一个远比连接圆点更复杂的游戏。我的小儿子拉姆（Rahm）爱玩我们那一代人所熟知的"魔方"，而且非常着迷。周末的时候，我带他参加过很多魔方比赛。对于一个三乘三的标准多彩魔方，他的平均还原时间为11秒；这个速度虽然不是世界级的，但也是非常优秀的成绩了。不过，魔方游戏是有诀窍的：无论你怎么打乱魔方，从数学上讲，它都有一个可预见的解法。基于你所记住的运算法则，你可以用更多或更少的步骤来还原魔方；这里的关键是，只要你有足够的决心、记忆力和练习，你一定可以把它还原。再者，从数学上讲，这个谜题还有最优解，也就是说它的步骤有确定的顺序，而刑事侦查则不然。没错，它是有指导原则，当然也有最佳做法，但它的步骤没有预先确定好的、通用的顺序。更重要的是，并非每一起刑事案都有解。

回到追踪资金的问题上。人们认为你发现了一张支票之后就会看到是谁签发的以及是谁支走现金的，然后就可以结案了。如此简单的案子实属罕见。老谋深算的人会通过大量账户和众多金融中介来隐匿资金的流向轨迹。他们偏爱现金，他们篡改文件，他们注册空壳公司，他们伪造书面材料。通常而言，他们不会留下任何记录或任何可让其获罪的交易痕迹。这就是洗钱的精髓所在，而证明洗钱这种犯罪行为也是非常困难的。我们很多人很多时候都很难搞清自己的想法，更何况是探究那些闪现在他人脑海中的非法念头，而几乎所有的白领犯罪案或腐败案都面临着同样的挑战。

一些构成犯罪的个人行为往往是完全合法的，而这些行为事实上也完全在个人的职权和工作范围之内，比如总统解雇联邦调查局局长、投资组合经理买卖股票或国会议员进行立法投票等。依据其他事实的真实性，这些行为可能妨碍司法（目的是终止一项调查吗？），可能涉及内幕交易（交易是建立在重大的非公开信息之上的吗？），也可能牵涉政治腐败（这是贿选吗？）。

调查人员的倾向很重要。心态和动机至为关键。你一定想找出真相，也一定想清楚无误地了解真相。太多时候人们只是想赢，事实和真相则不受待见。但在发起一项调查时，若以正义为目标，你就不能执着于任何结果，也不能预设任何论点。保持开放心态意味着你在调查过程中要摒弃假说的干扰。你要从事实中得出论点，而不是相反。

为什么这一点如此重要呢？因为你一旦认定了某种假说或某个论点，就很难再放下，心理学家对这种现象是很熟悉的。人们倾向于忽视与其原始论点相悖的事实。他们会刻意忽视相反的证据；更糟糕的是，他们甚至有可能对与其第一信念不符的新事实视而不见。第一信念是根深蒂固的。未经证实的第一信念会削弱大脑功能，钝化思维能力，就像发烧会导致身体变虚弱一样。在任何特定的调查中你都应时刻保持警觉，否则那些显而易见的基本原则就会有沦为肤浅流行标语的风险，比如你所熟悉的保持开放心态、不要预判、不要假设、不要急于下结论，以及防范偏见等。

这种开放心态之所以会遭到抵制，是因为它放慢了调查的速度。在可怕的灾难或暴力性犯罪发生后，人们强烈要求问责，这是可以理解的；他们想看到坏人被绳之以法。受害者都是有名有姓的人，同情心和同理心自然会被激起。人们想知道作恶者的身份也是可以理解的。他们想看到作案者被缉捕归案，而且越快越好。在犯罪案件发生后，每个人都成为纳斯卡赛车迷。他们想要的是速度、速度、速度。

速度是调查最好的朋友，但同时也是调查最坏的敌人。速度是朋友，因为有的证据会消失，就像阳光照射下水坑里的水，很快就会蒸发无踪。此外，记忆力会减弱，证人会走开，文件也会失踪。所以你需要在尽可能短的时间里获取所有有价值的东西。

但过于强调速度会让你忽视证据或曲解证据。速度过快会酿成错误。正如古罗马元老院议员塔西佗（Tacitus）所说：" 真相要经过长时间的核查才能被证实，轻率和不确定性只会导致错误的结果。"当你一直处于往前冲的状态时，后退一步就会很难，但这种后退对案件来说至为关键。调查人员必须在耐心和急躁之间达成一种近乎不可能的平衡。也就是说，既要有尽快找出真相的迫切之心，又要保持沉着冷静的心态，从容不迫地把事情做好。

毋庸置疑，任何调查的成功和质量都取决于办案人员的经验、智慧、智谋、好奇心、创造力、勇气和毅力等，不过还取决于另外一个因素：办案人员的性格。从某种意义上讲，我认为性格在所有专业的努力中都起着重要作用。尽管我也偏爱性格好的烘焙师、飞行员或木匠，但对做蛋糕、驾驶飞机或打造橱柜而言，需要的可能只是专业技能。而对办案人员来说，寻求真相和追究责任则有着更多要求：正直、诚实和独立等。

在接下来的章节中，我要讲述的并不是如何调查不端行为，毕竟这不是一本全面的关于调查的入门读物。相反，我将讲述的是一些成功的案例和一些发人深省的故事。你会看到在一些案件中，无辜的人被指控，而在另外一些案件中，真正有罪的一方却长期逍遥法外。你会看到最优秀的调查人员的一些特质，比如极具传奇色彩的黑帮克星肯尼思·麦凯布（Kenneth McCabe）；我认为他立下的就是一个黄金标准。你可以深入研究审讯的艺术和伦理，并了解侦查方与污点证人（告密者）之间时不时进行的不甚高尚的交易等。你会读到科学的局限性、人类的犯错倾向、勤奋和专业的重要性，以及个人在伸张正义或妨碍司法方面所起到的作用等。

扑朔迷离的真相：兄弟弑亲案

1989年夏天，也就是在我大学三年级和四年级之间的那个暑假，我到叔叔家的小型保险公司打工，按时计酬，地点是新泽西州的朗布兰奇。那是一份单调乏味的工作：把电话簿上成千上万的姓名、地址和电话号码录入台式电脑，然后创建数据库，以便通过邮件推广公司的保险业务。对一个致力于追求卓越职业生涯的法律人来说，这显然不是最吉祥的征兆，所以我很庆幸自己可以在新泽西那个炎热的夏天因患上腕管综合征而得到片刻的喘息。

8月的一个下午，我接到了高中时代最好的朋友杰茜卡·戈德史密斯·巴尔齐莱（Jessica Goldsmith Barzilay）的电话，那时她就读于纽约州立大学宾厄姆顿分校（SUNY Binghamton），即将步入大学三年级，也正在放暑假。办公室前台的接线员恰好是我婶婶，她把电话转接到了离我最近的分机上。杰茜卡是我认识的性格最开朗和最乐观的人，她总能很快地笑起来，甚至能在更短的时间里让别人也笑起来。她的脸上永远都挂着笑容。

1989年8月20日的那个下午，杰茜卡却没有在电话里发出笑声。那是她打给我的第一个可怕的电话，在之后的几个月里，她又陆续给我打过几次这样的电话。在这次通话中，她试图告诉我一些事情，但我听不清她说的是什么，因为她一直在哭着说。从她的哭声中，你感觉得出那不是因为发生了一般的悲伤事件，而是人们在遭遇重大悲痛时才会有的表现。在她竭力向我传递那个难以名状的坏消息时，我先想是不是她的父母出事了。每年感恩节，我和我弟弟都会去她家吃甜点，这是一个延续很久的传统。然后我又想是不是她的两个姐妹出事了，我也和她们一同上过高中。

过了一两分钟后，杰茜卡冷静了下来。这个消息是关于她父母的老朋友的。"乔斯和姬蒂死了。"她说。他们死了，还是被谋杀的，是被恶意杀害的。在他们自己家的起居室，被人用霰弹枪近距离射杀，现场惨不忍睹。案发时，他们就坐在沙发上，一边吃草莓和冰激凌，一边看《007之海底城》(The Spy Who Loved Me)。我们后来得知，现场极为血腥，乔斯的头几乎从身体上断了。

我很早就听杰茜卡说过乔斯和姬蒂的故事。杰茜卡的父母曾经和这对夫妇做过一段时间的邻居，那时他们都还年轻，也没什么钱，竭尽全力想在皇后区取得成功。他们两家租了小型公寓，彼此相邻，像其他年轻夫妇一样打拼生活。他们努力工作，设法做到量入为出，且怀抱着远大的理想。作为一个形影不离的四人组，他们两家一起度假，一起过周末，一起打网球，一起玩《大富翁》游戏。在经过多年的努力之后，从古巴移民到美国的乔斯终于摆脱了最初的卑微生活，在好莱坞建立了非常成功的事业，并举家搬到了贝弗利山庄。无论从哪一方面讲，他都已实现了美国梦。乔斯和姬蒂育有两个儿子。我也听说过这俩兄弟，因为在成长过程中，杰茜卡喜欢上了那个年长的哥哥，后者后来就读于普林斯顿大学。这两兄弟相貌英俊、体格健硕。而今，他们成了孤儿。

在谋杀案发生的那天晚上，警方接到了一个电话，报警者是他们兄弟中的一个，情绪异常激动，说他偶然发现了自己父母的尸体。警察迅速赶到案发现场,那是一栋价值500万美元的豪宅,之前曾是迈克尔·杰克逊(Michael Jackson)的住宅,而更早之前则属于埃尔顿·约翰(Elton John)。警察在室外草坪上看到了这家人的小儿子,他整个人蜷缩成婴儿状,室内则是血流成河。

我从未见过这家人,但通过杰茜卡多年来的讲述,我自认为是了解他们的。在听朋友啜泣着诉说令人惊悚的细节时,我也间接感受到了那沉重的悲痛。杰茜卡平静下来后,我觉得我可以多了解一下相关事实了。有嫌疑人吗?她说目前还没有嫌疑人,不过从残暴程度来看,警方认为这或许与黑手党有关。可能是为了复仇,但她想不出谁会对乔斯和姬蒂下此狠手。这段时间以来,警方也没有发现任何线索。

这起谋杀疑案最终成为20世纪90年代第二起最耸人听闻的刑事案件,仅次于O. J. 辛普森(O. J. Simpson)审判。姬蒂和乔斯是莱尔·梅嫩德斯(Lyle Menendez)和埃里克·梅嫩德斯(Erik Menendez)的父母,他们死于自己的亲生儿子之手。不过,直到很久之后,这个可怕的事实才为人知晓,而杰茜卡和她的家人则用了更久的时间才接受这一现实。

由于开学的缘故,杰茜卡未能参加在普林斯顿召开的追悼会。她的父母参加了——不得不闭棺举行,并表示在现场,埃里克看起来特别悲伤。他们说,这两个孩子在谈及乔斯和姬蒂时滔滔不绝,言语中充满了爱。

几个月后,在1990年3月,我再一次接到杰茜卡的电话。我记得她是哭着打给我的。当时我坐在大学狭小的宿舍那坚硬的双人床垫上,开着一盏可调节台灯,毕业论文的最后期限已经临近,而我一如既往地拖着。她的声音中带着悲痛,但较8月那次平静得多。她说:"他们错抓了那两个男孩。"她一直用男孩来指代莱尔和埃里克。即便是近30年后的今天,这两个因弑亲而被判终身监禁且早已步入中年的男人,在她看来仍是"男孩"。时间被冻结在了谋杀案发生之前。

"警察怎么会犯如此严重的错误呢?"她问。这并不只是一句反问。那时,我已准备当年秋天去哥伦比亚大学法学院读书,所以我觉得她哀伤地提出这个问题可能是想让我给她一些法律方面的意见,解释一下为什么警方会犯如此大的错误(以及如何改正这个错误)。

我刚开始退缩了,然后问了一个显而易见的问题:"杰茜卡,是他们干的吗?"

她给出了坚定的回答:"不是。百分之百不是。"

我说:"你确定吗?"

"我知道不是他们干的,"杰茜卡说,"我知道,我知道。"我相信了她。

在他们两兄弟被逮捕几个月后,杰茜卡又一次给我打来电话。她刚刚和这两个男孩的一个女性长辈交谈过。莱尔和埃里克已经招供了,他们称自己杀死父母是为了自卫,还说他们多年来一直遭受乔斯的精神虐待和身体虐待。那为什么要杀姬蒂呢?根据莱尔和他精神病医生的谈话录音,他杀死母亲是帮她"摆脱痛苦"。在供词和变更了的抗辩内容公之于众之前,梅嫩德斯家的这个女性长辈事先把相关情况告诉了杰茜卡一家。我问杰茜卡她父亲是怎么看待这件事的。"这比失去姬蒂和乔斯还要糟糕。"他告诉她。

接下来是长达六年的漫长拉锯战,关于精神病医生录音证据的可采性——一场史诗般的官司:关于自卫原则的多回合交锋,上诉至加利福尼亚州最高法院(California Supreme Court),以及多次无效审判;1996年,两兄弟最终被判谋杀罪名成立。所有这一切都在国内公开上演,举国震惊。后来,这起极具戏剧性的案件还被写成了多本书,并被拍成了电视连续剧。在第一次和第三次审判时,杰茜卡甚至出庭做过证。

在他们兄弟招供时，我已经是法学院的学生了。但在杰茜卡第一次听闻真相的那个晚上，我们没有谈论刑法，没有推想法律辩护的可行性，也没有推测若罪名成立，莱尔和埃里克可能面临的判决。杰茜卡讲的是这些年来她自己的轻信，她犯了什么错误，以及她失去了什么。哪些是她没有看到或选择视而不见的，哪些悲伤和痛苦是她未曾注意到的。要知道，这起枪杀案并不是一时冲动。整个犯罪行为都是被精心策划和实施的，并仔细进行了掩盖。在继承遗产之后，莱尔开始疯狂购物。他买了一辆保时捷、一款劳力士腕表，以及普林斯顿的一家餐馆。

杰茜卡忽视了哪些极其反常的迹象呢？那两个男孩的父母被杀令人心痛，那两个男孩在谋杀案中所扮演的角色令人难以忍受。但让杰茜卡深感苦恼的是她错信了人以及她对可能的事实视而不见。我们谈了整整一夜，直到太阳升起。那两个男孩是凶手，杰茜卡认为他们不是，但事实上他们就是。她想搞清楚这件事。我们想一起搞清楚这件事。

很久以后，杰茜卡和她的家人开始回过头来寻找那些看起来怪异，甚至可怕的事情，这或许可以帮助他们了解隐藏在完美的美国梦之下，这家人不为外人所知的紧张关系。乔斯是一个性情强硬的父亲，轻易不会妥协，对待孩子非常严厉。有一天晚上，他开车把 12 岁的埃里克拉到了墓地，留他在墓碑间哭泣，以让他坚强起来。在之后的几十年里，杰茜卡一直在讲与这个故事类似的其他故事。但两个男孩表现得很好，以至于在谋杀发生之前——更准确地说，应该是在他们两兄弟招供之前，所有人都认为那些小插曲已经被遗忘或烟消云散。

我们那次的彻夜长谈并没有产生什么顿悟，但得出了一个结论：你不可能了解一个人的所有。你永远都不可能真正了解别人的内心或想法，你也永远都不可能真正了解别人能做什么。我说的是真正了解。这是生活中的一个显而易见却也令人沮丧的事实，可对当时尚未踏入社会并开始工作的22岁的兄弟俩来说，这个道理还远不是那么明显。

这是我生命中第一次意识到任何人都有可能犯罪。这一点让我感到震惊，不过震惊的同时也受到了启发。直到今天，每当有人告诉我说他们知道某个人不会做某件事时，我都会想起莱尔和埃里克。在特定行当中，这是一种悲哀的反应，却也是一种必要的反应，因为有些时候，所有的一切都与你的信仰、信念和本能相悖，比如那两个生活优渥的百万富翁的儿子就残忍地杀死了自己的父母。

我和杰茜卡的这些对话谈论的是一个成长的故事，一个丧失纯真的故事，但同时，这也对我今后作为调查人员和检察官的职业生涯产生了深刻的影响。我不仅对任何嫌疑人的任何潜在的犯罪行为持有一种合理的怀疑态度，还对任何人的清白持有这样一种态度。无罪推定，作为一个与审判有关的重要法律术语，人们在法庭上谈论是正常的，也是正确的。无罪推定这一神圣原则的运用确保了刑事审判的公平性，所以在做出判决前，陪审团可以评估所有证据并保留自己的判断。

调查阶段则不同。无罪推定对调查人员来说是一个危险的标准。对于每一个人的潜在罪行，调查人员都必须保持开放心态——无论这个人是受害者的好友还是血亲，乃至生活富裕、家境优渥的儿子也不例外。

在谈及偏见时，人们通常指的是负面偏见。这是一个非常值得关注的问题，即人们可能会对某一种族、民族或性别的人持有偏见，而这种偏见又可能会导致他们过度怀疑某一特定群体的犯罪行为。但梅嫩德斯兄弟弑亲案以及很多其他案件也提醒我们要对正面偏见保持警惕。所谓正面偏见，就是人们认为那些外表看起来正直的公民或那些非常成功和富有的人士不会犯欺骗、欺诈、施暴或弑亲等罪行。正面偏见不仅会导致执法部门漏掉嫌疑人，可能更重要的是，它反而会导致某些深思熟虑的人成为受害者。

夜间赶路时，如果一个白人种族主义者看到一个身着连帽衫的年轻非洲裔美国人迎面走来，那么他可能会走到街对面去，但这个白人也可能会心甘情愿地把自己的全部财产交给一个颇为有名、衣着考究却缺乏诚信的白人投资顾问来打理，而他所有的朋友都给予了这个顾问无限的信任。

那么，这意味着什么呢？人们该如何生活呢？在雇请照看小孩的保姆、聘请律师或选择投资顾问时，让普通公民把这些人往最坏处想，或让普通公民花费大量时间去调查他们的背景似乎是不现实的。这会让你的日常生活和职业生活陷入瘫痪。但是银行职员、老师、学生，以及日常生活中的人或许应该保持足够的怀疑精神，以便在发现明显的危险信号时敲响警钟。当然，这种情况并不总是会发生。

不要被假象所迷惑："温文尔雅的牛仔"

在你的人生道路上，有多少人是无赖和骗子？有多少人因相貌、衣着或行为举止让你感到了威胁或觉得他们不如你？有多少人因成功、权力和财富而让你仰慕、效仿或嫉妒？常识和检察经验告诉我，任何极端都是没有意义的。如果你是一个疑心过重的人，认为你所交往的每一个人都是假冒者，是骗子，试图伤害你，那么你的生活是很难维持下去的。但同样，因为外表而盲目地信任一个人也是愚蠢又无知的。而在这两个极端之间发挥作用的是合理的怀疑主义，是正常交易，是尽职调查，是理智和审慎；对执法人员、企业和个人来说，莫不如此。这并不仅仅是一个善意的、心灵鸡汤式的建议。在识别和控制那些经常不为人所管束的重大恶行方面，这样做是有实际效果的——伯纳德·麦道夫（Bernard Madoff）案就是一个例子。但更多不那么出名的小麦道夫随处可见。

我出任联邦检察官的第十天恰好是个周日。我穿了牛仔裤和T恤，坐在办公室里翻看各部门负责人定期呈交的每周刑事案汇总报告。其间，我的助理博伊德·约翰逊（Boyd Johnson）突然走了进来，和他一同前来的还有反欺诈部门的主管约翰·希勒布雷希特（John Hillebrecht）。"约翰要和你谈谈，"博伊德说，"我们遇到问题了。"

顺便多讲几句，在我担任联邦检察官的整个任期内，我的助理都非常出色，这对我来说无疑是幸运的。博伊德是我的第一名助理，他不仅是我的老友，也是我最尊敬的朋友之一。在上任第一天，我便把他从反腐部门负责人提升为助理检察官。博伊德身材高大、体格健壮、待人友善；他不仅是一个有着敏锐直觉的律师，也是一个充满活力、富有激情的领导者。我们有过两次共事经历，一次是在私人部门，另一次就是在纽约南区。我对他的信任就像对兄弟一样。在我上任之初的那几周里，他带我熟悉相关的工作流程。快速实践要点：如果有机会能和生活中最好最聪明的朋友共事，那就试试吧。

博伊德离职后由理查德·扎贝尔（Richard Zabel）接任助理检察官，任期四年。理查德可以说是我们办公室里最聪明的人，同时也非常务实，很有学者风范。蓄着山羊胡的他懂法语，写小说，说话时引经据典、信手拈来。他是一个严格的主管、严谨的编辑和宝贵的知己，是那种相处一周后，你就会觉得自己仿佛已经认识他一辈子了，至少对我来说是这样。另外，在理查德的告别晚宴上，我曾为他唱过一曲，而这也是我唯一一次在公共场合为他人唱歌。我要说的就是这些。

在我担任联邦检察官的最后几年里，金俊贤（Joon Kim，音译）担任我的助理。金俊贤先后毕业于菲利普斯·埃克塞特学院（Phillips Exeter Academy）、斯坦福大学和哈佛大学，一路成绩优异。他为人低调、才华横溢，并在我的鼓动下放弃了佳利律师事务所（Cleary Gottlieb）七位数的年薪，加入检察官队伍。他是一个幽默的人，但幽默的背后是浓厚的理想主义。很少有人能像他一样让我开怀大笑。我被解雇之后，他一直在我身边；而作为代理联邦检察官，他的表现也非常出色。

我讲这些的目的是想说没有哪一位领导者可以凭一己之力把这项工作做好。伙伴关系决定一切，而如果你没有选好自己的队友，那么等待你的将是地狱。

重回正题，情况是这样的：联邦调查局最近刚刚开始调查伊朗裔美国人哈桑·内马齐（Hassan Nemazee），后者涉嫌大规模银行诈骗案。就在几天前，花旗银行（Citibank）向联邦调查局报告，内马齐以虚构担保物的手段骗取该行7490万美元的贷款。这不涉及国家安全，也不是迫在眉睫的危险。那么，为什么要在周日急着处理呢？

事情的紧迫性就在于，嫌疑人制订了极其反常的旅行计划——这样的情况时有发生。哈桑·内马齐预订了当天晚上从纽瓦克自由国际机场飞往意大利罗马的机票。当一名犯罪嫌疑人决定离开管辖区域时，我们总会遇到同样的问题：这是一次合理的短期商务旅行（他还会回来），还是一次规划好的逃亡之旅？或者，他已经有所警惕，选择出境，不再回来，让我们两手空空、颜面尽失？所有这些都是很微妙的。公平地讲，事物都有两面性。被告人逃到境外、逍遥法外的情况的确存在，但受非公开起诉的、毫无戒备的犯罪分子有时一进入美国就会被立即逮捕。比如，受非公开起诉的伊朗黄金交易商礼萨·扎拉布（Reza Zarrab）在陪同家人前往迪士尼世界度假时就被逮捕了。从司法的总资产负债表来看，这种旅行"抽奖"的支出和收入可能是持平的，不过我们并没有这方面的记录。

阻止内马齐搭乘航班出行的最简单的方式就是立即逮捕他。几周后，我们惊讶于自己又遇到了一个类似的临时出行问题。在得知对冲基金首席执行官拉杰·拉贾拉特南（Raj Rajaratnam）——涉嫌内幕交易——预订了国际航班的机票之后，我们改变了原本制订好的理想计划，提前将他逮捕。然而，就后一个案例而言，我们已经获取了几个月的窃听证据，有足够的合理根据将他逮捕，只是我们突然于周五上午发起的逮捕行动就需要在后勤和计划方面克服一些障碍。就内马齐案来看，彼时调查行动才刚刚开始。花旗银行只是对他产生了怀疑（该行工作人员最近要求他提供资产证明，这表明他们会直接联系他其他账户所在的银行），但那时，我们已基本采信花旗银行的说法，即这名众所周知的正派人士是一个诈骗犯，可我们连证明文件都还没有。

此外，内马齐也不是一般的嫌犯。他是一个非常富有和受人尊敬的知名企业家，同美国多位知名民主党人保持着政治关系，也没有任何迹象表明他过去曾犯过任何罪行。这名伊朗裔美国人是美国梦的标杆，已婚，育有三名子女。他毕业于哈佛学院，为人慷慨大方。他向许多慈善机构和学校捐过款，总额超过100万美元，其中包括哈佛大学、布朗大学、斯宾塞学校、惠特尼美国艺术博物馆和外交关系委员会等。他不仅慷慨捐助民主党人，还捐助知名的共和党人，前者包括巴拉克·奥巴马（Barack Obama）、希拉里·克林顿（Hillary Clinton）、比尔·克林顿（Bill Clinton）、乔·拜登（Joe Biden）、艾伯特·戈尔（Al Gore）、约翰·克里（John Kerry）和查尔斯·舒默（Chuck Schumer）等，后者包括参议员杰西·赫尔姆斯（Jesse Helms）、萨姆·布朗巴克（Sam Brownback）和阿方斯·达马托（Alfonse D'Amato）等。他是一个衣着考究、举止得体且学识渊博的人。他的寓所位于派克大街，价值2800万美元。

他与哪一个特定党派保持着政治关系对我们来说并不重要。不久前，我们办公室就调查和起诉了民主党的另一名知名筹款人徐咏芫（Norman Hsu），并将其定罪。我的职责与政治无关；无论是民主党人还是共和党人，我对他们都一视同仁。重要的是，内马齐有着无可指摘的声誉。虽然名人和富人永远都不可能凌驾于法律之上，但在事实尚未搞清之前，调查人员还是应该保持谨慎，避免给怀疑对象带去不必要的声誉损害。这样做很重要，不仅是为维护被调查者的声誉，也是为维护联邦调查局和联邦检察官办公室的声誉和信誉。当时的情况是非常棘手的：放内马齐走，寄希望于他会回来，还是以某种方式阻止他出境？

最终，我们决定采取一个折中但又不失灵活的策略：派两名优秀的探员前往纽瓦克自由国际机场拦住内马齐。目的是避免出现最糟糕的情况，即内马齐登机离境。放走一个潜在的坏人对我们每个人来说都是梦魇。按照计划，探员在这个过程中要客客气气、以礼待人，因为经验告诉我们，这种温和的处理方式通常是最有效的，尤其是在双方都表现克制的情况下。探员会与这名上流社会的嫌疑人进行冷静、礼貌，同时也是立场坚定的谈话。

我们希望出现以下三种情况之一，这样就可以避开灾难性的结果：内马齐向联邦调查局说谎，探员逮捕他；内马齐承认自己有罪，探员逮捕他；或者在我们调查期间，内马齐自愿待在美国。

探员提前数小时抵达机场，一直等到内马齐通过安检通道，以确定他没有随身携带武器。当两名举止得体且携带武器的人出其不意地拦住内马齐，向他表明自己联邦调查局特工的身份，并解释说花旗银行指控他以欺诈手段骗取该行近7500万美元的贷款时，会发生什么呢？事实上，在那个时刻，哈桑·内马齐的表现可以说是一个完美的绅士，就像处理流失订单的领班一样平静。他耐心地向探员解释说，这完全是一个很大的误会。"我提交给银行的那些资金证明都是真实的，我绝对有那些钱。这一切是一个重大错误。那些钱绝对是有的。"内马齐说。探员不知道该不该相信他,但他的话也不是没有说服力。尽管探员的调查让内马齐感到极其震惊,也给他带去了极大的不便,可他还是很痛快地遵从了他们的要求,脸上也看不出任何生气或抱怨的表情。飞机飞走了,他留下了。

在听了探员的简短汇报之后,约翰回到我的办公室,向我和博伊德说了最新情况。我心想:"好吧,可以松口气了。现在最糟糕的结果就是我们让花旗银行怀疑的这个人略感尴尬,而我们自己也略感尴尬。"这并不是因为我过于注重我们在外的表现,而是因为这次行动过早,对他的指控似乎也很突兀。我已做好准备,接受他或有罪或清白的调查结果。他在机场的表现沉着冷静、泰然自若,从这方面看,我认为我们可能搞错了。但我也想到了梅嫩德斯兄弟——事物的表象和真相并不总是一样。

两小时后,长期担任内马齐律师的马克·穆凯西(Marc Mukasey)给约翰打来电话,就当时的情况来看,穆凯西的谈话内容远超出他作为辩护律师的职权范围。他不仅重申了内马齐的话,即这完全是一个很大的误会,还更进一步,亲自为内马齐做担保。他解释说,他常和内马齐在一起,他们一起坐在企业席位上观看洋基队的比赛,并表示内马齐是一个各方面都非常优秀的人。穆凯西说:"他是我的朋友,而不仅仅是一个客户。"

然后,内马齐杀了一个"回马枪"。穆凯西说:"他打算明天就把所有钱还上,这样可以吗?"我的思绪又回到了开始时,如果我们在机场逮捕了他,那么事情该有多么离谱。如果他真是一个诈骗犯,如果他真过着骗人的生活,根本没有他所说的资产,那么在半天的时间内就还上7490万美元显然是不可能的。即便是非常有钱的人也很难做到这一点,因为这涉及流动资金的问题。

那天晚上躺在床上，我想起了很久以前我就明白的一件事：通往逮捕之路所做的每一个决定都荆棘丛生。这个周末的经历让我进一步加深了这一观念。对决策者来说，要不要对一个人发起指控，其重要性不言而喻。其实在调查阶段，某种形式的战争迷雾就已经笼罩在决策者的头上了。这个时候，各种情况在迅速变化，事实没有厘清，动机和意图还难以做出解释，而种种行为也才刚刚露出苗头。当所处环境要求人们在"比赛"尚未结束时快速做出决定——早于调查的自然进程，决策者所发挥的作用就更为重要了。想到我们终归是避免了一个可能令人蒙羞的时刻时，慢慢我就睡着了。

第二天早上，内马齐仍萦绕在我的脑海中。之前我遇到过类似的情况，比如有人承诺马上缴纳保释金或其他费用，但最终并没有兑现。时钟的指针还没有指向正午，希勒布雷希特就来到了我的办公室，说："老大，你肯定想不到，他刚刚真的把那笔钱还上了。"整整7490万美元，就好像这不是钱一样。我坐回椅子上，感叹道："天哪，真不可思议！"

就在我们庆幸自己处理得当时，我心想："还好，我们差点就搞砸了。"

但在离开我的办公室前，约翰看了看我，又看了看博伊德，然后说："等着吧，让我们看看还会发生什么。我不确定我们是否已经掌握了全部情况。"身材高大、脸庞瘦削的约翰是一名非常出色的出庭律师，已经将无数犯了罪的成功人士送入监狱。如果你想知道如何获取可采信的证据，那就去问约翰。他有着敏锐的直觉，他的预感可以作为非正式的合理根据。不过，他这次的预感好像不是很准确。

几小时后，约翰再次回到我的办公室。他开口说的第一句跟上午的那句一样："老大，你肯定想不到。"我抬头看着他。"他还款的钱有问题。"约翰接着说。约翰和另一名探员已经调查过内马齐还款资金的来源，联邦调查局很快就拿到了资料。还款资金来自汇丰银行（HSBC）。

为确认新提供的担保物，我们查阅了花旗银行和汇丰银行的文件。至此，谦和、富有的哈桑·内马齐的真正面貌才开始浮现出来。为了免遭花旗银行的欺诈指控，内马齐周一上午走进另一家大型银行的大厅，然后运用同样的欺诈手法，再加上他身上的种种光环，如财富、成功和名望等，瞬间就说服了那家大型金融机构为他提供7490万美元的贷款。在我看来，要做到这一点，影响力和勇气缺一不可。

这是一个关乎命运的决定。对内马齐先生来说，他的结局是这样的：眨眼之间，他让自己的麻烦翻了一番，因为联邦体制下的刑罚是跟欺诈金额挂钩的。我们不能再等了。约翰与联邦调查局探员达林恩·巴克（Dalynn Barker）一起找到了足够的证据，当晚即可逮捕内马齐。

接下来的调查揭穿了一个满是谎言的人生。在内马齐的诈骗案中，所涉银行并不仅仅是花旗银行和汇丰银行，还有美国银行（Bank of America）。他编造金融机构，伪造签名和文件，声称自己拥有可支撑这些巨额贷款的金融担保物，其中包括他一再声明的价值数百万美元的美国国债。他捏造办公室地址、电话号码、银行地址和银行代表。比如，他所提供的办公室地址之一——麦迪逊大道575号，后来被发现是一家提供电话应答服务、邮件接收服务和会议室服务的公司。最终，内马齐认罪，承认骗取银行超过2.9亿美元的贷款资金。尽管他住的是价值2800万美元的公寓，开的是蓝色的玛莎拉蒂、2007年产的赛斯纳680飞机和135英尺[①]长的游艇，在曼哈顿翠贝卡区、意大利和卡托纳拥有价值数百万美元的地产，但实际上，他并不是一个腰缠万贯的人。所有这一切都是华丽又庞大的伪装。

[①] 1英尺合30.48厘米。——本书注释均为编者注

在他被捕后，外界的反应也很有趣。政界人士争先恐后地归还他的捐款。熟人和同事对此表示震惊和意外。在报纸上，一名匿名的金融家朋友声称他非常了解内马齐，不无讽刺地说道："人们真的很喜欢这个家伙——我的妻子也不例外，她是个嗅觉灵敏的人，连一英里[①]外的耗子都能闻到。要不是这次诈骗，那么他一定是你所希望遇到的那种最体贴、最可敬、最温文尔雅和最博学的人。"这段话包含着很多含义，第一点就是这个先生对自己的妻子以及其他所有人的灵敏嗅觉的信任，这是很有趣的。他话语中的警告是对我们这个时代的警告：要不是这次诈骗。

在该案中，你可能不会为受害者喊冤。毕竟，它们是三家规模庞大的跨国金融机构——汇丰银行、花旗银行和美国银行，其中两家的诈骗案是由我所在的办公室独立起诉的。为什么人们会被哈桑·内马齐的魅力和作风所迷惑？这是因为他们没有真正吸取梅嫩德斯兄弟弑亲案以及其他类似案件给他们带来的教训：事物的表象和真相并不总是一样。比如富家子女会谋杀自己的父母，再比如手法娴熟的骗子会诈骗这个星球上最大的银行。

从表面看，内马齐是一个典型的美国成功人士，待人友善、品行端正，而且个人形象也好。正因为如此，银行才跳过了最基本的核验程序，而"了解你的客户"（know your customer）则是法律对银行的要求。尽管发放的是巨额贷款，但这些银行却从未给内马齐打过电话，从未拜访过他所说的办公地，也从未想过去核实他所提供的任何信息。虽说"指责受害者"不合适，但我们可以，而且也应该问："为什么这些银行玩忽职守？为什么它们就不能好好想一想，如果不做最基本的核验，它们可能会为此付出数亿美元的代价？"这些都是值得深思的。一个令人失望的事实是，聪明、老练和富有的

[①] 1英里约合1.61千米。

专业人士往往会根据一个人的外表、资历和社会地位对其轻易做出判断。某种意义上，这是一种逆向歧视，当然，他们付出的代价也是高昂的。哪怕这些专业人士做一点点调查，也会让那些人露出真实面目。以某种方式走路、说话、行事，特别是要表现出一种精英主义的姿态，并让自己散发出贵族式的气息，这样一来，你就有可能骗取数亿美元。

我们还观察到一个事实。哈桑·内马齐这一生做过很多好事。事实上，这也是他的律师在法官西德尼·H. 斯坦（Sidney H. Stein）做出判决前的主要辩论点，即内马齐是一个做了坏事的好人。他是一个向各种慈善机构捐过款的好人。他是一个支持民主进程的好人。他是一个培养了三名优秀子女的好人。他是一个不忘回馈社会、不忘帮助他人的好人。其实，彻头彻尾的坏人是十分罕见的。更多的情况下，你看到的是一个复杂的生物，一方面是大爱和大善，另一方面则是严重的欺诈和深深的恶意。

哈桑·内马齐并不是一个特例。他实际上就是另一个伯纳德·麦道夫，只不过没有后者有名而已。他们综合运用自身的魅力、风度、社会关系和上流社会的地位，操纵并愚弄他人。他们很容易骗取那些聪明、富有经验的人士或机构的信任。比如，被伯纳德·麦道夫欺骗过的"乡巴佬"包括：导演史蒂文·斯皮尔伯格（Steven Spielberg），演员凯文·培根（Kevin Bacon）、凯拉·塞吉维克（Kyra Sedgwick）和约翰·马尔科维奇（John Malkovich），诺贝尔奖得主、大屠杀幸存者埃利·威塞尔（Elie Wiesel），美国棒球名人堂的投手桑迪·科法克斯（Sandy Koufax），纽约大都会棒球队（Mets）的老板之一弗雷德·威尔彭（Fred Wilpon），影星莎莎·嘉宝（Zsa Zsa Gabor），纽约州前州长艾略特·斯皮策（Eliot Spitzer），美国前国务卿亨利·基辛格（Henry Kissinger）家族，梦工厂（DreamWorks）首席执行官杰弗瑞·卡森伯格（Jeffrey Katzenberg），参议员弗兰克·劳滕伯格（Frank Lautenberg），以及国际奥林匹克委员会（International Olympic Committee）。除此之外，受他欺骗的还有银行和美国证券交易委员会（Securities and Exchange Commission）——几十年都未能抓住这个诈骗犯。麦道夫案的重点在于，除了蒙骗普通人和普通家庭，他还能蒙骗亿万富豪和社会各领域内的大人物。他所造成的损失也是灾难性的：数百亿美元的财富和储蓄化为乌有。

麦道夫采取了和内马齐一样的欺诈手法。他先是为自己打造名声，当然，这需要一些装点之物：位于曼哈顿上东区价值700万美元的公寓，位于棕榈滩的价值2100万美元的住宅，位于汉普顿斯和法国的住房等，以及必不可少的55英尺长的公牛游艇。所有这些都必须置于人们能够看到的地方。为此，麦道夫开始结交"正确的人"，并与他们建立关系。通过口头推荐，他很快就打入了上流社会。但这个过程不能全靠奉承，有时还是要装装样子，表现一下优越感。众所周知，在投资方面，麦道夫是设有最低投资额门槛的；这种排他性的伪装反而让他更受欢迎。最终，麦道夫将自己包装成一个据说有着极佳声誉的投资经理，这意味着跟他一起投资是值得信赖的。事实上，人们也是这样做的，不加质疑。

在这个世界上，小麦道夫哪里都有，比如肯·斯塔尔（Ken Starr）——不是那个检察官，而是我们起诉的一个股票经纪人。被称为"明星经纪人"的斯塔尔是曼哈顿的一个投资顾问，以服务好莱坞名人而闻名，客户包括西尔维斯特·史泰龙（Sylvester Stallone）、娜塔莉·波特曼（Natalie Portman）、阿尔·帕西诺（Al Pacino）、乌玛·瑟曼（Uma Thurman）和马丁·斯科塞斯（Martin Scorsese）等。他从他们手中骗走了很多钱。

为赢得客户的信任，斯塔尔声称他和私募股权巨头黑石集团（Blackstone）的联合创始人皮特·彼得森（Pete Peterson）等知名人士关系密切。据《纽约时报》后来报道，"他跟好莱坞人士讲自己和华尔街的关系，同时跟华尔街人士讲自己和好莱坞的关系"。这是一种互相依存的欺诈。多年来，斯塔尔积聚起了巨额财富，并在曼哈顿购买了一套价值750万美元的公寓；该公寓带有一个32英尺长的泳池。但同麦道夫一样，斯塔尔经营的是一个庞氏骗局（Ponzi scheme），他并没有把客户的钱用于投资，而是用新投资者的钱来偿付先前投资者要求赎回的资金。最终，他被逮捕、起诉和定罪，被判入狱七年半。

携带枪支、佩戴徽章且超负荷工作的探员不可能时时都守在人们身边，单靠他们，并不足以维护制度的公平和公正，也不足以阻止这个世界上的麦道夫、内马齐和斯塔尔兴风作浪。与这类诈骗犯打交道时，能对他们产生震慑的就是向他们提问题，让他们提供一些证据，而不只是听信他们的一面之词。有时，这种应对之策会引起不快，会冒犯别人，但你必须这样做。方法似乎很简单，可每天还是会有人受骗，其中不乏富有经验的人士，究其原因，就是他们没有提出正确的问题。

对我来说，内马齐事件考验了一个人的勇气。一方面，你想让每一个人都为自己犯下的罪行负责；另一方面，你又不想让自己蒙羞，让你所领导的办公室蒙羞，尤其是在你刚上任十天的时候。尽管人们常说，你没有必要在乎别人的想法，但真正做到这一点却很难。如果你认为自己所做的事情是对的，而其他人要么不理解，要么出于某些政治或意识形态方面的原因表示反对，那么告诉他们"见鬼去吧"要容易得多——当然，是在心里默默地告诉。拥有勇气意味着你不能害怕和犹豫，因为你想把事情做好，但同时，你也不能因为担心引发表面的后果而畏首畏尾，不采取任何行动。关键在于，既不要让审慎的犹豫变为无所行动，也不要让负责任的进取心变为鲁莽行事。在伸张正义的过程中，无论是在调查阶段还是在其他任何阶段，我们都要采取平衡策略。尽管没有现成的科学，没有数学公式，也没有精确的天平，但我们还是要在方方面面达成平衡。

金牌调查员：黑帮克星肯尼思·麦凯布的职业道德

在位于圣安德鲁广场1号的纽约南区检察官办公室总部，当你穿过大厅旋转门后，映入眼帘的是一个类似于州立机场候机室的区域，戒备森严。径直往前走，看到的是身着蓝色制服的安全官员，站立在两侧的防弹玻璃板后面。警察、辩护律师、信使，以及等候签署保释保证书的被告亲属等访客或来回走动，或坐在成排的黑色皮椅上；地面铺着灰棕色的工业用地毯。唯一亮丽的色彩来自两个颇为奇特的艺术装饰。其中之一是巨幅壁画，占据了左侧的整面墙壁；该壁画是由彩色蜡笔绘制的，画中为五名专业人士的严肃面孔——他们虽然相貌平平，却代表着完全不同的风格。另外一个艺术装饰悬挂在大厅挑高的天花板上，名为《风暴中的独木舟》(Kayaks in the Storm)；该艺术品中有很多彩绘船，都和实物一般大小，看起来就像是婴儿床上方挂了个风铃。向右经过"通缉令"的海报栏后是一个始终存在的木质讲台，上面固定了司法标志，旁边是美国国旗；只有在就重大事件召开新闻发布会时，该讲台才会被启用。

旋转门入口的右侧竖立着一个小型纪念碑，是这个大厅的道德中心，也是一个很容易被忽视的地方。该纪念碑是为纪念调查人员肯尼思·麦凯布而立的，以表彰他长期以来为纽约南区检察官办公室所做的贡献。2006年，肯尼思因患黑色素瘤不幸离世。

在一个云集一流调查人员的办公室，肯尼思·麦凯布是佼佼者中的佼佼者。身材高大、声音粗哑的肯尼思是爱尔兰裔美国人，也是深谙如何与美国境内五大黑手党家族——甘比诺（Gambino）、吉诺维斯（Genovese）、博南诺（Bonanno）、卢凯塞（Lucchese），以及科隆博（Colombo）——打交道的传奇专家。肯尼思认识每一名尚未被定罪的黑帮大佬、头目、基层成员，以及合伙人，也认识合伙人的合伙人。一名犯罪题材作家曾经指出，肯尼思"据称可以通过观察黑帮成员的行为来判定他们在犯罪集团中所处的层级和地位"。

肯尼思是一个典型的调查人员。他看起来有些像电影演员约翰·韦恩（John Wayne），只不过他是现实生活中的扫黑警察。他勇敢无畏，曾带着枪和相机参加黑帮成员的葬礼、婚礼和洗礼仪式，拍下了无数的监控照片，收集了广泛的证据。肯尼思认识所有的黑帮成员，而所有的黑帮成员也都认识他。有时候，面对肯尼思的相机镜头，他们会笑着挥手。如果在大街上遇到他，他们会冲他点头，并以一种非敌意的方式向他问好："嘿，肯尼。"在肯尼思拍摄进出教堂或社交俱乐部的人时，他们时不时就会给他送上三明治或咖啡。

多年来，肯尼思一直在位于圣安德鲁广场1号的纽约南区检察官办公室的9层办公。他在办公区留了几个柜子，里面满是他早前拍摄的照片，都是未被定罪的和已被判有罪的黑帮成员的互动照片，或者用行话来说，这些人之间存在着"关联"。他的拍摄计划绝非毫无意义的行动。这些照片是陪审团在无数黑帮案件中看到和听到的证据的一部分。在敲诈勒索案中，定罪的关键证据之一就是黑手党成员之间的联系和关系。这些年来，在肯尼思拍摄的监控照片中，已有数百张被贴上了黄色的政府证物标签，并成为法庭证据。

肯尼思经常以黑手党研究专家的身份出庭做证,向无数的陪审团解释典型的有组织犯罪家族的指挥结构、加入黑帮组织的方式、缄默法则的宣誓仪式,以及新成员歃血为盟的入会程序等。他还会解释说,在未经批准的情况下,即便黑帮成员之间起了重大冲突,他们也不能狠揍对方。

肯尼思个子很高,有6英尺6英寸[①],人也非常率直。我曾经请他做过证,但仅有一次。当时,我们指控纽约上州的一名警察暗中为文尼·"屠夫"·科劳(Vinnie "the Butch" Corrao)服务,后者是犯罪集团甘比诺家族的成员。我们以妨碍司法和敲诈勒索的罪名对该警察发起指控,但希望他将功补过,站出来揭发"屠夫"文尼。不过我们犯了两个错误。第一,我们未能完全打消那起案件里受害者的顾虑,他最后撤回了敲诈勒索的指控(我们坚定地认为,受害者是出于恐惧才这样做的)。第二,我们低估了一名警察在关键时刻孤注一掷的意愿。他没有揭发那名黑帮成员,而是选择了直接接受法庭的审判,这种行为很有挑衅性。由于敲诈勒索罪名被撤销,所以我们后面的指控也就弱了很多。负责该案的法官是迈克尔·B. 穆凯西(Michael B. Mukasey),后来出任美国司法部长。

我们有监听记录,但它们并不足以证明这名警察的罪行。于是,我打电话给肯尼思,请他像之前那样出庭做证,讲述美国境内黑手党的相关情况,这对他来说是非常熟悉的。作为一名前警察,对在法庭上指证同行一事,肯尼思没有丝毫犹豫。在直接询问时,肯尼思的表现如往常般出色。在交叉询问时,对方辩护律师故意攻击我们的监控方法,特别是我们的监听手段。询问了一系列关于监听的问题后,那名律师先是看着陪审团,然后把目光转向肯尼思,以近乎尖叫的方式冲着他说:"麦凯布先生,如果你所有的通话都

---

① 1英寸合2.54厘米。

被政府秘密监听，你会有什么感想？"

肯尼思没有丝毫停顿，他平静地回击道："我没有什么好隐瞒的，你呢？"听到这个回答，现场有几名陪审员直接笑出声来。但我们最终输掉了这个案子。在那名警察被宣判无罪时，我觉得我让肯尼思失望了。肯尼思扳倒过很多有名的黑帮成员，但对于我这样的小案子，他的上心程度丝毫不亚于那些改变游戏规则的大案要案。

相比于我们办公室的其他人，我和肯尼思的合作相对较少，可他给我留下的印象非常深刻。作为联邦检察官，我以他的名字设立了一个荣誉奖项，即麦凯布勋章。在年度聚餐时，我们会颁发该奖项，用以表彰最能体现肯尼思职业道德和品格的执法人员，同时颁发的还有其他两项已经设立数十年之久的大奖。是什么使得肯尼思·麦凯布如此与众不同？为什么我们不仅要给他以荣誉，还要向他学习？

原因之一是肯尼思坚信职业美德。他从不走捷径，从不自吹自擂，也从不把失败归咎到他人身上。在他看来，一个人就应该尽职尽责，把工作做好。日复一日。即便是艰难的工作，了无生趣的工作，无人关注的工作，微不足道的工作，甚或是低于你的职务或天资的工作，亦不例外。肯尼思拍摄照片以及寻找和追查线索。他从不放过任何蛛丝马迹，积极投身于那些需要很多年才能办成的案件，而有些案件，即使花了很多时间，也可能无果而终。肯尼思是一个脚踏实地、一步一个脚印的人。

几年前，我在哈佛法学院的毕业典礼上做过一次演讲，提到了棒球队费城费城人（Philadelphia Phillies）的著名投手罗伊·哈勒戴（Roy Halladay）。我向毕业生描述了差不多正好是四年前的一场比赛。哈勒戴在该场比赛中的表现非常出色，战绩之罕见以及难度之大都堪称体育史上的传奇。他完美地投中九局。无安打。无保送。27上27下。对他来说，这是一场完美的比赛，而他也因此被载入史册。四个多月后的2010年10月6日，在同一赛季的另一场比赛中，哈勒戴又投出了一次无安打比赛（不是很完美，但已非常接近），而且是在季后赛赛场上。在棒球史上，迄今为止只有两人在季后赛上投出过无安打比赛。有且只有两人。

在被记者问及向自己的这名王牌选手传授过什么诀窍时，费城费城人队的投手教练里奇·杜比（Rich Dubee）表示，他只给过罗伊·哈勒戴一个简单的指导："上场后，要尽全力打好比赛。唯有如此，你才有机会成就伟大。"

就这么简单。

对雄心勃勃的人来说，他们愿意将自己所付出的每一次努力都看作一场会收获完美比赛的棒球赛。可事实并非如此。人们应该都想取得非凡的成功，不可否认，肯尼思也是一个雄心勃勃的警察，但成功是一步步达成的。投球，不断地投球。唯有如此，你才能打出完美的比赛，或者说，你才能成就卓越的事业。在棒球比赛中，即便是取得过完美战绩的人，也不敢说自己能在当天取得同样完美的战绩。这是不现实的，同时也是一种傲慢之举。然而，人们总是在犯同样的错误。他们还没有学会如何做到优秀，就想成就伟大。而肯尼思·麦凯布们的世界则不同，他们知道其中的差别。

还有吗？肯尼思是一个专家。在追踪和调查黑帮成员方面，他是百分之百投入的，而且这种投入是近乎强迫的。他对活动在纽约和新泽西的意大利黑手党了如指掌。在这方面，他就是比别人知道得多。要想培养专门的知识或技能，你需要完全沉浸其中，甚至要到着迷的地步。如果你真的想了解鱼，那么你必须生活在水里。这就是肯尼思的做法。他穿梭于黑帮成员之间，牢牢记下他们的面孔、名字、所属帮派，以及他们之间的关联、冲突和争斗等。即便是黑帮中地位最低的成员说的话，他也会铭记在心，因为他知道，有朝一日，这些证据会帮助解开犯罪谜团。

这种工作上的投入可能远超你的想象。一般来说，那些比较优秀的探员或警察会值勤、突击搜查，或从事禁毒、扫黑、打击抢劫犯罪乃至反恐方面的工作。然后他们会被调到另外一个警队或警区（在联邦调查局的案件中，他们甚至会被调到另外一个城市），因而很难在同一个地方久留以获得长期积淀。如此一来，他们也就无法像肯尼思那样获得某一领域的深厚知识。

很多雄心勃勃的人都缺乏耐心，所以在通往实质成果的路上，他们的雄心会有所减弱。肯尼思却不是这样，他对工作保持着极大的耐心，他的逮捕行为正表明了这一点。正如《纽约时报》在他的讣告中所写的，肯尼思的职责是"帮助扫除黑帮大佬"。这就是他所做的。在他的帮助下，博南诺家族的老板和卢凯塞家族的代理老板被绳之以法。他本人亲自逮捕了甘比诺家族的老板保罗·卡斯特利亚诺（Paul Castellano），后者后来于1985年在斯帕克斯牛排屋附近被暗杀。再后来，肯尼思逮捕了此次暗杀行动的幕后主使小约翰·戈蒂（John Gotti Jr.）。肯尼思·麦凯布把无数的凶残暴徒、恐怖分子和敲诈勒索者送进了监狱；就抓捕人数而言，他是当代第一人，在美国没有其他人超过他。如果没有铮铮铁骨和钢铁意志，你是很难做到这一点的。

肯尼思的工作常常是案件突破的关键。比如，在20世纪90年代的一次涉黑庭审中，年轻的联邦检察官詹姆斯·科米（James Comey）急需相关证据来证明卢凯塞家族某成员与甘比诺家族某分支头目之间的关系，肯尼思迅速找到了他们在1983年的联姻关系。再比如，在2004年的一次庭审中，肯尼思·麦凯布靠着自己独特的地下网络，首次在公开法庭上出示了文森特·"华丽文尼"·巴夏诺（Vincent "Vinny Gorgeous" Basciano）已经接管臭名昭著的博南诺家族并成为其老板的证据，而这也成为巴夏诺一案中的关键证据。

但除此之外，肯尼思还有其他优秀的品质。他为人坦诚，待人公平。从没有人见他怒吼、殴打或虐待过黑帮成员，即便是最坏的烂人。的确，为抓住罪犯，我们有时也会使用一些计谋，比如设下圈套、派遣卧底和采取监听措施等。但肯尼思在办案中的大部分行为都是光明正大的，把一切都摆在台面上。在拍摄照片时，他会出现在目标看得见他的地方。在大街上相遇时，他会和他们打招呼——他把他们当作普通人，而不是把其中的一些人视为罪犯。相比于任何其他探员，人们可能更愿意向他透露一些事情——一些重要的事情，因为他们信任他、尊敬他。正如我的一名前任戴维·凯利（David Kelley）所言，黑帮分子之所以尊重肯尼思，是因为"黑帮是按规则出牌的。肯尼思从不撒谎，以公平的方式对待他们，以光明正大的方式抓捕他们"。

肯尼思不是一个轻易就能被说服的人，他并不幼稚，不需要用警棍或棒球棒来帮助完成工作。他强大的力量更多是源于他的性格，而不是他健壮的体格。在他看来，强大并不在于表现得强大，而在于真正内心的强大。作为传奇的黑帮克星，在将黑帮成员关入警车时，他不会采取暴力手段去殴打他们。他没有必要采取胁迫或欺凌的手段。与之相比，太多有望成为领导者的人在这方面犯错误。肯尼思明白，那些声称自己强大的人往往是软弱的，而声称自己有所畏惧的人却往往勇往直前。以我自己的经历来看，太多人惯用胁迫和恐吓手段，他们的默认模式就是威胁或贬低他人。施虐者的内心是软弱的，而不是强大的。正如已故美军五星上将、总司令、坚不可摧的德怀特·艾森豪威尔（Dwight Eisenhower）所言："作为领导者，你不能打别人的脑袋——那不叫领导，而叫攻击。"肯尼思对此有着更深刻的了解。在追求正义的道路上，真正强大的内心是必不可少的：你必须有足够强大的内心，持续推进工作任务；你必须有足够强大的内心，敢于承认错误；你必须有足够强大的内心，在必要时保持沉默。

回到 21 世纪之初，在我们办公室赢下了某个涉黑案之后，我们中的三人结伴去了一家名叫耶洛（Yello）的酒吧。这是唐人街上一家乌烟瘴气的酒吧，紧挨着法院附近的珍珠街。那时，我们三人都还是年轻的助理检察官，都还在打拼，而且各自的孩子也都还小。在该案中，肯尼思出庭做了证，所以和我们一同前往。喝了一些啤酒之后，肯尼思讲起了一些家事，而这也是我永远都不会忘记的。他颇为忧伤地说："一定要注意，不要试图让自己成为一个大人物，不要在这上面花费太多时间。如果你这样做，就不会有足够的时间来陪伴自己的孩子。"是的，就是这些话。在日后的生活中，每次想起他说的这些话，我都感到心里隐隐作痛。

肯尼思在家中是备受尊敬的。在开始撰写本书时，我和肯尼思的儿子杜克·麦凯布（Duke McCabe）见过面，希望从他那里听到更多关于他父亲的故事。他告诉了我很多，其中一件是这样的：在 9 岁左右的时候，杜克每个周日都在皇后购物中心有篮球比赛；该购物中心距离皇后区奥佐恩公园的伯金渔猎俱乐部（Bergin Hunt and Fish Club）并不是很远。该俱乐部正是约翰·戈蒂和甘比诺犯罪家族的活动场所之一。比赛结束后，驾驶奥兹莫比尔三角洲 88（Oldsmobile Delta 88）——一款美国车而已——的肯尼思会稍稍拐个弯，沿着 101 大道慢慢驶向伯金渔猎俱乐部，只是为了看看都有哪些人逗留在那里。他会拿出一个便笺本，放在方向盘上，然后匆匆记下他所看到的人的名字。他也会扔给杜克另一个便笺本，让他记下该街区的所有车牌号。年纪小小的杜克尽职尽责，用钢笔或彩色蜡笔在便笺本上记下所有的字母和数字，然后交给父亲——一个大人物，而这也是杜克最美好的记忆之一。

年复一年，在圣安德鲁广场 1 号，已有成千上万人穿过那个机场候机室式的大厅。但大多数人可能从未停下脚步，认真看一看那张不起眼的照片——一张 7 寸的肯尼思·麦凯布的照片——下面的铭文。内容如下：

纪念肯尼思·J.麦凯布
1946—2006

肯尼思·麦凯布是一位有着非凡成就的卓越的调查员。在长达 25 年的时间里，他一直是我们这个国家打击黑帮势力的中坚人物，直至不幸离世。他为人正直、有天赋、坚忍不拔，对那些有幸了解他的人来说，他健壮的体格和威严的外表之下是一颗如棉花糖般柔软至极的心。他影响了好几代助理检察官。他不求闻达，毕生以保护弱者为己任。他生命中最好的朋友和一生的至爱是他的妻子凯茜（Kathy）。他们在皇后区的微风点建立了家园，有四个孩子、五个孙辈。穿过这个大厅的人中再没有比他更优秀的了。

肯尼思·麦凯布是一个近乎被神话的人物，这是因为他从不在自己负责的事情上妥协。我们需要更多像他一样的人。

确认偏误：17号潜在指纹

人类是容易犯错的。在不完善的系统中，初始误判注定无可避免。这些一开始就出现的误判可能会导致灾难。然而，在大多数时候，灾难的路径是可逆的——如果尽早重新考虑的话。

但重新考虑是很难的，不是吗？观点一旦形成就很难改变。结论一旦公布就很难收回。相关研究表明，证人会坚持自己对嫌疑人的最初指认，医生会坚持自己对病人的最初诊断，律师会坚持自己对案情的最初判断。可在法律和秩序的问题上，在生与死的问题上，开放的心态必须超越第一判断。每一个结论都必须接受挑战和修正。这的确很难，因为人类是自负的。我们总是固执己见。这种固执可能会造成严重的非正义，尤其是在风险最高的时候，也就是在公共安全受到威胁的时候。在追求正义的早期阶段，最难做到的但也是至关重要的事情之一就是保持客观，或者尽可能地做到客观，这就需要我们分清事实，摒弃自负或其他一些偏见。

让我们来看一下布兰登·梅菲尔德（Brandon Mayfield）的案子。

2004年3月11日，欧洲发生了历史上最血腥的早上通勤惨案。就在上午8点前，西班牙马德里市中心有4列客运列车遭恐怖分子袭击。在此次袭击案中，共有10枚炸弹被引爆。这些装满了压缩炸药和尖钉的炸弹被事先藏在背包里，而尖钉的目的在于进一步造成最大规模的杀伤力。列车被炸毁，人体被炸得血肉模糊。此次连环爆炸案总共造成191人死亡，另有近2000人遭受灾难性损伤。这是自"二战"以来欧洲大陆发生的最严重的恐怖主义事件，是欧洲的"9·11"。

有人推测这些恐怖分子是伊斯兰教徒，但他们并不是自杀式爆炸袭击者；他们以遥控的方式引爆炸弹，这样就有可能多活几天，发起新一轮的袭击，让更多的无辜者失去生命。此次恐怖袭击不仅引发了广泛的恐慌和愤怒，还留下了一个急需调查且耗时费力的重大犯罪现场，因为作案者仍逍遥法外。以我的个人经验来看，没有什么案子比恐怖袭击更能动员执法部门的力量了。

后来被人们称为"3·11"事件的西班牙恐怖袭击案也不例外。就在急救和医疗人员第一时间争分夺秒救治伤员的同时，西班牙国家警察（SNP）也迅速展开行动，寻找目击证人和线索。数百名特工围绕爆炸地点，以较大的半径开展搜索工作。几小时后，西班牙国家警察找到了与此次大规模袭击案有直接关联的重大法医证据。在一辆报废的被盗货车中，警方发现了一个蓝色塑料袋，里面装有七根铜雷管以及残留的爆炸物。他们简直不敢相信自己的运气。这些雷管无疑与列车爆炸案有关。任何拿过这个袋子的人，必然都是该案的参与者之一，而等待他的将是法律的制裁。

西班牙专家仔细检查了塑料袋上的指纹，但只采到两枚足够清晰的、可用于识别嫌疑人的指纹。不过在西班牙国家警察的数据库中，这两枚指纹都没有相应的匹配结果。

鉴于事态的紧迫性，西班牙警方一边继续分析所提取的指纹，一边通过国际刑警组织（INTERPOL）将所提取指纹的数字图像传给了世界上首屈一指的执法机构——美国的联邦调查局。在位于弗吉尼亚州匡蒂科的实验室，老练的联邦调查局分析师投入工作。利用一个录有超过4400万枚指纹信息的数据库，他们将这两枚指纹进行了比对，最初的计算机检索结果显示有20个可能的匹配。在进一步分析之后，联邦调查局指纹专家将匹配范围缩小到了一个人。3月19日，一名鉴定人员在对指纹进行并行比对后得出结论，17号潜在指纹（LFP 17）匹配成功。另一名富有经验的鉴定人员对此进行了校验并确认了这一结果。作为联邦调查局的精锐部门，指纹部门的一名负责人再次确认了这一结果。

联邦调查局的三位专家确认了17号潜在指纹的匹配结果，但在当时，他们并不知道该指纹匹配者的姓名、种族、住址和背景。在联邦调查局的工作人员首次获知此人身份时，他们大吃一惊。从比对结果看，他显然就是西班牙那场十恶不赦的恐怖袭击——导致近200人死亡、近2000人受伤——的策划者，但没有人想到他竟然是一个37岁的美国白人律师；他和妻子以及三个孩子居住在俄勒冈州的波特兰，过着平静的生活，那里距离马德里的恐怖袭击现场有数千英里之遥。那么，为什么他的指纹会出现在联邦调查局的数据库里呢？这是因为他在美国陆军服过役，少尉军衔，服役八年后光荣退伍。

但科学就是科学，指纹比对已经给出匹配结果且得到了确认。三名专家，同样的结果。显然，联邦调查局找到了想找的人。很快，关于布兰登·梅菲尔德的一系列其他信息似乎证实了指纹工作的有效性：梅菲尔德的妻子是一名来自埃及的穆斯林。不仅如此，他自己还皈依了伊斯兰教。不仅如此，他还经常前往俄勒冈州比弗顿的某座清真寺，并引起了地方当局的注意。不仅如此，身为律师的梅菲尔德还代理过一名被定罪的恐怖分子的案子，该恐怖分子是"波特兰七人帮"（Portland Seven）的成员之一，这七人后来都被联邦法院定罪，罪名是为"基地组织"和塔利班（Taliban）提供物资支持。虽然他代理的不是刑事案（而是与子女监护权有关的案子），但这一点足以引起关注。由此，指纹的匹配结果也就更有意义了。

让我们细数一下对梅菲尔德不利的因素：他的指纹出现在了那个蓝色塑料袋上，三名专家确认了指纹的匹配结果，他的妻子是一名穆斯林，他皈依了伊斯兰教，他与一名被定罪的恐怖分子有关联性。在某种程度上，这足以表明他就是幕后策划者。

联邦调查局特工取得了专门负责某类监视行动的、高度机密的特别法庭——美国外国情报监视法庭（FISC）的授权，开始对梅菲尔德及其家人实施24小时监视，并秘密搜查了他的住处，同时还开始深入了解他的生活、工作、友情和旅行的方方面面。

就是在这个时候，我作为恐怖主义和有组织犯罪部门的助理检察官开始介入该案。基于纽约南区过去所办理的具有开创性的恐怖主义案件（1993年世贸中心爆炸案以及1998年美国驻肯尼亚和坦桑尼亚大使馆爆炸案），我们理所当然地认为，在恐怖主义犯罪领域，我们是全美最富有经验和最专业的检察官。所以，如果是一名美国恐怖主义"圣战分子"造成了西班牙191人死亡的惨案，我们希望由我们来办理此案。但唯一的问题是，布兰登·梅菲尔德生活在俄勒冈州，而俄勒冈的检察官则有不同的想法。我知道，在这个所谓的美国恐怖主义分子的案子上，一场争夺战正在酝酿之中。如果由我们南区来牵头，那么这个案子会由我负责，布兰登·梅菲尔德就会成为我的被告人。我承认我有些激动。

有人可能会问，在指纹已经匹配的情况下，再加上他皈依伊斯兰教以及担任恐怖分子律师的事实，为什么不直接起诉布兰登·梅菲尔德呢？原因就在于缺少其他确凿的证据。联邦调查局探员没有发现其他任何可证实其参与爆炸案的证据。是的，17号潜在指纹与梅菲尔德的指纹匹配，但调查结果显示，他并没有去过西班牙，甚至在过去的十年里，他都没有离开过美国。事实上，梅菲尔德的护照在前一年就已经过期，而他也没有办理新的护照。虽然通话记录显示梅菲尔德家与当地伊斯兰慈善组织的负责人打过电话——后者已被列入联邦恐怖主义观察名单，但没有任何其他证据表明梅菲尔德和恐怖主义之间存在关联性。

找不到一丁点的补强证据，这一点令人困惑。几周以来，调查人员对梅菲尔德的生活进行了全面细致的审查，可仍未得出一个完整的拼图。此外，在整个4月间，联邦调查局和西班牙国家警察也进行了持续不断的交流。仍在全力搜捕大规模爆炸案凶手的西班牙方认为，梅菲尔德的匹配结果未必可靠。4月中旬，西班牙国家警察事实上已经否认了联邦调查局的指纹鉴定结论。为此，联邦调查局专门派出一名探员前往马德里，就双方意见进行充分的交流。这次面对面交流后，西班牙国家警察同意重新评估联邦调查局的指纹鉴定结论，而联邦调查局依然对自己早前的分析充满信心。尽管存在这样或那样的问题，但在2004年5月6日，也就是爆炸案刚好发生八周后，联邦调查局拘押了梅菲尔德，一是当时媒体已经获知了相关信息，曝光在即；二是方便监视梅菲尔德，防止他逃跑。他并没有被控犯罪，而是作为所谓的重要证人被拘捕。

我在《纽约时报》的头版看到了所有这些信息。显然，我们已经输掉了那场争夺战。对我来说，那不是一个高兴的日子。

梅菲尔德被关押在马尔特诺马县拘留中心的行政隔离区，每天在室内待的时间长达22小时。他自一开始就声称自己是无辜的，但当然，大多数人都是如此。他说他从没有去过西班牙，说他与爆炸案毫无关系，还说这完全是一个大错误。有传言称，此次调查行动的开展，根源在于对穆斯林的偏见。然而，联邦调查局相信自己的科学——指纹的匹配结果经过了三次确认，并拒绝任何有关偏见的指控。

但问题是，随着调查的深入，联邦调查局没有获得任何补充证据。现在回过头去看，有些进展是滑稽可笑的。在梅菲尔德家中进行搜查时，探员找到了他们认为的西班牙语文件，觉得这可以表明他有罪；事实上，那是梅菲尔德女儿的西班牙语家庭作业。在对梅菲尔德家中的电脑进行检查时，探员找到了与西班牙相关的航班、住宿和火车出行等信息；事实上，那是学校老师给他女儿布置的课外作业，即如何规划一次假期。此外，探员还在梅菲尔德家中的墙上发现了一个西班牙的电话号码；事实上，该电话号码是他儿子用来寻找国际交流项目的。

这时候，梅菲尔德的律师提出了一个明智的要求。他请求法院指派一名独立的鉴定人员。无论联邦调查局是心存偏见还是业务不熟练，由法院选定的且为辩护方所认可的第四名指纹专家将会给出正确答案。法院安排的是肯尼思·摩西（Kenneth Moses）；摩西是一位备受尊敬又资深的指纹专家，拥有数十年的经验，获得过无数的奖项。

但在将17号潜在指纹同布兰登·梅菲尔德左手食指的指纹进行了比较后，摩西表示同意联邦调查局的鉴定结果，并就自己的结论做了证。他同样认为，那个装有雷管的袋子上的指纹就是梅菲尔德的。

5月19日，也就是摩西做证的当天，西班牙国家警察告诉联邦调查局，他们不仅不认同关于梅菲尔德的指纹鉴定结果，现在还得出了明确的结论——17号潜在指纹的主人实际上是一个名为乌纳内·达乌德（Ouhnane Daoud）的阿尔及利亚籍国民，也是警方要追捕的那名恐怖主义犯罪嫌疑人。西班牙国家警察还详细指出，17号潜在指纹以及另外一枚指纹同达乌德右手大拇指和中指的指纹完全匹配。在联邦调查局同西班牙国家警察进行了一番争论之后，俄勒冈检察官办公室的检察官于5月20日要求法院释放布兰登·梅菲尔德，并将拘押方式改为家中监禁。与此同时，两家机构继续寻求真相。

虽然梅菲尔德已被释放，但罪名并未洗脱。联邦调查局官员再次前往马德里，首次认定17号潜在指纹"不再具有鉴定价值"，并于5月24日撤回了他们做出的有关该指纹与布兰登·梅菲尔德的指纹相匹配的结论。一周后，也就是2004年6月1日，西班牙国家警察对达乌德发起指控，控告其谋杀191人。

梅菲尔德被正式宣告无罪。联邦调查局的公开道歉就像是面值3美元的钞票一样，极为罕见，但当天，联邦调查局向梅菲尔德道歉，后来又向他赔偿了200万美元。联邦调查局在一份略带官僚化的声明中表示："联邦调查局为此事给梅菲尔德及其家人所造成的痛苦道歉。"梅菲尔德及其律师严厉谴责了对自己的逮捕以及由此受到的对待。"在恐惧的气氛中，"梅菲尔德说，"反恐战争走向了极端，结果就是无辜的人们成为受害者。"颇具讽刺意味的是，早在几年前，梅菲尔德就在一篇名为《自由》的法学院论文中表示，他担心政府很快会演变成监视机器，进而侵犯公民的权利。

我承认在那一天我长舒了一口气，庆幸我们在这场争夺战中输给了俄勒冈。

针对联邦调查局的严厉批评立时出现，但并非所有的批评都是中肯的。《纽约时报》于2004年5月26日写道："就该案而言，它有点像那种急于根据不可靠证据而得出判断的案子。"这并不完全正确。指纹证据不是不可靠证据。如果匹配对了，它就是确凿证据。正如《纽约时报》接下来所说的："这个方法本身并非万无一失，提供最终鉴定结果的分析师有时会做出错误的判断。"这是百分之百正确的。

联邦调查局怎么会犯这么大一个错误呢？要知道，这涉及不同的专业人士、再三的鉴定结果、备受关注的事件本质，以及与之相关的极高的风险属性，但在此情况下，为什么还是出现了这种失败呢？在某种程度上，联邦检察官办公室推卸了自己的责任，同时提醒人们，他们必须依赖联邦调查局的法医分析结果办案。这种说辞是可以理解的。联邦检察官卡琳·伊默古特（Karin Immergut）说："我们是检察官，不是法医分析师。在指纹匹配方面，我们依赖于联邦调查局提供的结果。"

对此，联邦调查局进行了内部调查，并得出了如下结论：最初的那名指纹鉴定人员"未能"就17号潜在指纹"进行完整的分析"，从而使得他"忽视了17号潜在指纹与梅菲尔德的指纹之间重要的差异性"。据联邦调查局的调查结果，简单来说，这源于一开始的"过度自信"，源于处理"备受关注的案件的压力"，之后则是鉴定人员不愿意重新核查最初的分析结果。

除联邦调查局进行了内部调查之外，总监察长办公室（Office of the Inspector General）也就此展开了审查，而它之后公布的长达330页的报告，其措辞就不那么友好了。出了什么问题？指纹分析师是否抱有偏见？是否急于做出判断？面对这样一起造成重大伤亡的恐怖袭击案，揪出幕后黑手的压力是否损害了以谨慎著称的专业主义？

真相可能很复杂。但有一点是公认的，那就是在最初发现指纹匹配的结果时，分析师并不知道布兰登·梅菲尔德的姓名、背景或其宗教信仰情况。已录指纹和潜在指纹的匹配结果是计算机通过查找发现的。在联邦调查局的第一、第二，甚至第三名分析师做出鉴定结论时，并不存在可能导致人们产生不公正的、与反穆斯林的偏见相关的确认信息。再者，布兰登·梅菲尔德的身份被确认之后，法院选派的并为梅菲尔德的律师所认可的第四名专家也得出了同样的指纹匹配结论。

那么，到底出了什么问题呢？这是不是无心之过？这是不是一个并无恶意的错误？这可以避免吗？是何种程度的失职导致了这样的错误？

总监察长的报告明确表示，"如果严格运用与潜在指纹识别相关的多项原则，那么这样的错误鉴定是可以被避免的"。总监察长发现，联邦调查局的鉴定人员将关注的重点过多地放在了17号潜在指纹和梅菲尔德的指纹微小的相似之处上，同时又对两者之间的细微差别做了合理的解释，而这些差别原本是可以推翻早前的匹配结果的。总而言之，他们在鉴定过程中未能采用严谨和严密的方法论。

但在反穆斯林的偏见问题上，又该做何解释呢？总监察长办公室认为，鉴定工作中并不存在明显的偏见或反穆斯林情绪。然而，随着时间的推移，尽管指纹匹配的结果受到质疑，尽管同西班牙一方的争论日渐激烈，尽管未能找到任何补强证据，但总监察长确实认为梅菲尔德其他方面的信息（皈依伊斯兰教、穆斯林妻子，以及担任恐怖分子的代理律师等）影响了联邦调查局官员对先前所下的结论做进一步的审查。联邦调查局可能没有直接的敌意，但相关信息影响了人们的判断，从而给一个无辜者带去了巨大的痛苦。由此可见，反穆斯林的偏见并不是没有扮演某种角色。

据总监察长表示，联邦调查局内部有一种助长确认偏误的文化。换句话说，如果一个人被认为是可信且专业的，那么在他得出某个结论后，后续的分析人员就会倾向于同意该结论。在联邦调查局的指纹实验室或其他任何地方，都存在一种不愿意挑战上司和最初结论的文化。但对我们来说，最重要的一点或许就是总监察长在报告中提到的发现，梅菲尔德的背景影响了联邦调查局的指纹鉴定人员，使得他们"未能全面复核"最初的指纹鉴定结论。

在这里，我们有必要重申一遍。由于联邦调查局未能做到全面复核，一名无辜者遭受指控并受到永久的伤害。造成这种不公平结果的并不是第一个错误。最初的错误很少会带来这种问题。当然，单单是第二个和第三个错误也不会造成这种结果。相反，造成这种结果的是对第一个错误——指纹匹配出错，不过并非出于恶意——一贯的、想当然的坚持，以及随后发现的有关梅菲尔德的妻子、工作及宗教信仰等方面的信息，这些信息迅速被视作确证，而非巧合。种种潜在的偏见和刻板印象一步步催生了这种不公平。

正如我一开始所说的，重新考虑是很难的，而确认则很容易。这也是梅菲尔德案带给我们的教训。当指挥链上的其他人给出了可信的结论或当你已经就某事做出决定时，再要保持开放的头脑就很难了。改变自己的意见很难，而当这意味着你要走到专家或上司的对立面时，那就更难了。

美国的联邦审判实践中实际上是存在这样一种法律动议的，即"复议动议"（motion for reconsideration）。法院几乎从未批准过该动议，但律师确实可以提出该动议。你完全可以非常正式地对刻意刁难你的庭审法官说：嘿，我知道我们刚刚是在您的法庭上结束了审判，我们对此表示尊敬，但我们认为您搞错了。请问您能改变一下自己的意见吗？祝您好运吧。大多数律师都明白这是一个高风险的策略，尤其是在缺乏重要的新事实或法律不会改变的情况下。即便有些诉讼当事人有正当理由，他们也不愿提这样的动议，因为担心这会刺激仍负责审理他们案件的法官。或许，大多数的复议动议都应依据案件的是非曲直予以否决，但人们禁不住猜想，这种法庭抗辩的失败率之高是不是多少受到了固执心理的影响。

就布兰登·梅菲尔德的案子来说，这里面存在一个复杂的因素。是的，从某种意义上讲，它就是确认偏误。但从另一方面讲，这里面也的确存在一种惊人的巧合。在总监察长的报告中，最先强调的要点之一就是，无辜的布兰登·梅菲尔德和真正的嫌疑人乌纳内·达乌德在指纹上存在显著的相似性。

从"指纹特征点"或指纹比对点，即指纹脊线的端点和分叉来看，两人的指纹极为相似。作为法院选派的鉴定专家，肯尼思·摩西在多年后，即2012年接受某电视台采访时表示："从历史数据看，从来没有两个人能在指纹特征上存在15个共同点。依照我们过去的标准，我是对的。但事实上，我是错的。我犯了一个错误。其他鉴定人员也犯了和我一样的错误。"当然，西班牙方并没有犯这样的错误。尽管如此，总监察长的报告还是指出，这种程度的相似性"是一种极不寻常的情况"，是"导致四名指纹鉴定人员做出错误结论的关键因素，而也正是这一因素，使得他们忽视了17号潜在指纹和梅菲尔德的指纹之间的其他重要差异"。

再完美的法律也有不完善的地方；同理，即便是万无一失的科学，也有其自身的局限性，因为负责解读科学的人是会犯错误的。

重要的一点在于：最糟糕的错误往往是因充满善意的目的犯下的。聪明的、有能力的良善之人也可能会犯下改变一个人生命的重大错误。就执法责任而言，我认为这是最让人恐惧的方面之一。

人们很自然地会把重点放到那些贪赃枉法和不称职的警察身上。但是，正直的人也会犯一些小错，而这些错误带来的危险可能更大；他们之所以犯错，是因为他们未能保持一贯的卓越水平，是因为他们偏离了最佳实践，是因为他们忘记了害怕犯错所带来的严重后果。特别是当很多人负责同一项工作时，责任就会变得和晨霜一样稀薄。

以我的个人经验来看，给我们造成不幸的不仅仅是"流氓操作员"。很多小的错误和误判堆积到一起，往往也能导致灾难。发射火箭弹会造成灾难，犯罪调查亦是如此。各种小的错误叠加之后，可能会改变调查的重点（或导弹运行的轨迹），最终让无辜者受难，让有罪者逍遥法外。在战争中，这被称为附带伤害；在执法中，这被称作非法拘捕（更有甚者，还会造成错误定罪）。

在很多时候，给司法造成最大威胁的正是这种现象，因为它潜藏在隐蔽处，且常常不为人们所见，与赤裸裸的腐败和显而易见的不称职形成鲜明的对比。它难以筛选，难以防范，而且事后通常也很难以一种令人满意的方式向感到惶恐的公众做出解释。

那些致力于寻求真相并不遗余力地追求公正和公平的问责制的调查人员，从来都不会放过不断审查和复核针对该案件的方方面面所做出的结论。这并不是说我们每一个参与案件的人都应该因害怕犯错而畏缩不前——工作中犯错误在所难免，而是说即便结论是由那些看起来比我们聪明或比我们有经验的人做出的，我们也不应将其视为最终结论，不应不予质疑。在案件调查阶段是如此，在提出控告之后亦是如此。哪怕已经进入起诉阶段，秉持公允立场的人也要继续考虑，随着自己对事实的进一步发现和理解，是否会有新的证据出现或是否缺乏定罪的证据。最初的决定是对的吗？最初的结论是对的吗？

法律不是完美的。体制不是完美的。而正如我们在布兰登·梅菲尔德一案中所看到的，人也不是完美的。正义并非在任何时候都能得到伸张，但如果每一个人在办案过程中都能保持警觉和严谨，并对改变看法保持开放的心态而不是固执己见，那么正义至少能在更大程度上得到实现。

勒尼德·汉德（Learned Hand）法官在国会做证时，曾引用过奥利弗·克伦威尔（Oliver Cromwell）于1650年在完全不同的背景下所讲的一句话。对于这句话，汉德法官表示："我希望把它写在每一座教堂、每一所学校，以及每一个法院乃至美国所有立法机构的门口。"

勒尼德·汉德希望每一名牧师、教师、法官和议员在穿过工作场所门口时记得的原则是什么呢？这个原则就是："看在基督的面上，我恳请你们想一想，你们或许是错的。"

在这个清单上，他或许还应该加上所有的检察官办公室和执法机关总部：想一想，我们或许是错的。

不放过任何细节：桑德维尤谋杀案

寄信人的地址是纽约州奥西宁亨特街354号，邮编是10562。这是新新惩教所（Sing Sing Correctional Facility）的地址，而该惩教所也是纽约州设防最高的监狱。信的落款时间是2012年4月11日，来信者是97A7088号犯人，即埃里克·格利森（Eric Glisson），早前他因被控谋杀纽约布朗克斯的一个名叫拜瑟·迪奥普（Baithe Diop）的出租车司机而被判入狱，且已服刑达17年之久。收信人是我们办公室的一名反黑帮检察官，但该检察官很久之前就已经离开纽约南区了；尽管如此，该信件还是被投到了我们办公室经验丰富的探员约翰·奥马利（John O'Malley）的收件箱中。

埃里克·格利森在信中提出了一个令人吃惊但也并不少见的诉求："因为一项我没有犯过的罪行，我已经被关了17年。"

在成为联邦检察官办公室的调查人员之前，约翰·奥马利已经在纽约市警察局（NYPD）工作了20年，主要负责凶杀案。他有一双淡蓝色的眼睛，眼白常常布满血丝，世间的一切都很难逃过他的法眼。他把无数的毒贩、抢劫犯和杀人犯送进了监狱。如果说肯尼思·麦凯布是打击美国黑手党的专家，那么奥马利和他在暴力犯罪部门的同事则是纽约黑帮的克星——他们对纽约大大小小的黑帮了如指掌，包括拉丁王帮（Latin Kings）、性钱杀帮（Sex Money Murder）、血帮（Bloods）、瘸帮（Crips）、特里尼塔里奥（Trinitarios）、权利法则（Power Rules）、内塔（Ñetas）和威利斯大道私刑暴民（Willis Avenue Lynch Mob），等等。

奥马利十分关注凶杀案，对这类案件也颇为了解。我并不是从一般意义上讲的。他熟知纽约的谋杀现场，熟知凶杀案的细节，比如谁杀了谁，以何种方式杀的，在哪里杀的，以及背后的原因是什么，等等。正因为如此，几年前奥马利曾跟瓦妮莎·梅尔基奥里（Vanessa Melchiori）说过："无论何时，只要你看到有关谋杀案的信件，请转交给我。"梅尔基奥里是纽约南区检察官办公室负责民事投诉信件的专员。要不是奥马利叮嘱过瓦妮莎，格利森的信件可能已经被遗弃、不知所踪，最终成为未读的瓶中信。

有一天下午3点左右，坐在六楼近楼梯处那间办公室里的奥马利，用他那双大手从信封中抽出了格利森的信。在看信的过程中，他的眉头越皱越紧，信中写道："我写这封信是因为我和其他几个人——其中还包括我不认识的人——一起被判了谋杀罪；法院认定，1995年1月19日在（布朗克斯）桑德维尤发生的拜瑟·迪奥普谋杀案与我有关。"信中还写道，这起谋杀案发生在拉斐特大道和克罗埃斯大道一带，时间是午夜时分。格利森称，他听说案子是其他几个人干的，目的是通过性钱杀帮的入会测试，并表示自己是替别人担了罪责、背了黑锅。

巧合的是，奥马利恰恰是在桑德维尤长大的，亲眼见证了这个社区的变化，而且对犯罪现场也非常了解。更加巧合的一点是：约翰·奥马利是扫除性、金钱和谋杀帮的主要调查人员。该帮派是一个暴力团伙，在布朗克斯的桑德维尤以及其他地区犯下累累罪行，包括各种形式的杀戮、枪击和持刀行凶等。

信中描述的谋杀案的具体细节——受害者、时间、地点和行凶方式等——让奥马利感到毛骨悚然。用他自己的话来说,这是一个"哦,我的天哪"的时刻。为什么?因为他之前听说过这个案子。十年前,另外一个人向他供认了一个非常类似的罪行,而这个人从未向奥马利之外的其他任何人透露过此事:正是那段时间,这个人在拉斐特大道和克罗埃斯大道一带抢劫并杀害了一名身份不明的出租车司机。

在这里,我觉得很有必要强调一点,那就是所有如约翰·奥马利这样最优秀的调查人员都具备一个非常重要的特性:极其敏锐的头脑。光从黑洞中逃逸的可能性比事实从奥马利的大脑中逃脱的可能性更大。因此,对埃里克·格利森及其共同被告人来说,这样的特性无疑是一个好消息。

奥马利回想到大约十年前他对某一黑帮成员的调查。此人叫吉尔伯特·维加(Gilbert Vega),属于性钱杀帮,2001年被逮捕并遭起诉,罪名是与毒品走私及暴力相关有关的敲诈勒索罪。在被逮捕一段时间后,维加同意转做污点证人。跟纽约南区其他所有潜在的污点证人一样,维加必须接受一系列漫长而又令人难以忍受的审讯,并简要供述自己的犯罪史,这被称为庭前会议。在进入合作阶段之前,我们不仅要求犯罪嫌疑人坦白自己已受指控的罪行,还要求他们承认所有其他的罪行,不管是我们已掌握的还是后期调查中新发现的且可在法庭上提供证据的罪行。奥马利是这个世界上最能撬开被告之口的调查人员之一:一是靠基于事实的真诚,二是靠具有说服力的坦率交流。

2002年和2003年,维加在正式转为污点证人之前坦白了自己所有的罪行。放下格利森的信后,奥马利记起了早前的一次庭前会议。在2003年3月的这次会谈中,维加向奥马利以及检察官供述了一个我们此前并不知道的罪行:在1995年的一起案件中,他和乔斯·罗德里格斯(Jose Rodriguez)——

又名乔伊·格林·艾斯（Joey Green Eyes）——抢劫并枪杀了一个不知姓名的出租车司机，地点正是在桑德维尤苏厄德大道和拉斐特大道之间的克罗埃斯大道，位于第43警区。虽然维加并不知道受害者的姓名，但他的供述却被详细地记录了下来。维加说，他和他的朋友罗德里格斯去哈勒姆看望一个女孩；该女孩是罗德里格斯在1994年至1995年的那个冬天认识的。清晨时分，两人搭乘一名非洲裔美国司机开的出租车返回桑德维尤。在这途中，他们两人决定打劫该司机，便让他驶入第107公立学校对面的克罗埃斯大道所在的那个街区。随后，维加和罗德里格斯掏出了手枪，紧接着就是争执和打斗，这期间两人均开枪射向司机。开枪后，维加和罗德里格斯逃离了仍在缓慢行驶的出租车，直到发生碰撞后，车才在街道上停了下来。

2003年，鉴于惯常做法和自己的职责所在，奥马利试图证实1995年发生的这起谋杀案，一来可以让维加认罪，二来可以给受害者的家人一个交代。如此一来，这个案子或许就可以了结了。为此，奥马利采取了相关行动，并专程去联邦监狱会见了乔斯·罗德里格斯，就该起抢劫谋杀案对他进行了审讯；虽然罗德里格斯此前也已转为污点证人，并同意跟纽约南区合作，但他从未交代过这一罪行。在事实面前，罗德里格斯很快就承认了自己的罪行，同时也证实了维加供词中的每一个细节，包括时间范围、具体的地点、他们各自在出租车上的位置，以及抢劫和枪杀过程等。

回到2003年，奥马利也曾试图去寻找与这起谋杀案相关的警方文件。他直接打电话给案发警区，描述了具体细节后问道："你们那边有关于这起谋杀案的信息吗？"他们说他们没有任何相关信息。在这起谋杀案中，虽然各方陈述的细节非常相似，但第43警区并没有人提及受害者就是拜瑟·迪奥普；如果当时有人提到这一点，格利森可能就不会蒙不白之冤而被判入狱了。奥马利通过各种方式寻找与1995年1月19日出租车司机谋杀案相关的警方报告或文件，但无果而终。当时，奥马利并没有想太多。他知道维加和罗德里格斯不会编造这样一个案子。他们没有理由这么做。而且，这也不是第一次有人供认谋杀案最终却查无实证。"要知道，并不是每一个谋杀犯都会在现场多逗留一会儿以查看受害者的脉搏。"或许那名司机幸存了下来，然后开车去了另一个警区。没有死亡的证据，也就是没有尸体，是无法给他们定罪的。因此，除了已被指控的罪名，维加和罗德里格斯最终只能被判持枪抢劫罪。

时间快进九年。2012年，奥马利在非常偶然的情况下看到了埃里克·格利森的信后，很快便拿到了警局存的格利森的犯罪档案，发现格利森1995年所犯的谋杀案的细节与维加和罗德里格斯所供述的犯罪细节极为相似。他就此案向暴力犯罪部门的负责人之一玛格丽特·加尼特（Margaret Garnett）做了汇报，并表示格利森可能是清白的。之后，他和玛格丽特一起，就进一步证实埃里克·格利森的清白展开工作。

首先，他要确保之前所掌握的细节是正确的。为此，他通过电话跟维加和罗德里格斯进行了核实，两人均确认了之前所供述细节的真实性。此外，维加还提供了一个新的事实：他们拿走了那名出租车司机的手机，而且在把它处理掉之前，还用它给几个朋友打过电话。

几天后的一个下午，奥马利突然去了新新惩教所，出现在了律师会见在押罪犯的私人会见室。那是一个很小的房间，混凝土地面，厚厚的长方形窗户正对着主会见室。一张桌子，四把椅子，天花板上挂着廉价的灯。奥马利就在这里等着。格利森根本不知道是谁要见他。

走进会见室后，看起来颇显精神的格利森皱起了眉头。他看了一眼奥马利，然后说："你他妈的是谁？"公允地讲，他的这种语气是可以理解的，毕竟这个人因未犯的罪行而被关了17年。

奥马利对此并不恼火。他拿出那封信，然后说："这是你写的吗？"格利森看到那是他自己写的求助信后，态度立马发生了转变。"是的，是的。"他低声说道。

奥马利说："我是联邦检察官办公室的。我知道你不是那起谋杀案的凶手。我知道是谁干的。"然后，奥马利握住格利森的手，并向他道歉。

我后来问奥马利为什么在那个时候向他道歉。他说："你知道那个家伙蒙受了不白之冤，这让我感到很不安。我感到不安，因为我没有在十年前就查清这个案子。"

那个时候，两个人都没有坐着。如果有人透过窗户看的话，他会发现埃里克·格利森已经跪到地下，好像在祈祷一样，还在哭泣着。奥马利把他扶起来问道："你有律师吗？"

格利森点了点头。

奥马利说："我保证我离开后就会给你的律师打电话。"他再次握住格利森的手，然后告别。

在奥马利走之前，格利森说："那其他人呢？"奥马利后来了解到还有其他五个人因拜瑟·迪奥普的谋杀案而被错抓入狱。格利森对奥马利的来访深表感激，一直不停地说"谢谢你，谢谢你"。这是近20年来，他第一次看起来像一个充满了希望的人。

奥马利给格利森的律师彼得·克罗斯（Peter Cross）打了电话。克罗斯并不是刑事律师，从未代理过刑事案，也从未服务过被指控犯罪的客户。多年来，埃里克·格利森一直称自己是清白的，但对囚犯来说，这种声明并不少见，而且也缺乏证据。在该监狱，有一名从事志愿工作的玛利诺会修女叫乔安娜·陈（Joanna Chan），监狱里的人称她为婆婆。她为犯人开办了一个戏剧课程，并教他们汉语。在遇到埃里克后不久，陈修女便了解到了他的故事，并相信他说的是实话。随后，她联系了彼得·克罗斯，这是她唯一认识的律师。克罗斯同意去新新惩教所会见埃里克·格利森。他告诉格利森："我会代理你的案子，因为没有其他律师会这样做。虽然我不是刑事律师，但我知道，现在唯一能让你走出这里的方法，就是找到真正的凶手。"他还引用电影《亡命天涯》(The Fugitive)中的台词补充说："我们一起去找那个独臂杀手。"

代理该案后，克罗斯最先做的事情之一就是前往桑德维尤查看犯罪现场，很明显，那些把格利森以及其他被告送入监狱的检察官并没有这样做。他来到那栋公寓的窗户前，然后望向案发地。正是在这个位置，该案唯一的目击证人马里亚姆·塔瓦雷斯（Miriam Tavares）声称她看到格利森枪杀了拜瑟·迪奥普。但克罗斯实地考察后得出的结论是：该证人距离案发地太远，根本不可能像她在法庭上描述的那样，可以看到案发现场或听到案发现场的谈话。从浴室窗户到案发地大约有 100 码①的距离。塔瓦雷斯在 2002 年死于药物过量，因而她的证词已无法再核实。据格利森讲，他和塔瓦雷斯之间有过一次性关系，但结果并不好，因而塔瓦雷斯明显有理由对自己怀恨在心。通过这次快速的实地考察，克罗斯相信格利森是清白的。

2012 年，约翰·奥马利也去了案发现场，也是从那栋公寓的窗户处，以最佳角度朝案发现场望去，然后得出了同样的结论：马里亚姆·塔瓦雷斯的证词是不可信的；鉴于两名污点证人的供词，埃里克·格利森并非该案的凶手。

彼得·克罗斯后来说："为让埃里克·格利森走出监狱，我们同布朗克斯地区的相关人员进行了种种艰苦的斗争。事情本不该如此，只是他们从来都没想过要承认错误。"克罗斯对地方检察官急于在本案中做出判断一事提出了疑问，而这也是一个合乎逻辑的疑问："在本案中，我认为他们很早就

---

① 1 码约合 91.44 厘米。

已经有了想法，而且也打定主意不再改变最初的结论。"换句话说，他们只是不愿意重新审议。

在拜瑟·迪奥普和丹尼丝·雷蒙德（Denise Raymond）谋杀案中，埃里克·格利森是被错判的六人之一；在迪奥普被谋杀的前一天晚上，雷蒙德在自己家中被杀。纽约市警察局负责雷蒙德案的探员在对迪奥普的案发现场进行了调查之后，认为这两起案件具有关联性，并指控六人犯有两起谋杀案。除埃里克·格利森之外，其他五人分别是德文·艾尔斯（Devon Ayers）、迈克尔·科斯梅（Michael Cosme）、卡洛斯·佩雷斯（Carlos Perez）、伊斯雷尔·瓦斯克斯（Israel Vasquez）和凯茜·沃特金斯（Cathy Watkins），其中沃特金斯是他们中唯一的女性。2013年1月，"布朗克斯六人组"（The Bronx Six）的谋杀罪名被撤销，后来这些被告从纽约州获得390万美元的赔偿款。2016年，纽约市同意支付总共4000万美元的赔偿。

约翰·奥马利在埃里克·格利森出狱后只见过他一面。在这次私人会见中，格利森是和他的律师一起来的，目的是向奥马利表达谢意。会见时间并不长，约翰·奥马利也不是一个非常健谈的人，不过他确实跟格利森说："我不喜欢在你身上用'幸运'这个词。一个被错误关押了17年的人，是谈不上幸运的。或许，你也不会用这个词。但你写的信最终能出现在我的办公桌上就像是神的干预。从这一方面讲，你是非常幸运的。如果那封信落到其他任何人手里，都不会是今天的结果。"对那些人来说，这不过是一封被定罪的人为自己辩解的信，司空见惯。

后来被问及奥马利时，格利森说："我每天都为约翰·奥马利的帮助而感谢上帝。当我看向他的眼睛时，我能感受到他是一个正直、真诚的人。"

是哪里出了错呢？我并不认识该案的检察官。我不能说他们偏执或对这六名被错误指控的被告心存偏见，但无论如何也不可能说他们很好地履行了自己的职责。如果最初的调查团队能够尽心尽力，到公寓的窗户那里看一看他们证人所说的是否属实，或许就不会罔顾这样一个终极事实：塔瓦雷斯的证词是不可信的。

此外，正如格利森所言："事实表明，警方和地方检察官自一开始就掌握着解决该案的所有证据。"这并非夸张之词。格利森一直就他所受的指控积极上诉，并坚持要求给他提供与其案件相关的文件，但这些要求大都被忽视了。在漫长的申诉之后，他最终拿到了迪奥普手机里的通话记录，也就是1995年在抢劫案中被盗走的那部手机。格利森发现，几乎是在枪击案发生后的第一时间，就有人用该手机给性钱杀帮成员的亲属打了多个电话。后来的事实也证明，维加和罗德里格斯在对迪奥普实施抢劫并开枪射击他后，确实用盗来的手机给那些人打过电话。这是证明维加和罗德里格斯有罪的关键证据，也是证明格利森以及其他五人无罪的关键证据，但在1997年的庭审中，这些证据并未出示给辩护方，而检方也没有提及。

我最近才了解到的一个事实是：《纽约》(New York)杂志在1995年刊登了一篇充满赞誉之词的长文章，对两名警察"破获"迪奥普谋杀案并逮捕格利森和其他人做了特别报道。在文章中，这两名警察被誉为英雄，并附有全页照片。不难想象，这种圣徒传式的特写在该案中发挥了某种作用，阻止了各方对该案的重新思考。毕竟，这不仅仅是一个翻案的问题，还涉及英雄主义的遗产。

我们对真相——无论是事实的准确性还是一个人的罪行——的理解不应

该是一成不变的。把坚定持有的合乎情理的观点想象成坚若磐石的大冰块。当这些观点有理有据时，一如既往地坚持下去是值得称赞的。但当新的事实浮出水面，或有新的发现被披露时，那么这个大冰块就应该破裂、融化，甚至完全蒸发。

法律中存在一个追诉时效的问题；某些类型的犯罪在追诉犯罪分子的责任方面是存在有效期限的，大多数案子也都必须在一定期限内追诉。这是真的，而且也是对的，原因有很多，比如在实施犯罪行为和对该犯罪行为提起诉讼期间，随着时间的推移，记忆会消退，证据会消失，证人会不见。但追诉时效只在时间这个问题上起作用。对检察官来说，他们需要在道德上保持警惕，无论一个案子过去了多久，他们也绝不能拒绝接受任何可信的辩护证据。

在某种程度上，这里存在一种悖论，因为我们要求甚至强烈要求人们接受陪审团的裁决。我们希望人们尊重法院的判决。我们信任我们的检察官，信任我们的执法人员，相信他们会把事情做好。在迪奥普案中，六名无辜者因不实证词而遭受错误指控并被关入监狱，无论人们对此有什么看法，有一点是无可否认的，那就是参与该案的并不仅仅是检察官，还有法官、辩护律师和陪审团成员。另外，诉讼程序也是畅通的。所以，该案遵循的是一个相对严格、有充分辩论且接受监督的裁判程序。

拜瑟·迪奥普一案有让人极为不安的一面：一个无可否认的事实是，我们的这个体系并不是完美的。人们会犯错。接受过良好教育和训练、富有经验的律师和调查人员，即便是在不持偏见的情况下也会犯错；当然，在迪奥普一案中，可能还存在某种偏见。

但同时，该案也有令人欣慰的一面。那封信几经周折，最终到了约翰·奥马利手上，而奥马利恰恰是一个处事严谨且优秀的调查人员，还有着过目不忘的记忆力。之所以让人感到欣慰，是因为有一个人拿出时间来看一封原本不是写给他的信；是因为有一个人愿意相信信中写的内容是真实的；是因为有一个人能把这件事同多年前他亲历的案子联系起来；是因为有一个人去监狱约见了写信的人；是因为有一个人亲自研究了这个案子；是因为有一个人查阅了庭审记录；是因为有一个人强烈要求释放该案中被定罪的人，即便这意味着要冒犯他的同行，包括参与该案的调查人员、警察，以及检察官办公室等。我不知道有多少人会像他一样如此投入，我也不知道有多少人会像他一样毕生都致力于抓捕坏人，致力于与同行一道追求公平正义，并不遗余力地纠正冤假错案。约翰·奥马利和玛格丽特·加尼特为格利森所做的工作使得我不止一次地在办公室讲过，我们应该努力工作，以最快的速度将罪犯送入监狱，但也要以同样的努力和速度为无辜者洗刷罪名。

对一个案子来说，是否实现了正义往往取决于办案人员的素质和性格，他们在办案过程中做出的判断将影响人的一生。第一次，埃里克·格利森以及其他被告遇到的是不称职，甚至比不称职更糟糕的办案人员。第二次，也就是在被关押了17年后，他们遇到了约翰·奥马利和玛格丽特·加尼特。法律还是原来的法律，警察规程还是原来的警察规程，伦理准则还是原来的伦理准则，宪法也还是原来的宪法。

区别就在于，第一次办案人员并没有花费时间和精力来做出正确的判断，尽管这是他们的职责所在。第二次约翰·奥马利不辞辛劳，决意找出真相。可以说，纠正这个案子并不是奥马利的工作。但他认为这是他的责任，因为他被内心的道德使命所引导，要竭尽所能去纠正错案。以我个人的经验来看，对于"责任"这个词，人们总是说得多，做得少。

与电影、电视和通俗小说中的描述不同，警察和检察官的存在并不是为了把人送入监狱。他们的存在当然是为了让人们承担起应该承担的责任，当然是为了保护公众，但就职责而言，他们的存在是为了维护正义，确保正义得到伸张。有时候，这意味着要放弃正在进行的案子或重新开启已经结束的案子。约翰·奥马利不仅在口头上，还在行动上一直坚持这个原则，这深深地感染了我。我会把他致力于寻求真相的故事讲给我们的助理检察官和警察听。把这些故事不断地讲给现实生活中的同行听并让他们学习很重要。我要说的是，在伸张正义或纠正冤假错案方面，刑事辩护律师没有垄断权；我这样讲绝无冒犯之意。那些最优秀的联邦检察官每天都在做这样的事情；他们有着明智的判断力，而且在必要的时候还会追究地方检察官的责任。

在从纽约南区检察官办公室离职后不久，我受邀前往纽约市警察局举办的凶杀类案件培训会上做讲座。与会人员都是所在领域的精英，是专注于破获凶杀案的警察和法医专家。他们非常勤勉，尽职尽责，而且也都接受过专业训练，精通弹道学、指纹分析和 DNA 证据等。参加该培训会的学员都是被选拔出来的，因为他们是同行中的佼佼者。

在讲座中，我没有跟他们讲述理论或法条，而是讲了两个故事——两个发人深省的故事：一是对布兰登·梅菲尔德的错误指控；二是埃里克·格利森的案子，他先是被错误定罪，后又被撤销罪名，无罪释放。在我看来，这是更引人深思的故事，也是更能抓住他们注意力的方式，远比讲一些该做或不该做的公式化内容更有用。

调查案子的方法有千千万，搞错案子的方法也有千千万。你不可能全部教给他们。你能够教给他们、能够灌输到他们内心深处的是高度的责任感，是担当，是正义感，是犯错误的可能性，是把事情做对的使命；要知道，他人的生命掌握在他们手中，而他们的任何错误或疏忽都有可能毁掉他人的一生。说到底，主持正义的不是法律，而是人。

当然，工作和生活中也是如此，人们应高度重视责任、细节和使命。这适用于救治病人、教学、修桥、救火、打胜仗，以及其他任何值得的努力。这是最根本的原则，但悲哀的是，人们的重视程度还不够。这个世界呼唤严格要求自己的人——即便在没有他人旁观的情况下，他们亦是如此；呼唤在工作中不辞劳苦的人；呼唤有责任意识并勇于承担责任的人，因为我们这个世界依赖于他们。

在格利森的案子中，还有另外一个方面颇为鼓舞人心。

在拜瑟·迪奥普谋杀案中，凯茜·沃特金斯是其他五名被误判入狱的人之一。她被定罪主要是基于一条不可靠的语音证据，将她认定为那个打电话预约出租车的人。一名出租车调度员做证说，沃特金斯的声音同预约出租车的那个女性的声音是匹配的，而正是在这个时间段，迪奥普被谋杀。这条证据相当单薄，但检方陈述了自己的理由，并得到了陪审团的认可。

沃特金斯在贝德福德希尔斯最高安全监狱（Bedford Hills Maximum Security Prison）服刑。作为一名无辜的女性，她没有什么好忏悔的，也没有必要改过自新。尽管如此，她还是把这种监狱生活视为自我提升和救赎的机会。身为囚犯的她参加了玛丽蒙特曼哈顿学院（Marymount Manhattan College）的课程。由于每个学期只能选几门课，所以她用了11年的时间才拿到社会学的学士学位。但这是她应得的。

此外，由于沃特金斯的学习成绩非常出色，在2009年，也就是无辜入狱14年后，41岁的她被提名为致告别辞的毕业生代表。在冰冷、封闭的监狱围墙内，她参加了自己的毕业典礼。她和同一届的毕业生都穿着监狱服，在外面套上了毕业礼服。这名被错误定罪、错误关押、一次次真诚递呈无罪申诉却屡屡被忽视的女性，在演讲中讲的是什么呢？真是令人难以想象，她演讲的主题是乐观、可能和希望。

她说："尽管这些围墙可以圈禁我们的身体，但它们无法限制我们的想象力，也无法阻断我们与外面世界的联系。"

她还说："一个人可以改变世界，让这种改变从自己开始。"

在监狱围墙内，凯茜·沃特金斯发表了令人难以置信且充满希望的主题演讲。三年后，一个在布朗克斯出生、名叫约翰·奥马利的陌生人证明了她是对的。

好奇心与询问：提问基本问题

在刑法领域，多问问题有助于避免出现尴尬、错误和司法误判。对一个案件来说，隐瞒问题可能比隐匿证据所产生的危害更大。涉及真相的所有重大努力莫不如此。

对任何主题或任何一组事实的深刻了解都需要积极的调查。反过来，这就要求我们去提问题——各种各样的问题：探寻性的问题、令人不安的问题、广义的问题、狭义的问题、姑妄一猜的问题、重复性的问题和假设性的问题等。很多问题都应该被问两次，有时甚至还要再问一次，而且每次问问题时，都要重新措辞，确保你提的问题有被准确无误地理解，并确保你也准确理解问题的答案。

提聪明的问题当然好，但提愚蠢的问题甚至更好。其实，没有什么问题是愚蠢的，这只不过是为了方便表达。所谓愚蠢的问题，通常是根本性的问题；它们往往触及基础，直达底线。愚蠢的问题会暴露肤浅的推理，彰显糟糕的逻辑，并让假冒的专家现出原形。这个世界，即使是在人烟稀少的偏远地方，也不乏吹牛大王。他们总是使用那些连自己都无法详述的缩略语，滔滔不绝地讲那些自己也无法解释的术语，搬弄那些自己无法理解的概念。他们就像鹦鹉学舌一样，重复肤浅的谈话要点、标语或他人的回忆。如果你只从表面去理解别人跟你讲的事情，即便这个人是某一领域的专家，你可能也只是了解了他对此事的粗浅认识。在任何情况下，提问基本问题都不丢脸。实际上，这对你真正理解问题至关重要。太多时候，人们着眼高处，却忘了脚踏实地。无论是在工作中还是在普通生活里，那都是一种错误。

我并不清楚在特定语境中，一个人应该问多少问题。但我知道，在新的工作岗位上，问问题最少的那个人一定是有问题的。我们办公室的一名退役老兵给新任主管的建议是："人们会到你的办公室，问一些疯狂的问题。这些人你不用担心，那些六周都没见过面的人才是你要担心的。"

这并不是说那些不问问题的人不聪明。纽约南区的助理检察官都是百里挑一的优秀人才。他们是这个国家受教育水平最高、资质最佳和表现最优的年轻律师。他们中的很多人都在最高法院做过书记员，也是久负盛名的法学院的尖子生。即便是作为联邦检察官，我有时也会被一些人的简历吓倒。我们办公室的选人标准非常严格，而这份工作又非常令人向往，所以我们的录取率近乎百分之百。我曾给近200名被录取者打过电话，除两人之外，其他人都是在电话中就接受了工作邀请。

那为什么要担心呢？

因为聪明的人不想给人一种愚蠢的感觉。对很多助理联邦检察官来说，不知道某件事该怎么做是之前从未有过的体验。他们大多数人只有在法学院的求学以及私人执业律师的短暂经历，在成为一线检察官方面可以说几乎没有什么准备。他们将经历人生中最密集的学习阶段，而且他们现在所做的决定，将会对现实生活中的人产生实实在在的影响。他们不再是为考试做准备，而是一头扎进了复杂的现实世界中。我们办公室的人足智多谋，有着良好的判断力和专业的研究技能。对于任何问题，他们都能找到答案——通常是在某个文本中找到的。但是很多问题的答案并不是来自书本，特别是那些涉及自由裁量权的问题。有些两难的问题会有多个好的答案，有些则一个好答案都没有。你是无法从书本中习得艺术、表演和判断力的。（是的，这的确听起来有些讽刺：我写了一本告诉你判断力是无法从书中习得的书。）

我至今仍然记得我早年工作时遇到的一位主管在我或他人问及基本问题时的那种冷冰冰的表情。很多年后，我依然记得自己感受到的那股寒意，但我并没有因此止步。我还是不断地问问题，问那些令人厌烦的问题，只不过我不再问这位主管而已。通常情况下，我都能得到所需要的答案。

如果你是聪明的、成功的，而且有着事事充分准备的习惯，并以此为傲，那么当你需要向主管或同事问一个看似愚蠢的问题时，那种感觉就像跨上办公室窗台，站在窗框边体验被人当作白痴般眩晕。对那些一生都自以为无所不知的人来说，这无疑是一个梦魇。而我没有这种焦虑，因为在我还是一名年轻的律师和检察官时，我总觉得自己很笨。这是我对自己最基本的评价。我一直觉得自己站在无知和失败的危险边缘，所以我问的每一个愚蠢的问题以及别人给我的答案，都有助于我远离这个危险边缘，有助于我脱离险境，有助于我更靠近安全地带。

我问过很多问题，也许太多了，无所不包：您坐在法庭上的哪个位置？您在法庭上是称"法官"还是"法官阁下"？枪支上的指纹您都会检测吗？最好的证人传票是什么样的？哪种系统最适合用来记录诉讼事项？在询问证人时，应该由谁来做笔录？哪种详细程度合适？如果证人说谎该怎么办？如果法官犯错该怎么办？诸如此类，不一而足。

早在我第一天上班之前，问题就已经浮现在我的脑海中。比如，在入职纽约南区检察官办公室之前，我就对程序的学习充满了兴趣。我混进珍珠街的一个法庭里旁听过博伊德·约翰逊办理的 21 世纪社保诈骗案，而在我正式入职一周前，他还借给我一本内部的刑事部门手册。该手册为三孔活页本，大概有100页，黑色的活页夹也已经很陈旧了，但拿在手里，我还是感到了它沉重的分量。这个神圣的文本解释了刑事起诉和刑事控告的区别，地方法院所必须遵循的烦琐程序，哪些表格要提交大陪审团[①]，认罪答辩的恰当方式，以及没收保释金的程序，等等。我完完整整地看了很多遍，直到把基本要点记住为止。

现在，让我们再回到愚蠢问题的功用性上。装傻是一个有着重要价值的战术，因为其他人会把你当成无知的孩子。

让我用一个故事来解释这一点。

在最开始进入纽约南区工作时，乔希·莱文（Josh Levine）是我的同事，跟我也是同龄人。他是一个聪明、谦逊和友善的人。几年之后，他被提拔到反证券欺诈部门。有一天晚上我们聚在一起喝啤酒时，他跟我们一群人讲了他当天的一次痛苦的经历。

乔希是那个上级部门的新人，尽管他学得很快，但对证券犯罪法、复杂的商业交易等一窍不通。我们办公室的惯例是一边做一边学，以及看别人怎么做并跟着学。那天，乔希参加了一个潜在污点证人的审前会议；该案与某证券公司总裁戴维·鲁特科斯克（David Rutkoske）有关。我们指控他通过操纵一家互联网游戏公司的交易诈骗了1200万美元。负责起诉该案的是资历更深、更富有经验的助理检察官戴维·安德斯（David Anders），而准备与这名潜在污点证人，即迈克尔·尼布尔（Michael Niebuhr）进行对话的也是安德斯。乔希参加是为了观摩和学习。

就在最关键的时刻——当时会谈已经开始了，戴维遇到了一个法庭紧急

[①] 英美法系国家对重大刑事案件实行类似预审的组织。美国的大陪审团一般由16至23人组成，以16人为法定人数，至少有12人同意才能起诉。

事件：他的一名逃犯被抓住了，他必须赶去处理。戴维离开了。但这是一次重要会谈，而且是提前很久就安排好的，所以谈话必须进行下去。接手的是乔希，不过他对这个案子以及相关的法律一无所知。我们都吓呆了。这听起来就像是我现在还会遇到的那个可怕的梦魇：在大学时忘记退掉选修的莎士比亚课，结果必须参加期末考试。

从历史上看，证券类案件并不是最复杂的案件，可这类案件需要你了解证券交易的方方面面，比如场外柜台交易系统（OTCBB）市场、锁定安排、144规则、提价交易规则，以及其他众多技术概念等。乔希很聪明也很勤奋，后来在这个案子上也展现了自己高超的技巧，但在这个阶段，他就像被扔到了大海里，而且还没有救生衣。他觉得自己会被淹死。他原本是来学游泳的，不想却被硬赶着参加奥林匹克比赛。

他是怎么做的呢？

在那个即将被人看穿的恐慌时刻，乔希灵光乍现。他一本正经地对那名潜在的污点证人说："听着，有一天你可能会在一个对此完全一无所知的陪审团面前做证。所以，你一定要慢慢讲。你今天在解释那些交易时，我希望你把我当成你9岁的侄子，从头慢慢讲起。"

棒。

这是一个简单的开场白，但立刻就能让乔希保全脸面，并有助于他了解案情，确保证词简单易懂。这让他有了空间和借口，可以问心中想问的问题——基本的问题、无知的问题、愚蠢的问题，以及一个9岁儿童可能问的其他任何问题。他可以困惑，也可以表现出这种困惑。他可以要求证人重复自己说过的内容，让他再讲一遍。

这个故事有两个结局：第一，一年后，当这名污点证人在法庭上做证时，他给出的证词简单易懂，就像讲给他9岁的侄子听一样。

第二，在乔希接受过证券法训练并成为他们部门富有经验的资深专家之后，你猜他在处理类似的复杂问题时是如何跟潜在的庭审证人打交道的？他还是会采取之前的那个方法，跟证人说：把我当成你9岁的侄子，从头慢慢讲起。当然，这不再是一个保全脸面的策略，而是一个既让自己获得相关信息，也让证人放下戒备心的聪明方法。如此一来，证人就可以在轻松自在的氛围中以简单易懂的语言讲出他们的故事。

在参议院担任查尔斯·舒默的首席顾问律师时，我注意到舒默参议员也经常这样做。比如，有人会起草一份复杂难懂的法案，通篇都是法律用语，然后交给这位已经很长时间没有深入思考过该问题的参议员。有时候，他问的问题非常天真烂漫，就像孩子似的。注意，我说的是像孩子似的，而不是说幼稚。因为我想说的是，孩子常常会提出最好的也最让人慌乱的问题。

各位父母，试想一下，当你滔滔不绝地向孩子讲述某种科学或某个历史故事时，孩子突然向你提出一个特别基础的问题，但这个问题却彻彻底底地暴露出你知识的浅薄，以至于做爸爸的不得不迅速找个玩具或其他可以分散注意力的东西岔开话题。这种经历，哪个父母会没有过呢？

就提问所谓的愚蠢问题而言，那种发自内心的忧虑未必会随着时间，随着个人在职业阶梯上的上升而消退。而对经理人和主管来说，隐瞒此类问题甚至会造成更大的危险。经理人往往被视为某一领域的专家，被认为应该知道该领域的所有问题。但事实上，经理人也是和我们一样的普通人。

时隔四年半，我以联邦检察官的身份回到纽约南区。很多事情对我来说已很是熟悉。我认识他们中的大多数人。我认识那里所有的主管。我认识那里所有的法官。我了解案件调查和审理的所有基本规程。我了解那里的文化和传统。但同时，那里所有的一切对我来说又都是陌生的。现在我已经是这个成立于 1789 年、赫赫有名的机构的领导者，而在不久前，我还只是一线的一名助理检察官。

对于当时的感受，我可以坦诚地讲一讲。我感到紧张，感到害怕，感到自己不够格。我担心我可能会辜负那里的传统，我担心我可能无法达到该职位的要求，我担心我可能会让那些支持我的人失望。

办公楼 8 层的墙上挂着 100 多年来历任联邦检察官的肖像，每天早上我走进办公室经过他们时，他们都盯着我看。你知道我心里是怎么想的吗？我想他们一定是在对我说："不要搞砸了，小伙子。"

即便在这个职位上工作了多年，即便在这期间工作一直都很顺利，我还是感到紧张和害怕。我想如果什么时候失去了这种感觉，那我就应该辞职离开这儿了。不要误会我的意思。无论是过去还是现在，我都是充满自信的，但我也越来越频繁地自省，秉持一种自我怀疑的精神。

适度的自我怀疑是具有启发意义的，亦可激发人的积极性，不会让人处于一种麻痹状态。对领导者而言，如果全面摒弃了这种自我怀疑精神，那么他们在领导岗位上待不长久，而且我认为这在指挥团队时是危险的。从我个人的长期经验来看，自我怀疑是人生挚友，傲慢自负则是人生大敌。

再回到我初任联邦检察官的时期。我觉得那时的我相比于多年前执业之初，反倒在某些方面多了一些无知。对任何领导者来说，这显然都是一种常见现象。即便是最内行的首席执行官、大学学院院长或内阁部长，他们对其所领导的大型机构的了解也不可能做到既深刻又面面俱到。这完全是可能的。事实上，如果你遇到了一位对任何琐碎之事都了如指掌的上司，那么在我看来，他很可能是一位不称职的领导，因为这种亲力亲为的人往往会不断地犯只见树木、不见森林的错误，不懂得放权给下属；当然，史蒂夫·乔布斯（Steve Jobs）这样的人可能除外。领导者更需要的是判断，而不是知识；他们还需要一种可以对十分接近事实的事情进行盘问的可靠方法。在知识不足的情况下，这样一种值得信任的询问方法，再加上对人性的良好理解力，能帮助领导者做出合理的决策。比如，在1962年古巴导弹危机期间，约翰·肯尼迪（John Kennedy）总统对战争和弹头的了解并不及他手下的将军和顾问。但当苏联人把核武器部署在距离佛罗里达仅有90英里的地方时，他就是最终决策者。在对他更富有经验的团队进行全面细致的提问，继而做出评估之后，肯尼迪决定实施海上封锁，而不是采取更为激进的应对策略。后来的事实证明，这是一个正确的选择。事实上，大多数高层的决策也都是如此，即便面临的不是核战争问题。

作为领导者，你经常需要做出最终决策或个人判断，而对于决策或判断所涉及的问题，你可能只掌握一些皮毛。这时候，你就需要他人提供的良好建议。

我详细查看过来自刑事和民事部门的重大案件的案情总结。要知道，这类案件的文件通常有数百页之多，且排得密密麻麻。我发现我面对的是无数的新事实和不甚熟悉的法律。在任职后的最初几周里，我听取了大量相关人员所做的案件简报，未曾有一日得闲。每个人看上去都是那么聪明，那么富有经验，给人一种无所不精的感觉，在这种情况下，对他们微笑、点头，并假装自己已经完全明白了他们提交给我的每一个问题并非难事。

我突然意识到，如果你周围的人都格外聪明、格外勤奋、格外令人尊敬，那么在这样一个环境下，领导者实在是太容易伪装了。你可以轻松采取一种超然的、表示尊重的和假装理解的策略，让其他人主持局面。如果所有工作都像一台运转良好的机器，那么领导者基本就可以撒手不管了；如果再进一步，所有工作早已呈完美运转的状态，那么领导者就真的可以置身事外了。

但很明显，只有当一个机构处于停滞、下滑且不再创新的状态时才会出现这种情况，也就是说，当这个机构已经跟不上时代发展的要求时。在我宣誓就任联邦检察官之前，我决定阅读大量有关领导力和管理的书籍。我希望能够从中找到某个神奇的公式，帮我干好这份新工作。其中有一段给我的印象最为深刻，这段话来自一本薄薄的小书，叫《再造卓越》(*How the Mighty Fall*)，作者是吉姆·柯林斯（Jim Collins）：

一个机构无论多么伟大，终究也是脆弱的。无论你取得过多么大的成就，无论你走过多么远的路程，也无论你获得过多么大的权力，你也难逃衰落的命运。没有任何自然法则表明强者恒强，并会一直处于顶端。任何人都可能衰败，而且大多数人难逃此劫。

每天走进办公室，这些话都会在我耳边响起。事实上，在我就任后的首个年度演讲中，我曾跟我的整个团队引述过这段话，并在之后的多年里反复引用。纽约南区检察官办公室是一个久负盛名的机构，很多案子和办案人员都堪称传奇。它需要的不是力挽狂澜的改革家，也不只是守门人。同其他所有机构一样，它需要的是负责任的领导。

于是，我便要问我的基础问题。

但该如何问呢？作为一名新任的助理检察官，问一些愚蠢的问题是可以理解的，因为人们并没有期望你懂得很多。可正如我先前所说，即便是在那个时候，你也很难拉下面子，暴露自己的无知。我再一次站在了窗台上，只不过这一次我已不再是一名新手，而是经总统任命、参议院批准的联邦检察官。

我心想，我会被认为是这个房间里最聪明、最专业和最有资质的人。我知道我不是，但要跟其他人坦白这个事实并不容易，因为我觉得，每个有上司的人都会持续不断地评价自己的上司——至少在上司看来是这样的。当我主持会议的时候，特别是早期的那些会议，我感觉每双眼睛都盯着我，感觉每个人都在评判我——不仅评判我知道什么或不知道什么，还评判我的办案能力。这是一件令人沮丧的事情。我可以退回到那种点头示意并假装完全理解的模式，或者我也可以等到下属离开会议室，然后把我的助理博伊德——我最亲密、最重视的朋友——拉到一旁，让他教我如何避开下属那种带有评判意味的眼神。但我真的很努力地不让自己这么做，而是采取了一如我初任助理检察官时的做法，继续问我的蠢问题。

那时，有种反复排练所营造出的紧张感。当然，我说的是任职初期。有些时候，我们会就重大案件的开庭陈词进行模拟练习：发表陈词的助理检察官会在图书室的桌子前方摆一个箱子，充当临时讲台，而坐在旁边椅子上的则是其他助理检察官、律师助理、调查人员，以及基层工作人员，他们将会就开庭陈词进行点评。在这种场合，最紧张的当属发表开庭陈词的助理检察官。而第二紧张的人，我想就是我了，因为在开庭陈词发表完毕后，每个人都要给出自己的看法，而作为一种带有尊重性质的传统，就此陈词发表点评的次序是按照职务等级排序的。也就是说，作为联邦检察官的我要第一个发言。我再一次感到，房间里的每一个人不仅在评估那名助理检察官的表现，也在评估我的表现。我的反馈是巧妙的吗？我的问题是愚蠢的吗？我真的已经了解这个案子了吗？每当这种时候，我都会不自觉地想起那句名言，并深深地理解它的意思所在："与其开口消除一切疑虑，还不如闭口被人当作傻子。"

关于冒充者综合征①（imposter syndrome）的书，我读的并不多，不过在这个新的岗位上，我觉得自己就像是一个冒充者。当然，我并不是说我缺乏安全感。我不是这样的。我一直都是一个非常自信的人，有时候甚至是过于自信。这里存在一种颇为奇怪的平衡：尽管你在智力和判断上保持着充分的自信，但对自己的无知又有着清晰的认识，由此产生的心理负担会促使你提问愚蠢的问题。一个傲慢的人产生一种不安全感，这多少有些自相矛盾。但任何机构的任何领导人都会时不时地站到不安全感与傲慢的岔路口上。随着时间的推移，你会逐渐习惯这种处境，并学着勇敢地向正确的人提出正确的问题。否则，你会一败涂地。

下面是我的心得：如果你认真倾听了，而且你问的看似愚蠢的问题直达事物的本质，那么没关系。它们或许暴露你的无知，但也很可能揭示正确的关注点。即使你就是喜欢问那些人们认为你应当已经知道答案的基础问题，又怎样呢？你走在正确的道路上。无知很快就会被消除。偏离主题和文不对题的倾向却不是那么容易得到修正的。不懂并没有关系；当你真正需要知道、想知道的时候，搞明白就可以了。好奇和质疑是健全的领导力的两个最重要的支柱。

即便是最聪明的人，也不是什么都知道。在任职初期，我邀请最高法院的新任大法官埃琳娜·卡根（Elena Kagan）来我们这里做演讲，演讲地点安排在圣安德鲁广场1号对面的美国国际贸易法院（CIT）的审判庭。这个美丽的地方是我们邀请知名嘉宾进行演讲的常备场所。在演讲开始前，我们先是拍照合影，然后同上诉法庭的律师举行一个小规模的会议。这位大法官超级

---

① 又称自我能力否定倾向，指个体按照客观评价标准已经达到优秀，却倾向于认为自己不够好，不是凭借自身的能力获得的成功，而是像在欺骗他人的一种现象。

好奇，一直问我问题，一个接着一个。其中有个问题是："国际贸易法院是做什么的？"我真的不敢相信她竟然不知道；她可是最高法院的大法官，而最高法院是美国法院系统中的最高一级。然后，我咽了一下口水，压低声音坦承说，虽然这个法院和我们隔街相对，我们也经常使用它的设施，但它到底是做什么的，我也是毫无头绪，一无所知。说完之后，我们两个人都笑了起来。（需要说明的是，美国国际贸易法院是一个非常出色的机构，致力于解决全球范围内与贸易和海关法相关的问题。说起来容易做起来难。）

我最喜欢问的一个问题是："为什么我们要这样做？"但我通常会得到最糟糕的答案。这个问题可能非常基本，或者说有些无知，但相对于提问，更无知和更不体面的是回答："我们一直以来都是这样做的。"这是唯一会让我从内心深处感到恼火的答案。人们或许会奇怪：执法当属保守领域，各项任务自有规程，遵循传统为什么会让我生气呢？这是因为，这个答案是阻碍创新和效率的一道壁垒，甚至还有可能妨碍司法公正。

我们的整个民事欺诈执法计划源于这样一个简单的问题："为什么我们不能依据《金融机构改革、复兴和实施法案》起诉银行呢？"《金融机构改革、复兴和实施法案》是1989年通过的，旨在对"影响"金融机构的非正当行为进行惩罚的一项法案，但很少被援引，也没人用它来起诉银行。相反，该法案仅被用来追诉他人对银行犯下的诈骗行为。但在该法案清晰易懂的规定中，对银行自身不良行为的起诉并未被排除在外，而这些行为当然会对金融机构造成"影响"。很快，我们就相继赢得了三名联邦法官的支持。在我们的带领下，全美的司法部门开始将《金融机构改革、复兴和实施法案》作为办案工具使用。

另一个简单的问题则彻底改变了一项存在良久，却也考虑不周的政策："在解决民事案时，为什么我们允许被告既不承认也不否认指控呢？"我们终止了这项政策，天也并没有因此而塌下来。

作为资历较浅的人员，提问可以加深他们对问题的理解。而作为领导者，提问亦会产生同等的效果，还营造出一种氛围，激发出个体乃至整个团队的好奇心，并促使他们自我反省。总之，提问会形成一种文化，让我们勤于思考、有好奇心、保持批判性思维、善于理解且勇于挑战，而不是拘泥于现状。要知道，墨守成规正是巨人倒下的原因。

审讯的原则："野蛮主义是没有必要的"

我们都在电影中看过获取口供的方法，殴打、重击并威胁证人。如果世界末日的时钟在嘀嗒作响——即便没有作响——一切都已失去控制，那么残忍野蛮的策略都会帮你快速取得可信的结果。你可以施以水刑或其他酷刑，必要时还可以切掉证人的手指，为获取口供动用任何手段。

然而，在这个真相至上、肾上腺素不会如河流般持续流动的现实世界里，长期经验告诉我们，耐心和人性比威胁与蛮力更容易取得成效——任何时候都是如此。那些倾向于采取最暴力手段并对此上瘾的人，往往都是恃强凌弱者，既没有行业经验，也缺乏历史知识储备。以可靠、文明的技巧获取真相才是普遍的做法。我们来看下面这些身份迥异的审讯对象："二战"期间在德国被击落的美国空军飞行员，纽约时代广场爆炸案的实施者、恐怖分子费萨尔·沙赫扎德（Faisal Shahzad），以及一起凶杀案中受惊的目击证人。他们所有人都向掌握熟练技巧的审讯者交代了自己所掌握的秘密；尽管这些审讯者所处的时期不同，也有着不同的语言和培训背景，但他们采用了相同的审讯方法和原则。

随着"二战"席卷全球，战争的成败不仅取决于炸弹和子弹，或是坦克和舰船，还取决于情报。侦察和间谍活动当然会让一方赢得相对于另一方的优势，但关于敌方的另一个重要的情报来源也会影响到战争的成败：战俘。被一方抓获的战俘掌握着另一方的秘密，包括它的军事实力，甚至是未来的作战计划、意图和战略等。

美国打击德国的一个重要手段就是空袭，特别是针对德国城市发起的残酷又持续的轰炸行动。精锐的美国空军飞行员执行了数千次任务，在这个欧洲国家的大部分地区投下数不清的炸弹，其中最有名且受打击最严重的就是德累斯顿，仅在一天之内就造成了约13万德国人死亡。

被德国人击落的美国飞行员并不在少数，而且很多都活了下来，成为战俘。这些飞行员都是军队中的精英，即便他们个人没有掌握什么重大情报，但如果把所有这些飞行员的秘密都拿到手，组合在一起，那么会对德国的战争行动大有助益。这些被击落的美国空军飞行员无一例外都坚持军事版的缄默法则：保持沉默；按照战争法的规定，你只需交代自己的姓名、军衔和番号。很多人自始至终都保持着沉默，但也有很多人后来还是交代了他们所掌握的秘密——他们甚至不认为自己是被蒙骗的，也没有受到非人的对待和折磨。

那么，是什么让被俘的士兵开口的呢？是什么让他们说出秘密的呢？历史显示，在不受规则限制的战争时期，卓有成效的审讯原则同和平时期刑事案的有效审讯原则大同小异。

让我们来看一下纳粹德国空军最高效的审讯者雷蒙德·F.托利弗（Raymond F. Toliver）——一个居于幕后、沉默寡言的人。他在著名的《审讯者：纳粹德国空军审讯大师汉斯·约阿希姆·沙夫的传奇故事》（*The Interrogator: The Story of Hanns Joachim Scharff, Master Interrogator of the*

Luftwaffe)一书中讲述了沙夫的故事。在提问的艺术与学问方面，汉斯·沙夫没有接受过任何正规的培训。他的入行完全是个意外。出生在东普鲁士的沙夫讲一口流利的英语，他先是在德军前线担任翻译，后被调至德国空军设在上乌瑟尔的审讯中心，担任"专业"审讯员的翻译。由于他所服务的两名审讯员在飞机失事中身亡，沙夫突然被提升为审讯员。由此，他证明了自己作为替补四分卫的能力。

同许多技艺的天才实践者一样，沙夫在观察和耳濡目染中习得技能。他被认为是整个德国最狡猾和最高效的秘密窃取者。他温文尔雅，待人随和。他把自己伪装成被俘飞行员最好的盟友和最大的支持者。他满足他们的要求，和他们开玩笑。很有名的是，沙夫还和他的战俘一起漫步大自然，也就是不受限制、自由自在地散步——只要他们口头承诺不逃跑就行。他靠的是人与人之间的信任与和谐，他用尊重和智慧感召他们，用人的需求去接触其并与其建立私人关系，还对他们的遭遇报以同情。就这样，一个又一个的战俘丧失了警惕，失去了防备，而沙夫也由此成为德国空军中的传奇人物。

他的这种温和的方法以及据此取得的丰硕成果似乎令人震惊，因为一方面，从直觉上讲，人们普遍认为战时的审讯是严酷的；另一方面，他所采取的方法与同时期德国的另一个机构——令人畏惧的盖世太保[①]所采取的野蛮策略形成了鲜明的对比。事实上，为达到自己的目的，沙夫以一种非常睿智的方式利用了盖世太保的残酷名声。他会说，真正的战俘将被关在审讯中心，然后被转送到战俘营，而间谍则必须被交给盖世太保。他还会进一步解释说，为表明你是真正的战俘而非间谍，你不仅要交代姓名、军衔和

[①] 纳粹德国的秘密警察组织。

番号，还必须交代其他一些事情。很多人都照做了。除了这种红脸加白脸的策略，沙夫拒绝采用任何带有威胁或恐吓性质的手段。尽管以盖世太保这个机构作为幌子，但沙夫策略的成功主要还是靠他表现出来的善意、尊重和亲和力。

与所有涉及人际互动的成功努力一样，沙夫的策略也遵循了几项基本规则，其中之一就是："在将犯人带入审讯室之前，最好先研究一下他的相关资料。"这似乎是显而易见的，但有些调查人员还是忘记了这种耗费时间和精力的功课往往是获胜的关键；当然，勇气和计谋也很重要。肯尼思·麦凯布的一大优势就是他对自己所追踪的黑帮分子的背景了如指掌，同样重要的还有他所掌握的渊博的知识。在接受他的审讯时，人们明白自己糊弄不了他，因为他知道这些人有没有说实话。所以，他们会告诉他更多的事实。所有优秀的审讯人员都明白这一点。

准备和自学可以造就一种无所不知的自信气场，进而撬开对方紧闭的牙关，获得想要的情报。知识会给人留下深刻的印象，也更容易让人开口。优秀的审讯者无不拥有经得住考验的知识储备。以约翰·奥马利为例。有一次他在审讯一名军火走私犯时，后者说在布朗克斯的波士顿路一带有一个军火交易点。奥马利点了点头，并会意地补充道："是的，就在'妈妈炸鸡店'那里。"虽然这只是一个微小的细节，一个关于地理位置的精确描述，但还是给这名走私犯留下了深刻的印象，让接下来的审讯之路变得更加平坦。

沙夫持续不断地运用这一技巧。对于每一名美国战俘的资料，即便是那些看似无用的信息，他都仔细地整理到一起，从不放过任何蛛丝马迹。之后在审讯室，他总是在不经意间放出这些琐碎的情报，以表明他已经掌握了更多的信息，同时让审讯对象放下戒备，和盘托出。

此外，做足功课也可以降低面对面交流的敌视程度，让审讯以一种更温和的方式进行，亦有望取得更富有成效的结果。正如沙夫本人所说："野蛮主义是没有必要的。你们可能也看到了，我会事先搜集尽可能多的信息和证据。通过透露这些信息和证据，并诉诸常识，加以劝诱，我就会从他那里得到新的情报。"野蛮主义是没有必要的。这是"二战"期间一名德国军人发表的一项颇具分量的声明，是不带讽刺意味的。此外，这也是一个关于方法和原则的重大陈述。这里所讲的方法是指在审讯前花费时间和精力做好准备工作，搜集和整理尽可能多的细节，并在审讯过程中采用人道的审问方式，与审讯对象建立一种和谐的关系；而这里所讲的原则是指避免采取残酷的手段。此原则与方法并非重合，它们之间是一种相互影响和相互强化的关系。正是这种方法所具备的效力，使得野蛮主义成为一种多余，因为野蛮主义是没有必要的，也是不对的。

时至今日，人们在怎样才能（和应该怎样）让被拘押者开口的问题上仍存在激烈的争论，无论被拘押者是战俘还是刑事被告人。有一部分人——多为派系政治家——坚持认为，对目标或囚犯的任何仁慈都是审讯方软弱、纵容和无能的表现。他们所信奉的酷刑拷问与沙夫所陈述的原则和方法是背道而驰的；也就是说，他们认为被拘押者不应被纵容，因而也不应对其采取温和的审讯手段。他们秉持的是一种直觉至上、毫不知情的信念，认为必须运用严刑拷打的方式获取口供，因为这些遭受严刑拷打的人罪有应得。他们还将原则和方法混为一谈，追求严刑峻法，尽管既定目标只是获取口供，拿到情报。在他们看来，所谓人道待遇、有礼貌的审讯或权利告知均是软弱和无能的。

作为现实生活中的审讯者，汉斯·沙夫以及其他无数同行用他们成功的经验打破了这一被误导的神话。我们不妨想一想，对当时德国空军的审讯人员来说，承认美国军人的尊严，给予他们尊重，并以人道的方式审讯他们是多么困难的事情。要知道，那是战争时期，一切皆存在变数，而且这些审讯人员清楚在那些被俘的美国飞行员中，有些人负责对他们的城市进行地毯式的野蛮轰炸。

沙夫之所以采用这个方法，是因为它不仅是正确的，也是有效的。同一代又一代成果显著的审讯者一样，他深知这样一个道理：事前准备和和谐关系胜于胁迫和暴力。他常说的一句话是"温言软语好过重拳猛击"，而这正是他的诀窍之一。这个方法的使用以及它所产生的持续效力进一步强化和证实了如下道德原则：即便是战火纷飞、尸横遍野，人性仍有可能存在。托利弗是这样说的："在战争这一最没有人性的人类活动之中，我们看到了一个仍保持着人性的人。"

就我所遇到的、有过交流的或受我领导的优秀的调查人员而言，他们全都赞同并认可沙夫所秉持的一般原则。殴打与威吓很难持续获得真实的答案。策略胜过蛮力，耐心优于强力。

在南区，我们在很多案子中都见证了这一点，包括那些看似毫无可能合作或供罪的案子。你能猜出什么样的证人最固执、最难对付吗？你可能会认为是那些策划和实施暴力行为的人，他们这样做并不是出于贪婪、对权力的欲望或一时冲动，而是源于根深蒂固的意识形态和对西方的刻骨仇恨。你可能会认为那些人是铁石心肠、充满仇恨的恐怖分子，他们的杀戮并不是因为金钱、精神疾病或情事，而是因为他们心中的仇恨及其所信奉的邪恶事业。如果你是这样猜的，那就错了。

让我们看一下费萨尔·沙赫扎德的案子。他是时代广场爆炸案的实施者，试图杀死尽可能多的美国人，而那时我上任还不到9个月。

2010年5月1日傍晚时分，一辆带有色玻璃车窗的深色日产探路者停在了纽约市第45大街和第7大道交叉处的时代广场的中央位置。车中嘀嗒作响的是一枚由化肥、丙烷、烟花和瓦斯制成的炸弹。这枚炸弹虽粗制滥造，威力却很大。其制造者计划周六傍晚在曼哈顿的核心地带引爆它，因为在那个时间段，会有数万人从那里经过，他们或去餐馆吃饭，或去百老汇看演出。这枚炸弹没有造成任何人员伤亡，因为它根本就没有爆炸。它之所以没有爆炸，是因为它的制造者犯了一个严重的错误。再者，附近的一个人看到了车内冒烟，并在第一时间通知了警方。接下来，警方封锁了时代广场，转移了大批人员，并展开了一场长达53小时的追捕行动。最终，我们了解到，6个月前，这名未能得逞的凶手曾在"巴基斯坦塔利班运动"（TTP）发布的一段视频中表示："自'9·11'事件以来，我一直都想加入我兄弟们的圣战。"

在53小时的行动中，我们办公室反恐部门的助理检察官牺牲了所有睡眠时间，与联合反恐工作组（JTTF）的同行一道，追踪潜在线索，查看监控录像，核实纽约市每一辆日产探路者的来历。在整个调查行动中，有出发点出错的时候，也有无果而终的时候，直到周一深夜，他们才最终锁定了沙赫扎德。在康涅狄格州的布里奇波特，全副武装的联邦调查局探员包围了沙赫扎德所住的公寓，准备将这名危险分子抓捕归案。

我当时的助理博伊德·约翰逊驻守在联邦广场26号的联邦调查局总部，而我则留在圣安德鲁广场1号，等待我们办公室反恐部门的负责人提供有关沙赫扎德的最新情况。抓捕行动中出现了一个小差错。不知何故，沙赫扎德避开监控，从被包围的公寓里成功逃脱。他去了哪里？美国的这名头号通缉犯——尽管他已经被列入了恐怖分子"禁飞名单"——跑到了约翰·F.肯尼迪国际机场，还坐上了阿联酋航空公司的某个航班，准备在周一午夜前不久飞往迪拜。航班一度驶离登机口，但在千钧一发之际，还是被安全人员成功拦截。沙赫扎德就此落网。

被活捉的沙赫扎德很快就被拘押起来，等待他的将是一场重大审讯。沙赫扎德是单独行动的吗？如果不是，那么他的同谋者是谁？是谁让他变成激进分子的？有谁培训过他吗？他制造炸弹的材料来自哪里？他是否还知道其他的阴谋？等待他的将是一连串的问题，但他会回答吗？

审讯的背景很重要。这是自"9·11"事件以来纽约市第一个真正将计划落实到行动上的恐怖分子。最近发生的一些历史事件引发了人们对标准程序的质疑，并影响到了决策。这次抓捕费萨尔·沙赫扎德的行动距离拘捕所谓的"内衣炸弹客"奥马尔·法鲁克·阿卜杜勒穆塔拉布（Umar Farouk Abdulmutallab）仅过去4个月的时间，后者于2009年圣诞节那天在飞往底特律的航班上因试图引爆炸弹而被捕。阿卜杜勒穆塔拉布很快就被告知了自己所享有的权利。是不是太快了呢？可以说，重要的情报搜集工作也因此陷入中断。所以，就沙赫扎德一案而言，要不要宣读以及何时宣读权利告知书，也就成了一个重大的敏感问题。

在阿卜杜勒穆塔拉布案之后，我们就预料到了这个问题，并就如下场景进行了讨论：如果有一名正在行动的恐怖分子出现在我们中间，我们该怎么办？我们要做的事情之一就是仔细研究"米兰达警告"（Miranda Warning）的公共安全例外；按照米兰达警告的要求，在审讯之前，被拘押者通常都会获得权利告知。基于所列的例外情况，办案人员可以在给出权利告知之前对犯罪嫌疑人进行审讯，而不用担心相关口供不会被法院采信。这种例外是最高法院于1984年在"纽约诉夸尔斯案"（New York v. Quarles）中确立的，指的是当审讯的内容涉及犯罪计划、同谋者，以及与公共安全相关的其他重要事宜时，犯罪嫌疑人可以被较为详细地审讯。为获得这些问题的答案，为搜集信息和情报，法律允许办案人员在一定时期内无须宣读米兰达警告即可直接审讯犯罪嫌疑人。

根据具体情况，如果存在其他压倒性的犯罪证据，那么因违反米兰达警告而导致所获口供被法庭宣告无效可能不那么重要。在离开会议室时，我们已经定下了明确的策略：不要急着宣读米兰达警告。找到一切可能的证据，并权衡口供（有助于法庭做出判决）和情报（有助于防范公共安全事件）两者之间的重要性。

这个计划收到了成效。在沙赫扎德被抓、执法人员即将对他进行审讯之时，我们已经做好了前期准备。我跟位于华盛顿司法部国家安全部门的负责人讲了我们的计划，表示我们有意延迟宣读米兰达警告。就当时的情况来看，我们认为这样做是完全合法的，也是合适的。该负责人，也就是戴维·克里斯（David Kris）同意了我们的计划，并告诉我他会同时任司法部长埃里克·霍尔德（Eric Holder）具体讨论一下。于是，我给司法部指挥中心打去电话，这是找到司法部部长最便捷的方式。晚上10点过后，指挥中心给我回了电话。我接起电话，一边望向窗外，一边说："关于费萨尔·沙赫扎德的这个案子，证据已经很充分了，办案人员正快速赶往约翰·F.肯尼迪国际机场对他提审，而为最大限度地搜集信息和情报，我们并不急着向他宣读米兰达警告。"霍尔德部长同意了我们的行动方案。

就在那时，沙赫扎德已经坐在了机场所谓的"二次检查室"里，看守他的是美国海关和边境保护局（CBP）的工作人员，而联合反恐工作组的审讯人员正在赶来的路上。联邦调查局的一名特工督察和纽约市警察局的一名探员走进了房间。沙赫扎德看起来很平静，也很放松。看到他们进来之后，他说的第一句话是："你们怎么这么久才到？"这是一个疑问句，并无嘲讽的意味。他们为沙赫扎德提供了餐食和点心，然后把他转送到联合反恐工作组在曼哈顿的一个安全的据点，那里也是该工作组的安全总部。按照计划，这名探员就一系列公共安全问题对沙赫扎德进行了审讯。沙赫扎德有问必答，滴水不漏。很快，该探员就和沙赫扎德建立起了一种和谐关系。

虽然原定计划是要对费萨尔·沙赫扎德进行很多个小时的审讯，但至于在何时宣读具有决定意义的米兰达警告则取决于这名探员的专业判断，基于他对沙赫扎德的行为举止和心理状态所做出的判断。顺便说一句，这种判断凭借的是他多年来的办案积累以及成千上万次的审讯经验，可以确保嫌疑人在获知相关权利之后仍能继续交代问题。

看过电视的人都知道米兰达警告。这听起来可能是美国最高法院最知名的案件名称，可它实际上是一种权利告知：你有权聘请律师，你有权保持沉默，诸如此类。对此，大多数的警察和探员都是牢记在心的，但为保证内容准确，他们一般会照着打印出来的卡片宣读。

如何判定向恐怖分子宣读米兰达警告的时机？如何判定向恐怖分子告知其所享有的权利的时机？一名探员曾有过这样的描述："你可以把审讯嫌疑人想象成初次约会。在审讯过程中考虑要不要宣读米兰达警告，就好比是在约会过程中考虑要不要笨拙地亲对方一下一样。这是一个需要你做出判断的时机：'如果我现在亲他一下，他也会亲我一下。如果我干等的话，那这种情况或许就不会发生了，机会也就错失了。'"诚然，米兰达警告可能会导致审讯出现"短路"，但向嫌疑人告知其所享有的权利会给人一种亲切感，并加深彼此的信任。汉斯·沙夫就非常清楚这一点，即便是在战争时期：建立和谐关系是获取秘密最常见的催化剂。

还有探员用其他类似的词语来描述审讯的艺术，比如诱导。他们说，你要知道你在什么时刻同嫌疑人建立起了最大限度的联系，也正是在这个时刻，你有了一种真实的感受，知道该按下哪个按钮或操纵哪根杠杆。也就是说，这时你已经从主观上做出了判断：我现在可以宣读米兰达警告，履行法律义务，保证接下来所陈述证据的可采性，并有可能继续审讯以获取信息。

当然，担心还是有的，即聘请律师的权利告知会使得嫌疑人行使该权利，进而导致沟通渠道关闭，前面提到的法鲁克·阿卜杜勒穆塔拉布一案就是如此。但在发誓对美国发起圣战之后，在选择充当外国恐怖组织的执行者之后，在决定于美国内部发起战争之后，在试图于时代广场发起针对大量无辜者的杀戮之后，在设法逃跑并试图策划更多的恐怖袭击、杀死更多美国人之后，费萨尔·沙赫扎德做了什么呢？他一直滔滔不绝地讲，越讲越多。

在审讯沙赫扎德时，办案人员没有使用任何暴力或威胁手段。他们给他食物，还告知他所享有的权利。温言软语好过重拳猛击。在之后几天里，沙赫扎德平静又详细地供述了跟他的计划和意图有关的关键信息。他承认自己购买了制作那枚炸弹需要的所有材料；他希望那枚炸弹可以造成40人死亡并对此深信不疑；他计划在两周后再次回来实施恐怖袭击，以期杀死更多的美国人。此外，他还交代了自己的同伙以及可能的协调人，为后期办案提供了非常多的线索，这也正如我们在法庭上所讲的，若不是他坦白交代，我们就"需要从多个城市调集数百名探员连轴工作"。值得一提的是，办案人员每天都会清楚无误地向他宣读米兰达警告。

然后，他很快又在法庭上承认了自己的罪行。在担任联邦检察官的职业生涯中，这么高调的被告我只见过一次。两周后，也就是2010年5月18日，费萨尔·沙赫扎德被提讯，并当庭认罪。他被判终身监禁，现在正在监狱服刑，这是他罪有应得。

除了做好前期的准备工作和各项功课，审讯的成功往往还取决于对时机的判断。它更需要的是情绪智力，而不是虚张声势，这与我们在电影中看到的以及政治家的高谈阔论不一样。暂且抛开政治上的哗众取宠不谈，围绕米兰达警告产生的争论并非不合理，只是被过度夸大了。正如案件调查中的很多事情一样，个人基于常识和经验所做的实时判断对整个工作是大有助益的。需要特别指出的是，在审讯过程中，那名同费萨尔·沙赫扎德建立起和谐关系的办案人员并不是专职负责国家安全的联邦调查局特工，他只是纽约市警察局的一名探员——职责是调查和打击这个城市的毒品犯罪行为。他审讯过成百上千名证人和嫌疑人，积累了重要的办案经验，也培养了敏锐的判断力。因此，当需要做出判断的时候，当需要在他职业生涯中最棘手的一次审问中做出判断的时候，他在时机的把握上往往是准确的。正规训练当然重要，但在关键时刻发挥作用的往往是从一线获得的实践经验。

重点在于，有效审讯是无法从教科书上学到的。它更像是一门艺术，而不是科学。它需要的是天资——同理心和理解人类的天资。当然，这并不是说严酷的审讯方法永远都不会获得成果。有些时候，它们可能是必要的，但对那些一向宣称只有严酷的方法才能获得信息或真相的自吹自擂者，每个人都应时刻保持怀疑。对那些在现实生活中从未审讯过别人的人，我们更应保持怀疑。这是专业的联邦调查局特工、警察、缉毒局（DEA）特工和联邦检察官的观点。相比象牙塔里的作家或者政治家，我更相信这些专业人士的判断，因为那些作家和政治家未曾亲眼见过采用何种方式才会让坏人开口。

顺便说一下，费萨尔·沙赫扎德远不是唯一一个前脚刚实施针对无辜者的杀戮行动，后脚就向执法部门供出行动路线图和同谋者名单的恐怖分子。伊利诺伊州北区检察官办公室起诉的戴维·黑德利（David Headley）也是其中之一。黑德利是2008年孟买恐怖袭击案的责任人和参与者；该起袭击案共造成164人死亡，其中包括6名美国人。此次审讯过程中，办案人员也看准时机，在进行了不到30分钟的时候就向他宣读了米兰达警告。根据检方的量刑备忘录，黑德利"提供了有关恐怖组织虔诚军（Lashkar-e-Taiba）的大量详细信息，包括它的组织架构、领导层及其他相关人员、人员招募、资金募集、人员培训，以及袭击计划和潜在目标等"。这样的案例还有很多。在审讯方面，这是常态，而不是例外。

为什么恐怖分子会开口呢？在什么样的情况下，使用什么样的审讯手段才会让费萨尔·沙赫扎德或戴维·黑德利这样的人在被抓捕后，无须接受酷刑就能主动交代他们掌握的一切，包括个人情况、计划和意图？多年来，我一直在思考这个问题，因为它看起来似乎是违反直觉的。我就此请教过联邦调查局的很多特工，想知道他们的看法。

我听过一个非常好的解释，这一解释也是审讯人员应好好利用的心态：恐怖分子希望有人讲述和传播他们的故事。此外，他们还想成为自己故事的作者，成为自己故事中的英雄。恐怖主义的重点在于制造恐惧，在于为政治目的吸引公众的注意力。恐怖分子都有着缔造传奇的野心，他们决不希望自己沦为无名之辈。正是由于上述原因，他们录制殉难视频。正是由于上述原因，他们利用媒体和宣传渠道传播自己病态的"福音"，并诱使新成员加入。他们也渴望拥有自己"出名的 15 分钟"[①]。事实上，有些案子可能都没有那么复杂。

这里可能还有另外一个原因。我们每个人的内心都有一种强烈的渴望，即便是十恶不赦的犯罪分子，也希望其他人能明白他们为什么那么做，而那些犯下骇人罪行的人，特别是出于意识形态而犯罪的人，在这种最根本的心理需求方面亦不例外。对调查人员来说，好的一面是这种想要被人理解的倾向可以作为案件的切入点，既可以拘押恐怖分子，又有助于我们获取恐怖组

[①] 指 20 世纪波普艺术家安迪·沃霍尔说的一句话："未来，每个人都能出名 15 分钟。"

织的活动范围，或发现其他可能会对我们造成危害的人。

当然，也有人主张使用严厉的审讯手段，其中甚至还包括酷刑。对这些人来说，野蛮主义是必要的：一方面，这可以让他们在私人或公共场所炫耀自己的力量；另一方面，他们认为野蛮主义是有效的。但从历史记载来看，结果恰恰相反。

我们来看一下阿布·祖巴耶达赫（Abu Zubaydah）的案子。祖巴耶达赫是在"9·11"事件发生之后于2002年被抓的——当时他参与了巴基斯坦的一起袭击行动，受伤后被抓获，被关押，并被误认为是"基地组织"的高级头目之一。在遭中央情报局（CIA）羁押期间，他遭受了至少83次水刑，被剥夺睡眠，在一个2.5英尺乘2.5英尺的箱子里被囚29小时，在一个棺材大小的箱子里被囚266小时，一次次地被撞到墙上，在压力姿势下被强力束缚，以及经受低温和噪声的折磨。中央情报局的审讯人员一度以为他们把他折磨死了。祖巴耶达赫最终供出了哈立德·谢赫·穆罕默德（Khalid Sheikh Mohammed）和何塞·帕迪利亚（José Padilla）；前者是"9·11"事件的幕后组织者，后者是美国公民，被控密谋策划轰炸美国，其被审经历也一直都是激烈争论的话题。

听起来不错，但有一件事除外。在遭受酷刑之前，联邦调查局特工为建立和谐关系对其进行审问期间，祖巴耶达赫就已经交代了这些有效信息。那是3月底，祖巴耶达赫刚刚被抓。按照指示，联邦调查局特工、审讯专家阿里·苏凡（Ali Soufan）同另外一名特工一起飞往某秘密据点，对祖巴耶达赫进行审讯。值得一提的是，苏凡是整个联邦调查局仅有的8名会说阿拉伯语的特工之一。

在一个预先留作审讯用的小房间里，苏凡看到了受伤但依然充满挑衅的祖巴耶达赫。苏凡的第一个问题很简单："你叫什么名字？"祖巴耶达赫回答说："达乌德。"这不是实话。苏凡看着祖巴耶达赫，笑着说："我直接叫你哈尼怎么样？"哈尼是祖巴耶达赫小时候的一个昵称，他母亲给取的。听到这句话时，祖巴耶达赫看上去非常吃惊。他说："好的。"这个强有力又人性化的细节收到了奇效。在接下来的一小时里，祖巴耶达赫向苏凡交代了具有决定意义且可提起诉讼的情报。

正如苏凡后来在国会做证时所说的，联邦调查局审讯技术的成功得益于研究，事前的准备工作很重要。他说："审讯人员必须做好各项功课，全面掌握被拘押者的每一个细节信息，成为真正意义上的情报专家。然后审讯人员运用所掌握的知识给被拘押者留下这样一种印象：与他有关的一切信息都已经被掌握，任何谎言都会被轻易揭穿。"这与沙夫的理念是共通的。

参议院情报特别委员会（Senate Select Committee on Intelligence）后来发布的长达 6700 页的研究报告——人们熟知的《酷刑报告》（Report on Torture）——表明，中央情报局在 2001 年至 2009 年间实施的羁押和酷刑审讯计划是无效的。野蛮主义既无必要也无助益。该委员会在报告开篇写道："在从被拘押者身上获取情报或争取被拘押者合作方面，中央情报局采用的强化审讯技术是无效的。"

在获取宝贵的情报方面，酷刑是没有必要的。再者，酷刑还有可能会导致基本的不公——虚假供述。美国在 2003 年入侵伊拉克时，美国政府根据未具名信源所称的伊拉克正为"基地组织"成员提供武器装备这一情报来证明自己行为的合理性。

提供该情报的是伊本·阿勒－沙伊哈·阿勒－利比（Ibn al-Sheikh al-Libi）。阿勒－利比是乌萨马·本·拉登（Osama bin Laden）设在阿富汗的恐怖分子训练营的负责人，2001年被抓。那时，他是被美方关押的最高级别的"基地组织"成员。联邦调查局和中央情报局都提审了阿勒－利比。尽管在审讯期间，联邦调查局的一名官员提醒他的人说，要向阿勒－利比宣读其所享有的权利，并以一种尊重的方式对待他，希望以此建立一种和谐关系，但中央情报局的探员在审讯后认为他们并没有获得准确的情报。据报道，中央情报局后来将阿勒－利比转移到了埃及；在那里，他们对他进行了殴打，将他关入空间极小的箱子，并对他实施了所谓的"模拟葬礼"。最终，他供出了审讯人员想要听到的信息："基地组织"和伊拉克之间存在联系。但阿勒－利比的供述很明显是假的。2004年，当阿勒－利比被再次交由联邦调查局拘押时，他撤回了先前的供述。"他们要杀死我，"阿勒－利比后来告诉联邦调查局，"我必须告诉他们一些事。"

酷刑是没有用的，这就是最好的证据。

你永远都不知道什么样的人际联结、什么样的良心刺痛会让人打开心扉。

一起凶杀案已经过去几个月了，但一直没有破获，成为悬案。警方已经进行了调查，却没有取得任何进展，之后便交给了联邦调查局。

该案有一个明显的嫌疑人，可由于缺乏确凿的证据，尚不足以对他发起指控。办案人员已经穷尽了一切手段。他们调取了通话记录。他们走访调查，也追查了一些其他的线索。他们还试图从涉毒案犯中寻找污点证人——毒品纠纷被认为是该起谋杀案背后的原因。但所有这一切均无果而终。

在某个时刻，此案的一名办案人员突然意识到还有另外一个潜在证人。该探员并没有急着接触这个证人。他遵循的是汉斯·沙夫的方法：在将犯人带入审讯室之前，最好先研究一下他的相关资料。这个证人虽然不是犯人，但原则是一样的。针对这个证人的情况，这名探员进行了全面的调查，包括他的车辆信息、通话记录，以及家庭状况和朋友关系等，同时还走访了他的邻居，跟踪调查了他的工作场所。这名探员之所以如此不遗余力地搜集信息，是因为他知道在应对得当的情况下，第一次接触便有可能找到案件的突破点。如果应对不当，则又是一条死胡同。

最后，我们决定接触一下这个证人。于是，这名探员安排了一次例行交通检查：在证人停车之后，用西班牙语和他交流，并请他去一趟警察局。他依照传统的策略，与该证人建立起一种和谐关系。很快，这个证人就明白了自己来这里的原因，这也是他几个月来一直忧心的事情。

这名探员尽可能地给人一种和蔼可亲的感觉，并同证人谈起了他的家人、他的妻子以及上帝。在先前的调查中，他发现该证人是一个非常虔诚的信徒，或许可以理解受害者家人的痛苦。有时候，证人的信仰是调查人员需要的一个立足点。

证人开始哭了起来。一定是触动了他的某根心弦。悲痛之下，泪如泉涌。这一刻的情感和情绪宣泄会不会让他说出警方迫切需要的秘密呢？过了一会儿，泪眼蒙眬的证人终于抬起头来，对审讯人员提出了一个令人意想不到的请求："给我一本《圣经》。"他用西班牙语说道。

给一本《圣经》。这种要求还是头一遭。

之后便是一片忙乱，整个警察局都在找《圣经》。探员们在走廊里跑来跑去，叫喊着"我需要一本该死的《圣经》"。最后，局里的一名维修工人贡献出了他有着黑色封皮的小小《圣经》。当它被交给哭泣着的证人时，他伸出双手紧紧地抓住了它，然后向办案警官坦白了他所知道的一切。就这样，这起凶杀案结案了。

联邦调查局的一名资深特工曾这样跟我说:"任何人身上都有一个按钮。找到它。你必须找到它。"这就是他们所有人都在讲的。只要努力思考,努力寻找,你总能找到那一点点尚未泯灭的人性。找到那个产生联结的时刻,而不是试图靠着恐惧达成目的。你表现得越人性化,你就越容易找到对方内心的柔弱点。

对大多数的犯罪分子或证人来说,他们坦白交代并不是被你的枪或徽章吓到了。恰恰相反,正如一名探员所讲的,他的制服是获取真相的障碍。优秀的警官会着力让证人或目标忘掉枪和徽章的存在,视他们为普通人,而不是把他们同犯罪嫌疑人联系起来。与此相关的是,我们南区最优秀的调查员之一吉米·莫托(Jimmy Motto)曾告诉我说,在人们不断争论是否对审讯过程进行强制性录像之时,他对这种要求感到忧虑。是担心陪审员反感强硬的策略吗?不是,而是担心陪审员可能会把与暴力犯罪分子建立和谐关系的明智策略视为对他们的放纵。他担心的并不是警察给人留下过于严苛的印象,而是他们给人留下过于亲和的印象。

在审讯过程中,你不能犯错。实时审讯是一种大型的即兴表演,在可能的情况下,你还要花费时间和精力做好准备工作。审讯开始之后,你要随机应变,但不要毫无准备。即便是犯罪分子和他们的幕后黑手,可能也会遵循某种道德规范。虽然这种道德规范可能与你我遵循的那种有所不同,但至少就反社会人格的划分标准而言,他们仍是人类。他们的人性可能被隐藏起来了,也可能一闪而过,不过无论怎么说,总是存在的。每个人身上都有人性的按钮,而做好充分准备又富有同理心的调查人员知道如何找到以及该在何时按下按钮。

在各方浴血奋战之后，同盟国取得了"二战"的胜利。德国颜面尽失，宣布无条件投降。美国战俘随之被释放。但堪称审讯大师的汉斯·沙夫的情况？他后来怎么样了？

战争结束后，经被他提审的美国战俘口口相传，这名仁慈的德国空军审讯员的传奇故事开始在大西洋彼岸传开。被释放的飞行员纷纷谈起他们的这位"绅士"审讯员。美国空军邀请沙夫前往美国演讲，给军方人员讲他的审问方法。他讲的很多内容被纳入了美国的军事课程，其中也包括五角大楼里的。近来，从2009年起，联邦调查局主导的高价值在押人员审讯小组（High-Value Detainee Interrogation Group）斥资1000万美元，用于研究有效的审讯技术，特别是沙夫的审讯技术。被关押在德国的美国战俘被沙夫的人格魅力所征服70年后，美国政府得出结论，沙夫更胜一筹——相比于那些跟酷刑沾边的方法，他的审讯技术更有助于获取准确、可行的情报。

正如我在前面所提到的，在担任德国空军审讯员之前，沙夫并没有接受过专门的审讯培训。他原本是从事纺织设计工作的。所以，在绕了一个大弯，也就是在战争时期效力纳粹德国并意外成为一名出色的审讯员之后，他于1950年又干回了自己的老本行。他成为一名马赛克艺术家。在德国昔日的敌手美国的欢迎下，沙夫后来定居阳光明媚的加利福尼亚州，并在艺术上取得了非常大的成功，跃升为国际知名的艺术家，其作品亦在世界各地展出。

沙夫最知名、最恒久的一幅作品至今仍在美国展出。如果你去过佛罗里达的华特迪士尼世界，你很可能见过它。沿着游乐园的小镇大街进入幻想世界，漫步走过城堡的走廊，在高墙上，你会看到五幅美轮美奂的巨幅马赛克——由超过100万块的意大利玻璃组成，玻璃的颜色也达500种之多。

沙夫以其精湛的手法用这些马赛克描述了灰姑娘的故事。

身为美国马赛克艺术家的汉斯·约阿希姆·沙夫于1992年在加利福尼亚州的熊谷泉去世。尽管战时他套取过美国战俘的秘密，但他依然为这些战俘所喜爱。

告密者：污点证人的道德困境

纱门"砰"的一声关上了。时间大概是 2007 年夏天，地点是我家——位于马里兰州的贝塞斯达。那时，我们一家人在那里生活，而我在美国参议院工作。

走进来的是 6 岁的马娅（Maya），一副毅然决然的神情。跟在她后面的是 4 岁的杰登（Jaden）。他一边哭着一边尖声叫着："马娅，不要！马娅，不要！"显然，杰登又干了什么淘气的事，而马娅则下定决心要告弟弟的状。马娅进到厨房，双手叉腰。我和妻子达利娅（Dalya）看着她。在马娅开始讲的时候，杰登变得歇斯底里起来，试图让她闭嘴。我很少见他如此难过的样子。作为一名检察官，就天性和培训而言，我通常是欢迎举报不端行为的。然而，在那个时刻，我的反应却恰恰相反。达利娅和我一边示意马娅不要再说话，一边试图让杰登平静下来。然后我们问了几个问题。"有人受伤吗？""有什么东西打碎了吗？"马娅摇头表示没有。"杰登，你知道你错了吗？"他点头称是。

接下来，我们做了他们两个人都没有想到的事情。我们说我们不想知道发生了什么。杰登不再哭泣。马娅满脸疑惑，可能还翻了好几个白眼。但事情就这么结束了，他们两个也离开厨房，去了外面。

为什么我们阻止女儿告杰登的状？我觉得我们是想让儿子少受一些伤害，但同时这也可以作为一个教训。打小报告是不受欢迎的。这是一种背叛。没有人喜欢告密者。那些连自己身边的人都揭发的人会让我们感到不舒服，让我们感到一丝可怕。对于这样的告密者，我们天生就觉得反感，甚至可以说是道德上的厌恶，尽管这类变节者在众多刑事调查中扮演着重要角色。

这一调查工具——转为政府证人的犯罪分子——比其他任何工具都更能吸引人们的想象力。"告密者""变节者""叛徒"……这些都是他们的别称。此外，他们还有一个广为人知的名字：污点证人。

检察官总认为检察部门的诚信永远不会受到审判。而且，我们也一直在说："政府从不接受审判。"当然，事实也是如此。道理很简单：任何一个社会的刑事司法体系都必然蕴含着一种道德准则。法律和道德的范围并不是完全一致的，但在很大程度上，一个社会选择惩治的行为通常是这一社会所认为的不可接受、应受谴责或不道德的行为。此外，一个社会所选择的执法方式，它所准许的做法，它所授予的权力，以及它所认可的工具，也彰显了这个共同体的道德思维。这在污点证人这个危险的灰色区域表现得尤为明显。

好莱坞会制作告密者题材的影片；这些告密者背叛了他们先前的同事，走到了他们的对立面。电影《好家伙》(*Goodfellas*)中的黑帮成员亨利·希尔（Henry Hill）就是这样一个经典形象，《华尔街之狼》(*The Wolf of Wall Street*)中的诈骗犯乔丹·贝尔福特（Jordan Belfort）亦是如此。拍这类影片并不奇怪。从犯罪分子转变为污点证人，这本身就是非常具有吸引力的剧情。危险、背叛、转变，无一不让人感到兴奋。但我认为还有其他方面的原因，就是复杂性。污点证人所处的位置正是一个令人不安的灰色地带。他们协助警察办案，而结果呢，可能就是逍遥法外。他们以"双重间谍"的身份对付那些与他们关系最密切的人。犯罪分子与执法者之间的这种合作关系多少带有一点奇幻色彩，给人一种阴暗的感觉；要知道，他们是分处法治光谱两端的。合作需要双方都放胆一试，建立相互信任的关系与相互倚重的纽带，彼此都把信念和信任押在对方身上——一方希望得到警方强有力的支持，以求后期获得宽大处理，而另一方则致力于定罪，追求职业上的成功。就整个司法事业而言，这是最邪恶的联盟，可它又像法官的小木槌一样再平常不过。

平常并不意味着没有风险。恰恰相反。与执法部门合作可能会让你免受牢狱之灾，但也有可能让你躺入陈尸所。无数的人因与检察官合作或被怀疑与检察官合作而死于非命。在我还是助理检察官的时候，我的同事戴维·罗迪（David Rody）和戴维·安德斯负责调查过一起命案，并想对凶手判处死刑。该案中，死者埃德温·圣地亚哥（Edwin Santiago）被怀疑是一名污点证人，他被引诱到一所公寓，然后被捆住手脚，被折磨，最后被勒死并被焚尸。我看过这名受害者的现场照片，令人毛骨悚然，至今仍萦绕在我的心头。一名验尸官后来在做证时说，圣地亚哥的身体被严重损毁，眼睛的颜色已无法辨认。

愿意承担风险的污点证人为执法部门带来了红运。鉴于其作为内部人士的可信性，污点证人可以说出关于某一特定案件或整个犯罪家族的故事。对那些碰不得的人来说，污点证人给出的无疑是致命一击。

让我们来看一下黑手党。"公牛"萨米·格拉瓦诺（Sammy "the Bull"

Gravano）导致甘比诺犯罪家族垮台。约瑟夫·马西诺（Joseph Massino）导致博南诺犯罪家族垮台。再来看看公司方面的丑闻。在安迪·法斯托（Andy Fastow）的协助下，安然公司（Enron）的首席执行官落马。在斯科特·沙利文（Scott Sullivan）的帮助下，世界通信公司（WorldCom）的首席执行官落马。在多名污点证人的协助下，对冲基金帆船集团（Galleon Group）的首席执行官落马；该案也是一个世代以来规模最大的内幕交易案。此外，也正是污点证人的证词让"伯纳德·麦道夫"的十余名合谋者折戟沉沙。每一个有名的犯罪团伙的覆灭，都源于为保全自身性命而决定与执法部门合作的前黑帮头目或其同伴。犯罪团伙和腐败公司会遭到联邦调查局等外部机构的调查，但通常来说，它们都是从内部瓦解的。

任何掌握着犯罪分子信息或与犯罪分子有过接触的人都是潜在的污点证人。有些污点证人出乎我们的意料。人们会告发他们的同事，告发他们最好的朋友，告发他们的兄弟姐妹和配偶，甚至还会告发他们的父母和子女。在自我保护方面，有些人的追求是永无止境的。

污点证人可以战胜科学。著名的自行车运动员兰斯·阿姆斯特朗（Lance Armstrong）获得过7次环法自行车赛的冠军。在此期间，他接受了150次药物检测，均顺利通过。那他是怎么进去的呢？因为污点证人。他的11名前队友站出来揭发了他。2010年，弗洛伊德·兰迪斯（Floyd Landis）将阿姆斯特朗的自行车队比作黑帮。需要特别指出的是，在阿姆斯特朗的自行车队中，兰迪斯是最先承认服用违禁药物的，后来也是他告发了阿姆斯特朗。

污点证人会产生奇效，同时也带有危险性。若采取一般的窃听手段，监听内容可能听不清、听不完整，甚至根本听不到。但有污点证人就不同了，他们和犯罪分子面对面地交流，开的是线下的秘密会议；他们搞得清那些行话和暗语。另外，他们还可以使用窃听装置，主导谈话内容，获取有效信息等。当然,污点证人面临的风险是无可避免的。

对检察官来说,风险同样存在。污点证人可以是你的入场券,但也有可能会成为你最大的累赘。他们会撒谎,会编造故事,会让陪审团产生反感情绪。因此,对于他们所说的话,你不仅要心存质疑,还要一一证实。他们的证词都必须予以审查,确保万无一失。如果污点证人说那是一个下雨天,我们就要对照天气预报进行核实。重视自身利益且善于欺骗的污点证人所编造的故事数不胜数,引人警戒。我们中的一些人就亲身经历过。

长期以来,污点证人一直是一个集法律、道德和伦理于一体的难题。利用共犯证词为犯罪分子定罪有多大的公平性?坦白讲,我对这个问题并没有做太多的思考。我们一直以来就是这么做的。不过,在某些特定案件中,我的确考虑过很多有关策略和方法的问题。比如,让污点证人出庭指证一个处于"食物链"较低级别的人并不是一个好主意。你与污点证人建立合作关系是为追查更高而不是更低级别的罪犯。从基本的公平性上讲,你不能让一个黑帮大佬去指证一个马仔,因为大鱼的罪责更重,不应因为他们交代出了小鱼小虾就减轻对他们的惩罚。我确信,我第一个被无罪释放的被告得此判决就是因为我们的明星污点证人是一个傲慢的蠢货,比法庭上那个因移民欺诈罪而受审的低级别的跟班更让人厌恶。陪审团根本受不了这个污点证人;尽管有着大量证据,但他们还是宣告被告无罪。

当然,辩护律师都会以政府方的污点证人为武器,为自己的当事人辩护。当你案子中的关键人物也是你的阿喀琉斯之踵[①]时,他们就是你天然存在的弱点。辩护律师可以站到陪审团前,指着证人席,敦促陪审员回想污点证人过去做的种种勾当,大吼他们的不诚实行为,斥责他们的堕落,并详细

[①] 指致命的弱点。

讲述他们如何出卖灵魂、出卖他人等。

然后，检察官的工作就是赢回陪审团的支持，对辩护律师的辩词予以驳斥。辩护律师认为，整个案件都应该推倒重来，而且所有的证据都不可信，因为政府将一个告密者摆到了证人席上。为此，你必须将你的劣势转化为优势，竭尽全力扭转局面。

我们办公室会说这样一段话："陪审团的女士们、先生们，你们完全有权审查污点证人的证词，因为法官会告诉你们，由你们来决定他们的可信度。证人讲的是不是真话，决定权在你们手中。在本案中，污点证人的证词更应得到严格的审查，因为他们出庭做证是想争取宽大处理。我们并不是让你们喜欢污点证人先生，而是让你们决定污点证人先生的话可不可信。不是我们选了这个证人。如果可能的话，我们更愿意选拉比[①]、修女、牧师和女童军出席做证。但问题是，他们根本不了解这个案子。从常识上讲，那些了解这个案子的人，那些可以告诉你们真正案情的人，那些可以告诉你们被告心里在想什么的人，是本案的同犯。所以，女士们、先生们，从真正意义上讲，并不是我们选了这个证人，而是这名被告在犯案时选了污点证人先生。一方面当然要仔细审查这些证词，但另一方面也要看到，所有其他的证据已经证实了证词的可信性。"如此等等。

辩护方祈祷陪审团发现证人的证词并没有被证实，或发现该告密者是如此令人憎恶，进而宣告被告无罪。有时，辩护方会如愿以偿，但通常情况下则不然。

检察官不会细想一般意义上的道德考量。但在法庭上，到了真正交锋的时刻，也就是说，当坐在那里的12名普通美国人要对另外一个人做出裁决

[①] 犹太教教职的一种。在古代犹太教中，原指精通经典律法的学者；在犹太社会中，拉比是享有崇高地位的精神领袖。

时，你所感受到的绝对是一种道德氛围。政府这么做对吗？政府为抓到另一个恶棍而同这个恶棍做交易对吗？在进入庭审之前的调查阶段，当我们开始同污点证人建立关系时，我们最常问的一个问题是：陪审团更可能相信哪一个恶棍？

污点证人是如何诞生的呢？有些目标并不需要劝说，他们自己投案，加入争取宽大处理的队列之中；另外一些目标在联邦调查局特工接触他们时是拒绝合作的，但当他们感受到自己手腕上冰冷手铐的寒意时就转而合作了；也有一些目标即便在受到指控之后也拒绝合作，可在庭审临近时会突然改变主意。不过，还是会有一些人自始至终都紧闭牙关；他们会默默地认罪或接受法庭的审判，宁愿服刑也一字不吐，充满了对法律的蔑视。当然，还有很多人连可提供的信息都没有，他们对案子而言没有什么实际性的帮助。有人或许会质疑这种奖励合作制度的公平性，因为在该制度下，一个人参与的犯罪活动越多，参与的程度越深，他作为污点证人所得的回报就越多，而相比之下，那些运气不佳、犯罪行为轻微的马仔，由于没有可供认的犯罪头目，也就无法通过这种合作机制争取到宽大处理的结果。

说服一个人"反水"的策略同明智的审讯策略大同小异。舞台艺术和戏剧艺术是没有必要的，它们可能还会起到相反的作用。最优秀的特工和检察官不会采用威胁或恫吓的手段。对于潜在的污点证人，他们使用的是一种实事求是又坚定不移的语气。

从根本上讲，要不要合作实际上是一种成本效益分析。所以，特工和检察官会向被告强调其所面临的成本和风险："我们已经掌握了充分的证据。

你完蛋了。如果你想自救，现在正是时候。"非常直接。

我最喜欢的探员之一肯尼·罗宾斯（Kenny Robbins）会直接走进房间，并在时机合适时将被告家人的照片放到桌子上，然后径直离开。再稍过一会儿，他会重新回到房间里。这里没有所谓的恳请或乞求。摆在被告面前的是一种直截了当的选择。在对涉毒案被告发表"政治演说"时，肯尼会以一种非常明确的方式为他们重新定义男子气概："你必须做决定了。你可以说我是一个男人，所以我什么也不会讲。或者，你可以说我是一个男人，我希望将来的某一天还能看到我的孩子。"不用表演，不用敲打桌子，不用大喊大叫。肯尼用的是温和又简洁的语言，但绝不是软推销。如果是后者的话，他会提及一些更具体的家事，将话题带到家上面去："你可以选择说我是一个男人，我希望参加女儿16岁的生日、儿子的毕业典礼、妹妹的婚礼或父亲的六十大寿。这取决于你。"然后，他会等待。当然，他也会适时地提醒他们："记住，这个案子中还有其他被告，而最先帮我们取得进展的人会拿到合作协议。"这一直都是现实生活中的"囚徒的困境"。

对任何目标来说，选择合作都是具有决定性意义的，而且常常会让人陷入一种极度痛苦的状态；当然，这种状态并不会一直持续下去。离开原来的生活是很难的，即便过去过的是一种犯罪生活。恐惧、忠诚、坚忍、风险规避，以及个人所坚持的荣誉法则都会左右一个人的选择。某一特定目标会不会"反水"，这一点是很难预测的，无论这个目标是黑帮大佬、黑帮成员、商人，还是美国总统的私人律师。2018年，美国总统前竞选团队主席保罗·马纳福特（Paul Manafort）在两次针对他的刑事审判中均坚称自己无罪；在第一次审判中，马纳福特被判8项罪名成立，然后在第二次审判之前，他选择了认罪，并表示愿意与检方合作。然而，他之后对检察官撒了谎，致使合作协议失效，简直就跟旋转木马一样。

有人像马车车轮一样滚动，而有的人则一动不动，自始至终拒绝合作。

对现实中的人来说，做出合作这一决定代表的并不仅仅是为自由而进行的一笔交易。正如我在前面所提到的，这可能会引发道德风险。但同时，这也可能意味着你要舍弃你的家人，放弃你的朋友，并切断你过去所有的关系。这还可能意味着你被纳入了"证人保护计划"（Witness Security Program），需要以一个虚假的身份过一生，还要时时刻刻留意，提防他人的报复。

这是一个艰难的选择。

马修·马托玛（Mathew Martoma）是对冲基金公司赛克资本（SAC Capital）的一名投资组合经理。他为该公司非法获取了2.76亿美元的利润。在我宣布对他提起诉讼的新闻发布会上，有记者问及我是否希望马托玛"反水"。"但愿如此吧。"我心想。他最终接受审判，被定罪，并被判入狱9年，但自始至终，他都没有交代他所掌握的秘密。

法律的每一个要素都依赖于我们人类——不可预测和不完美的人类做出的决定性选择，其中就包括警察、律师、法官和污点证人等。而也正是由于人这一因素的存在，我们追求正义的每一次努力才会存在不确定性。

在没有污点证人的情况下，最难破获的案子其实并不是那些由黑帮成员或诈骗犯犯的案子，而是那些由执法部门成员犯的。执法人员对缄默的倾向有时候甚至比黑手党还强烈。我们来看一个例子。2012年圣诞节前一周，在赖克斯岛监狱，体弱多病的囚犯罗纳德·斯皮尔（Ronald Spear）被殴打致死。我们认为狱警布赖恩·科尔（Brian Coll）对这起残暴的凶杀案负有责任。但同其他类似事件一样，所有警官往往会结成统一战线，讲述同一个故事：这名囚犯用手杖攻击科尔警官，出于自卫，科尔警官将斯皮尔打倒在地。在我们看来，这可以说是谎话连篇。于是，我们指派做事非常认真专注的史蒂夫·布拉奇尼（Steve Braccini）调查该案。布拉奇尼脸色红润，看起来颇为年轻，父母均是意大利移民。他在纽约市警察局悬案组工作了整整一个世代，后来才加入我们办公室。

如同沙夫所讲，说服人们"反水"要读懂他们的内心，事先做好各项功课。布拉奇尼说："做好功课是极其重要的。他们的背景、他们过去的经历，特别是他们的家庭状况，都要深入挖掘。他是不是来自一个破碎的家庭？这会给你打开一个缺口。他小时候是不是受过虐待？这会给你打开一个缺口。他是不是由奶奶一手带大的？这会给你打开一个缺口。但你得了解这些事情，才能利用好这些事情。"

在斯皮尔案中，布拉奇尼做足了功课，并把重点放在了当时在案发现场的另一名警官身上。他叫安东尼·托里斯（Anthony Torres），此前疑似为科尔掩盖真相。布拉奇尼了解到，托里斯警官是军人出身，早前曾在华盛顿州的刘易斯堡服役，而且作为一名老兵，他还在中东执行过为期六个月的维和任务。他为国家出战，并以上等兵的身份光荣退役。除此之外，他还是切斯特港的志愿消防员。布拉奇尼了解到，托里斯在消防队是深受同事欢迎的。而且，布拉奇尼还掌握了一条线索：在事发当天，托里斯的手也受伤了，原因是他帮犯人罗纳德·斯皮尔挡了穿着重型工装靴的科尔的致命踢打。基于以上种种信息，布拉奇尼得出结论，托里斯并非无可救药，他一定还是一个有良知的人。布拉奇尼告诉我说："他有信仰，热爱这个国家，也顾家。"这句话的要点是什么？"他属于那种会'反水'的人。"

一天清早，布拉奇尼和两名联邦调查局特工于 5 点 30 分赶到纽约州的新罗谢尔，决定在托里斯家中跟他接触一下。当时托里斯已经出门了。于是，布拉奇尼给他打去电话，先是表明了自己的身份，然后对他说："我想和你谈一下。"托里斯立刻就明白了他的意图，但表示自己很忙。他已经被解雇，离开了赖克斯岛监狱，现在从事一份送货工作。布拉奇尼要求托里斯前往切斯特港的马车餐厅会面。见面后，布拉奇尼带他进入餐厅里面的最后一个卡座，特意让托里斯坐到了自己一侧，而一同办案的两名特工则坐在了他俩对面。我至今还记得布拉奇尼跟我讲的那顿"反水"晚餐，在我看来，他觉得空间上的紧密感很重要——并非出于胁迫目的。布拉奇尼说："对于有些人，你希望保持一定距离，而对于另外一些人，你则真心希望靠他更近一些。"托里斯就是那种他真心希望拉近彼此间距离、触手可及的人。为建立一种和谐关系，布拉奇尼先是从托里斯的服役生涯谈起，然后把话题转到他的家庭上面。

他看得出托里斯很想倾诉，很想卸下心中的负担。在某个时间点，布拉奇尼有意透露说，他曾经担任过工会代表。对建立联结来说，这是一个重要又明智的时刻。这实际上是布拉奇尼在以一种委婉的方式表示，我理解你的情况，我理解执法部门成员所承受的压力，你们要支持同行，哪怕其所采取的强力手段存在争议，要保持沉默。对双方来说，这是一个至关重要的时刻。通过同理心、恻隐之心和理解之心，并诉诸道德良知，布拉奇尼攻破了托里斯的心理防线。谈话进行一小时后，这名坚强的狱警、消防员和部队老兵开始啜泣了起来。他哭得非常伤心，甚至都引起了餐厅工作人员的担忧，并表示他们会报警。布拉奇尼不得不告诉他们"我们就是警察"。

最后，托里斯同意合作，承认自己犯有妨碍司法罪，并完整交代了布赖恩·科尔是如何谋杀一名手无缚鸡之力又无法反抗的囚犯的。在法庭上，当我们问他为何最终决定坦白时，他是这样回答的："我已经厌倦了说谎。我感到良心不安。我每天都知道这会付出代价，我只想承担我该承担的责任。"布拉奇尼很准确地读懂了他的内心。

有时候，做出"反水"的决定并出庭指证犯罪同伙并不是因为受到了良心上的谴责，而是为了报复自己所遭遇的背叛。亨利·希尔之所以走进有组织犯罪打击部队的办公室寻求合作，是因为他越来越觉得自己会遭到黑手，主谋就是他自己的良师益友、卢凯塞犯罪家族的大佬吉米·伯克（Jimmy Burke）。2018 年，特朗普总统的私人律师迈克尔·科恩（Michael Cohen）进入了特别检察官罗伯特·米勒（Robert Mueller）的办公室以及纽约南区检察官办公室的视野。他曾宣誓忠于总统，但一段时间后，他感觉自己不受总统支持了，甚至认为自己遭到了背叛。于是，他便走到了他这位权大势大的恩主的对立面。科恩的"反水"非常具有戏剧性，令人震惊不已，因为他与当选总统的关系太密切了。但同时，我们也看到他做出的这种决定在执法部门的记录中并不少见；在一个又一个真实的案件中，当事人在决心与愤怒之间来回摇摆。

我们来看一下迈克尔·迪莱昂纳多（Michael DiLeonardo）的案子。绰号为"刀疤米奇"（Mikey Scars）的迪莱昂纳多是甘比诺犯罪家族的一名队长。他和小约翰·戈蒂是同一天加入该帮派的，一直以来都忠心耿耿。背靠甘比诺家族的他在担任队长期间大肆敲诈勒索，获得了数十万美元的非法收入。他将自己的分赃所得——约 25 万美元——交给了他的上司，希望日后再拿回这笔钱。2002 年，警方以敲诈勒索、谋杀和放高利贷的罪名将他逮捕。也就是在这个时候，他想拿回那笔钱，但戈蒂和甘比诺家族的其他成员拒绝了他的要求，并谎称"他已经把钱取走了"。

对此，迪莱昂纳多异常伤心。这是留给他的女友和他俩两岁儿子的钱。一名狱友认为，他们这是在利用他的忠诚。"你知道他们为什么这么对你吗？因为他们知道你不会出卖他们。"该狱友对迪莱昂纳多说。这听起来很有道理。这让他抓狂，也让他开了口。

决定合作以揭发同伴会让人痛苦不堪，但也可能会无果而终。在确认成为污点证人之后，迪莱昂纳多获准离开监狱两周；而在此期间，一想到要指证自己的前同伙，他就极度焦虑。面对内心的这种越来越强烈的折磨，他改变了主意。

他对自己的这种背叛行为感到厌恶，极度厌恶，以至于某天凌晨3点左右醒来之后，他决定"光荣地死去"。他考虑过切腹自尽这种日本传统，也考虑过在浴室中割腕自杀的罗马传统。但最终，他走到楼下，打开了一瓶又一瓶左洛复和安必恩。在吞下这些药物之前，他想到的最后一个人是戈蒂。"刀疤米奇"，他在甘比诺犯罪家族卖命30年，级级跃升，最终成为一名队长；他和戈蒂同一天加入这个犯罪团伙，小有成就；他参与敲诈勒索，参与工会诈骗，参与谋杀……如今，他想"光荣"地结束自己的生命。他并没有死。他的女友马德琳（Madeline）发现并救下了他。

经过了四个月的秘密隔离治疗并康复之后，迪莱昂纳多再次提出合作。经过一番痛苦的思考，他意识到他的忠诚和未来是属于儿子和家庭，而不是属于黑帮家族的。他又恢复了定期前往我们办公室汇报他漫长犯罪生活的日子。

21世纪初，我在圣安德鲁广场1号的9层办公时，迪莱昂纳多在审前会议上向我们汇报的情况可以说是传奇性的。甘比诺犯罪家族成员及其同伙的犯罪事实这方面的信息自然是少不了的，检察官金俊贤和迈克尔·麦戈文（Michael McGovern），以及特工特德·奥托（Ted Otto）就夜以继日地忙着梳理他提供的骇人听闻的信息，事关敲诈勒索、抢劫和谋杀。还有一点就是，每次他来9层的会议室，我们这一层的所有人都会知道，因为在午餐时间，我们总能闻到一种特殊的饭菜味道。相比于大都会惩教中心（MCC）更为严苛的安全限制条件，我们这里要相对自由得多，迪莱昂纳多的女友马德琳可以为他准备他喜欢的饭菜。她每天带给他的并不是花生酱果酱三明治，而是老派的意式三明治，还有刚刚做好的意大利面、肉、香肠和胡椒，都装在饭盒里，再用锡箔纸包好，满满的爱意。除此之外，还有新鲜的帕马森干酪——在高档的意大利食品店里，工作人员从干酪轮上刮下来或切下来的那种。只不过，马德琳带给他的不是刮下来的，也不是切下来的，而是整个干酪轮。蒜香味弥漫在破旧办公大楼的过道上。相比大都会惩教中心的餐食，这些可以说是米其林星级餐厅的级别了。（每次会面结束后，马德琳都会把剩余的食物留在会议室里。至于这些食物去了哪儿，那就是机密了。）

多年后，当检察官伊利·霍尼格（Elie Honig）和特工奥托去见迪莱昂纳多时（尚有十余个案子需要他的证词），奥托会先到本森赫斯特的一家面包店买上一盒奶油甜馅煎饼卷，那是迪莱昂纳多最喜欢的一家店。无论在哪里见面，奥托都会带着这样一盒煎饼卷，而且有时为了保证新鲜，还会专门安排合适的冷藏设备。

这只是一个借助食物表达友好的行为，但就是这样一个不起眼的行为发挥了重要的作用，迪莱昂纳多愿意一直跟我们合作并始终保持愉悦的心情。有时候，通过胃可以抵达污点证人的心。在负责处理亚洲方面的有组织犯罪案时，我会专门从附近的唐人街带一些地道的菜品给污点证人，这总能让他们露出笑容。而对于其他人，比如已被监禁的证人，即便是最普通的比萨，他们也会为之流泪。

缉毒局的特工吉米·索伊莱斯（Jimmy Soiles）曾经跟我说："给人带去他们想念的食物、他们渴望的食物，是尊重的象征。"在他看来，正是民族风味的食品使得一名犯人"反水"，转而成为他职业生涯中最重要的污点证人之一。

20世纪80年代，在调查一起大规模的国际海洛因走私案时，索伊莱斯担任卧底特工。萨米尔（Samir）是目标之一；圣诞节前，他带着7千克的海洛因同索伊莱斯交易，不想却是自投罗网，被关押在布鲁克林的大都会拘留中心（MDC）。萨米尔是约旦人，但长时间生活在黎巴嫩。索伊莱斯是希腊裔美国人，一向胃口好。正如他所说的："希腊人懂得食物的力量。"他想说服萨米尔"反水"；在他看来，如果萨米尔成为污点证人，那将是一笔庞大的资产。

索伊莱斯想出了一个计划，但在他的同事眼中，这个想法有些疯狂。一周三次，他会到大都会拘留中心提审萨米尔，把他带到纽约东区联邦地区法院，也就是审理该案的法院，然后关入远离走廊的一间留置室。中午时分，索伊莱斯会去看他，但在此之前，他会先到一个专卖中东食品的餐车那里买两份午餐——或是沙瓦玛三明治，或是串烧拼盘，一人一份，另加辣酱。而被关在留置室里静静坐着的萨米尔，这时面对的是监狱发的三明治：白面包配博洛尼亚香肠、奶酪和芥末。

索伊莱斯心想："博洛尼亚香肠和奶酪是解决不了问题的。"于是，他把一份沙瓦玛三明治放到萨米尔面前，非常希望他能闻到味道。然后，他会当着萨米尔的面吃掉自己的那一份，还会打几个电话。而萨米尔会强忍着不动，眼睛盯着索伊莱斯，不受他的诱惑，既不吃监狱发的博洛尼亚香肠三明治，也不动索伊莱斯带来的沙瓦玛三明治。吃完之后，索伊莱斯便离开了留置室。一周三次，次次如此，从不间断。

一天，萨米尔终于打破了沉默。他抬头看了看索伊莱斯，说："你想从我这里得到什么？"

索伊莱斯回应道："我想要情报，可以让我们抓到毒贩、查获毒品的情报。"

萨米尔要求打一个电话。然后，第一次，他吃了索伊莱斯带来的沙瓦玛三明治。索伊莱斯知道他成功了。就这样，萨米尔成为缉毒局成立以来最有用的污点证人之一；他帮助指认了数十名国际毒贩。耐心、友善和民族风味的食品可以让你获得丰厚的回报。

索伊莱斯说他知道他可以通过文化"攻克"萨米尔。"我不知道这会不会有效，但有一点是确定无疑的——无论如何它都好于白面包夹博洛尼亚香肠和奶酪。"他说。他的同事认为他这样做是疯了，可实际上他做对了。

在污点证人方面，纽约南区检察官办公室有特别的要求，设有更高的门槛。

你指控的是那些你能够证明的罪行，这一点似乎不言而喻。如果没有独立、确凿的证据，那么你对一个人发起指控似乎极不公正。这看似是正确的、明智的。然而，在我早前工作的办公室，这个规则却存在例外——至今依然如此。

有一类人会定期受到指控，但被指控的犯罪行为却无法得到独立证实，没有任何确证或确证极少，犯罪行为甚至可能已经过了诉讼时效，或者他们并没有在纽约南区犯案。尽管如此，他们还是被控犯有谋杀、抢劫、枪击或毒品交易罪等；不过，这些罪行从来没能得到独立证实。你可能会问，这些可怜的倒霉蛋，这些不幸、遭受不公对待、被草率处理的被告是谁呢？

事实上，他们根本就不是可怜的倒霉蛋。相反，他们是美国联邦刑事司法体系中最幸运的一群人。他们是彩票中奖者，无一例外。我们在前面也已经提到过，他们就是纽约南区的污点证人。

我来解释一下。在我们的司法实践中，要想成为一名签协议的污点证人，你必须承认和坦白你这一生中所犯下的所有罪行，无论这些罪行是否已被发现，无论所犯罪行的时间远近，也无论这个世界上是否还有其他人知道。这样的要求听起来非常严格，而事实上也的确如此。

这个政策背后的原因部分是策略性的。我们希望人们看到的是一个干净、改过自新、真心忏悔的证人，而不是人们口中的告密者，只有选择性的记忆和选择性的证词。也就是说，这是一个已经主动坦白了所有罪行，并愿意就自己的犯罪行为承担所有后果的证人。在法庭上，由此产生的效果是很明显的。以我自己的经历来看，每次被盘问的证人主动交代我们发起逮捕之时并未掌握的罪行时，陪审席上都会传来惊讶声——对证人道德行为的惊讶。

正如我之前所说，成为污点证人的要求非常严格。因此，在合作之初，被告觉得坐在对面的你疯了或坐在对面的调查人员疯了一点也不奇怪。他们心想："我为什么要把那些你们不知道的事情告诉你们？"有些人从未做到全盘招供；当然，也有很多人坦白交代了自己的所有罪行。

在跟潜在的污点证人接触时，约翰·奥马利会用一种他特有的直白方式开场："现在我需要知道你过去做过的所有事情，从你5岁那年偷拿你母亲钱包里的5美分硬币讲起。"他说有一次他面对的是一个因犯了抢劫罪被逮捕的家伙；这人身高6英尺3英寸，来自极端暴力的黑帮组织——"血帮"。他刺着文身，前科累累，但这是他第一次因抢劫被抓，而且是当场被抓。在奥马利命令他交代自己的所有罪行时，这名被告坚称他只抢过这一次，之前从未有过。奥马利起身告诉他说："好了，会见结束。"随后转身离开。就这样。

真相至关重要。你不能基于大部分真相立案，也不能基于大部分真相追求司法正义。真相必须是完完整整的。毕竟，证人宣誓所需要的并不仅仅是"真相"，而是"全部真相"和"确确实实、完完全全的真相"。部分真相、令人生疑的借口、熟练的否认——所有这些都无法激发一种信念，一种最终可达成正义结果的信念。所以，你要不断地发掘和寻求真相。你要像世界杯赛点球大战中的守门员一样，全力以赴地防范谎言。

两周后，那名"血帮"成员的律师打来电话，表示他的当事人想就自己对奥马利先生说谎一事道歉。他后来真的道歉了，并供述了多达200起抢劫案。在我们办公室的会议室里，这样的事情每天都在发生。

我们之所以遵守这一严格的政策，很大程度上是因为它有助于提升我们的污点证人的可信度，降低人们对这种私下交易所持的偏见，并展现一种责任感。对证人来说，主动交代我们并不知道的犯罪行为是正直、坦率的表现，是让人佩服也是值得赞扬的。此外，从总的事件进程来看，这一司法实践似乎也是公平的。坦白交代你的罪行有助于法官就此进行全面的权衡，做出公正的判决。这作为一种公开透明和承担责任的极端方式是合乎正理的。

跟污点证人签下协议，并强迫他们接受那些我们并不知道，亦无法证实的罪行的指控可以说是一个道德寓言。就被告而言，这种转变通常是一种宣泄。在刑法领域，我认为这是最接近自我救赎的正式规程。所以，从这一意义上讲，我们认为只供述一部分罪行是不够的。如果你想继续在这个世界上生存下去，并以一种令人尊重、改过自新和获得新生的身份重新回到你的家人和朋友之中，那么你就不能只交代那些我们已经掌握了的罪行。自由和免罪需要你交代更多。

你必须坦白自己所有的罪恶。

纽约南区检察官办公室的调查人员比利·拉拉特（Billy Ralat）会这样告诉人们："你无法改变过去，但你可以把心中的那个保龄球驱走。"我就亲眼见过比利是如何上演保龄球驱魔术的。当时，我们正着手起诉一起凶杀案的被告弗雷迪·阿巴德（Freddy Abad），而在被控参与该起谋杀案的嫌疑人中有一人选择了合作。这个潜在的污点证人叫鲁比奥（Rubio），他跟很多污点证人一样，向我们详细讲述了这起案子的相关信息。但鉴于我们全部供认的政策，这里有一个问题困扰着我们：我们从另一个信源那儿获悉，鲁比奥身上还背着一桩命案；也就是说，他之前杀过人，只不过侥幸逃脱。需要注意的是，我们不知道受害者的名字，也不知道确切的案发地点或确切的案发时间。

一天下午，在圣安德鲁广场1号的7层会议室，比利、我，以及助理检察官比尔·约翰逊（Bill Johnson）就另一起谋杀案对鲁比奥进行审讯。经过一段时间的接触，我们已经跟他建立起了一种和谐关系。因此在审讯时，比利的语气并不严厉，但异常坚定，带着哀求。他先是谈到了一些我们已经掌握的信息，意在让鲁比奥觉得他掌握着比我们更多的信息。这并不是一种赤裸裸的欺骗，而是一种策略上的恫吓。比利已经抓住了鲁比奥的柔弱点，一旦抓住了这个点，他就会引导谈话去往需要到达的目的地。当时的审讯持续了多长时间，我现在已经记不得了，但在这个过程中，持续不断的诱哄和表现出的无限善意使得鲁比奥最终情绪崩溃，向我们供述了早前他曾按照指令，在一辆白色厢式货车的后面射杀过一名男子；该男子头部中弹，并被抛尸。在他供述的那一刻，我感觉自己的心脏都跳到嗓子眼了。后来鲁比奥出庭做了证；在他的帮助下，弗雷迪·阿巴德被定罪，并被判终身监禁。做证之后，鲁比奥获刑期折抵，仅需在联邦监狱服刑 6 年左右，其中 3 年涉及一项与该案不相关、刑期长达 15 年的州指控。

鲁比奥有没有拿到自由通行证呢？好吧，他并没有被免于责罚；他帮助把一个比他更坏的家伙送入监狱，终身监禁；但从总体上讲，他的这一相对较轻的判罚也进一步强化了这个建立在合作基础之上的重要激励机制。我们的体制允许谋杀者告发、检举其他谋杀者，而跟其他所有事情一样，你不要期望人们会为你白白付出。这是一种交易，是一种功利主义，也是一种正义。

探员肯尼·罗宾斯喜欢讲他曾经抓获的一名毒品案被告的故事，这也是一个彻底悔过自新的故事。哥伦比亚人欧先生是海洛因走私犯，从小就和"合法的卡特尔①成员"（legit cartel guys）厮混在一起，并一步步走向生活的深渊。自被逮捕的那一刻起，他就"反水"了，坦白交代了所有事情，包括他所有的同伙、上线和毒品交易路线等。他供述了自己所有的罪恶。然后，他踏上了一条自我救赎之路，努力将功补过。他提供的情报非常之多，以至于缉毒局给他取了一个绰号——"鹅"。这当然是"金鹅"的意思。即便是在正式合作结束之后，他仍担任有偿线人，因为他还和那个世界有联系。后来，缉毒局还专门为他成立了一家旅行社，便于"鹅"搜集和上报毒品情报。在他的帮助下，近 40 名毒品走私犯被抓，案值高达数百万美元。事情已经过去了 15 年，但每逢圣诞节和新年，肯尼仍会收到"鹅"的祝福信息。

那么，缉毒局这些年来付给"鹅"的酬劳又被他拿去做了什么呢？他供他女儿读完了普林斯顿大学。

---

① 卡特尔泛指墨西哥和哥伦比亚的贩毒团伙。

对于我们严格的污点证人政策，有一个好处是经常被忽略的：无辜者无罪。回想一下埃里克·格利森、凯茜·沃特金斯，以及和他们一起的其他四名被告的遭遇，他们是何其不幸。回想一下在那个改变命运的下午，约翰·奥马利之所以觉得埃里克·格利森信中所描述的情况似曾相识，正是因为多年前，他曾不遗余力地迫使吉尔伯特·维加和乔斯·罗德里格斯供述他们所有的罪行，寻求真相，尽管这一过程曲折又艰难。

从约翰·奥马利以及其他调查人员的经历中我们可以看到，日积月累之后，污点证人这一司法实践会帮助我们建立起一个犯罪数据库——大脑中的和现实中的数据库，将先前未知的罪犯一举纳入。这样一来，先前未破获的案件，包括凶杀案，会由此了结。另外，正如我们在格利森案中看到的，我们可以据此发现那些被错判入狱的无辜者，因为真正的罪犯就坐在我们的会议室里，而且也已经承认了自己的罪行。事实上，纽约南区的调查人员和特工经常会问这样一个非常有力的问题："你知道有人被无辜关入过监狱吗？"这样的人有很多。奥马利表示，我们办公室洗清了13个人的罪名，且都是基于污点证人对自己所犯罪行的全面供述和坦白交代。让我感到意外的是，大多数检察官并不遵循我们这严格又无情的政策。对我来说，这是一种工作的失败，一种想象力的失败，可能还是一种正义的失败。

关于污点证人，我们在道德方面的担忧主要集中在这样一个方面，即污点证人在该交易中是不是得到了太多的好处。杀死一个人，告发其他人，然后就获得了自由。这是一个典型的令人头疼的道德难题。鉴于这种合作可能为证人带来极其宽容的结果，问下面的问题会给人一种近乎愚蠢的感觉，但我们还是要问：对污点证人来说，这样的合作安排是公平的吗？在这样功利性的交易中，利用污点证人来达成某种目的对他们是公平的吗？这样一种制度是不是剥夺了合作被告与生俱来的价值和尊严？也就是说，仅仅将他们视为一种工具，通常还是可替代的那种，来换取某种所谓的公共利益，而这种公共利益是检察官冷静分析并权衡利弊的结果。毕竟，合作被告已经成为司法机器上的一个齿轮、一根杠杆，出于审判目的被拨到了开关的位置上。对此，包括伊曼努尔·康德（Immanuel Kant）在内的诸多道德哲学家是不会认可的。

但讽刺的是，政府利用一个人达成某一目的，利用一名罪犯检举其他罪犯的那一刻，或者说在浮士德式的交易（Faustian bargain）达成的那一刻，标志着政府开始以一种人性化的方式对待污点证人。在成为污点证人之前，起诉书上的那些站在"美国"对立面的被告留给我们的通常也就是个无实质性意义的名字而已。

在成为污点证人之后，被告通常要彻底交代自己的犯罪事实，要参加无数次的审前会议。在一个没有窗户的房间里日复一日，一次就达几小时之久。

随着时间的推移，你们彼此之间的了解一步步加深。你会全面了解他的过往，而不仅仅是他的犯罪行为。你听他讲他的同伙、他的朋友。你听他讲他的家人。你听他讲他成长的社区、他挨打的童年——如果他知道他父亲是谁的话。你会了解他上了多长时间的学，违反过什么样的学校纪律。你会了解他的心理健康状况。你会问及他的吸毒情况。你会了解他的家庭成员中有哪些在他们生活过的社区被捅过、抢过、殴打过或枪击过。

你或许可以通过沙瓦玛、意大利面或香肠和胡椒拉近彼此之间的距离。

对于这名被告，你原本一心想证明他有罪，并将他送入监狱，但现在，他却成了一个有血有肉、复杂又立体的复合体，成了一般意义上的人。你第一次了解到这是一个完整的人。

你可能会意识到，定义他的不仅仅是他所犯下的罪行，就像我们不能用一个人所做的最糟糕的事情来定义他一样。

当然，这里还有一个因素在起作用。一夜之间，这个人不再是你的对手。他可能杀过人，可能致人伤残过，可能殴打、抢劫或敲诈过其他人。当他是你的对手的时候，你会在法律允许的范围内不遗余力地追究他的责任。但现在，他不仅不再是你的对手，还成了你的盟友。他是你的伙伴，和你一起追究那些仍为你的敌人的人的责任。他是完成这项工作的关键所在。而且，这项工作不同于其他的工作；它是一项事关司法公正的工作，涉及破案、捍卫法治和维护受害者的权益等。它是正义的。

在你努力成功完成你的使命的过程中，在你渴望实现成功的过程中，新的污点证人成为你的同胞。在第一次接手该案时，你会对他形成一种看法；在他准备代表政府做证时，你又会对他形成一种看法。这两种看法往往是难以调和的。有时候，彼此之间的关系拉近了，你只得提醒自己，这个人可能立场不坚定，但他仍做了有意义的事情。他可能不是一个好人，但现在已经变好到与好人同行了，也好到值得信任了。

这是最危险的时刻。

作为我们办公室有组织犯罪部门的负责人之一，伊利·霍尼格把无数的犯罪团伙成员变成了政府方的污点证人。当他升任更高职位的时候，他就污点证人的使用问题做了一个介绍性的演讲。在涵盖广泛的幻灯片演示文稿中，他会给出一个简单又明确的告诫："你不能爱上你的污点证人。"在这方面，有一些规则和习惯是我们一直以来鼓励的：不直呼其名，不泄露个人信息，并保持一定距离。这些都是最好的做法，也是应该被遵守的做法，但我承认，它们经常被违背——尽管不是恶意的。人们会不自觉地放下警惕。这是人性所在。

同候鸟一样，污点证人也会飞向南方。以"公牛"萨米·格拉瓦诺为例。尽管他犯有19起谋杀案，但最后还是获得了5年这一相对较轻的刑期；当然，这一判决也颇具争议。在服完刑之后，格拉瓦诺进入证人保护计划。到20世纪90年代末，格拉瓦诺开始在亚利桑那州买卖摇头丸，每周销量达两万粒之多。这让他再次获刑，被判入狱20年。但对于格拉瓦诺这样的罪犯，你更希望他们能够成为"金鹅"。

污点证人的故事数不胜数，足以写满本书以及之后多本续作的内容。我在这里以我担任联邦检察官期间印象特别深刻的两个案例作为结束。

第一个案例涉及诺厄·弗里曼（Noah Freeman）和唐纳德·隆格伊（Donald Longueuil）。他们两人都是史蒂夫·科恩（Steve Cohen）领导的大型对冲基金赛克资本公司的货币基金经理。他们不仅是工作上的同事，还是生活中的密友。他们有着相似的个人背景和兴趣爱好，都是在波士顿地区读的书，分别毕业于美国东北大学（Northeastern University）和哈佛大学。他们是在毕业后的一次滑冰活动中认识的，而滑冰也是他们共同的爱好。他们一起参加比赛，一起滑冰，一起旅行；在诺厄和未婚妻分手之后，是唐纳德帮助他的这位朋友走出了失恋的阴影。后来诺厄开始和唐纳德未婚妻的一位朋友约会，他俩有着共同的爱好——骑行和铁人三项。作为朋友，唐纳德和诺厄一起做过很多事情，其中也包括触犯法律，一起搞内幕交易。

2010年11月19日晚，《华尔街日报》（The Wall Street Journal）抢先报道我们办公室正在进行大规模内幕交易的调查行动，数十人将会被逮捕。这是一则非常令人恼火的报道。在那个晚上，同其他职业检察官和联邦调查局探员一样，我也担心重要证据会被销毁，永无再见天日之时。这意味着我们做的很多重要的工作将付诸东流，有罪的人也无法被逮捕。

与此同时，我们的调查仍在艰难进行。基于调查结果，我们的团队发起了针对弗里曼的诉讼案。12月的一个上午，韩国裔美国人、不苟言笑的联邦调查局探员B. J. 康（B. J. Kang）在温莎学校（Winsor School）的停车场拦住了弗里曼。在结束了交易员的职业生涯之后，弗里曼来到这所女子学校教书。他一眼就认出了康，因为他在关于其他逮捕行动的新闻中见过康的照片：方下巴，面无表情。在那个时期，康在某种意义上成为联邦调查局的"死神"，手中的矛头总是刺向一起又一起广受关注的内幕交易案，并将一个又一个的案犯转变为污点证人。弗里曼亦不例外。现在，这名前股票交易员看到命运正一步步向自己逼近，他没有反抗，对康说："我知道这一天会到来的。"事实上，弗里曼也早已为此做好了准备，聘请了律师。弗里曼不需要被游说，也不需要肯尼·罗宾斯式的谈话。他有一个年龄还小的女儿，对他来说，权衡利弊很容易：他无论如何都不能坐牢。入狱和尽父母之责是完全不相容的。他选择成为污点证人。所以，弗里曼被允许自由工作、生活，但要就此事保守秘密。

很快，弗里曼就和他的律师来到了圣安德鲁广场1号，就合作问题进行讨论。通常来说，人们愿意做的事情都是有限度的。但想到女儿还小，诺厄·弗里曼似乎并没有为自己设限。事实上，他不仅愿意认罪，愿意做证，愿意在庭审时交代其他人的罪行，还在合作问题上表现得非常积极和迫切。他也愿意做秘密录音工作，甚至可以偷录他和他最好的朋友唐纳德·隆格伊的对话，这一点尤其令人震惊。

于是，在2010年12月20日，弗里曼去他的这位好友家中做客。对朋友完全信任、毫无戒备的隆格伊"自掘坟墓"。他滔滔不绝地描述了在《华尔街日报》发布那篇文章的当晚，自己是如何毁灭关键证据的，以及他是如何用两把钳子毁掉存有内幕交易信息的闪存盘的。他向弗里曼描述，他"把闪存盘夹破、折断，然后分别放入四个不同的小袋里……周五凌晨 2 点的时候，把这些小袋装入（他那件）黑色的北面夹克中……随机扔到了外面的垃圾车里，而且是四辆不同的垃圾车"。

要不是有那台微型录音设备，要不是诺厄·弗里曼倾向于自保，隆格伊就会逍遥法外，妨碍司法公正。但他最终还是认罪了，被判入狱 30 个月。

污点证人是执法生活中的一部分，对执法人员来说早已司空见惯，他们很少会觉得吃惊。只有在案子极难侦破、污点证人发挥了重大作用的情况下，他们才有可能会表达一下喜悦之情。但在弗里曼的案子中，他的一些表现让人震惊。他很快就承认了所有这一切，快得让人感到不可思议。负责该案的检察官戴维·莱博维茨（David Leibowitz）和阿维·韦茨曼（Avi Weitzman）都有点不敢相信这是真的。要知道，他们两人都曾成功游说过很多证人，特别是阿维，他早前是在有组织犯罪部门工作的。可弗里曼快速做出的冷静、冷酷的决断还是非常离奇的，甚至令人吃惊。它违背了人类行为的准则。即便是富有经验，可能还有一点疲惫不堪的检察官，也难以相信他所看到的这一切，这不能不说是一件很有趣的事。对于自己的罪行，他眼睛都没眨一下就认了，也没有丝毫掩盖（人们总是试图隐瞒自己的罪行），并决定转为污点证人，帮助侦破该案。什么样的人会告发他最好的朋友，而且如此轻而易举？在这里，正确的道德判断是什么？

与往常一样，我们利用了人与人之间的背叛，但这种利用令人不安。存不存在那种对案件侦破极有帮助，却让人觉得比犯罪和掩盖犯罪更令人厌恶的合作呢？显然是存在的。我现在依然这样认为。

第二个案例同样让我感到困扰，不过是基于不同的原因。

2011年，我们对一起重大的公共腐败案发起调查。我们继续推进并扩大了我的前任迈克尔·加西亚（Michael Garcia）发起的事业：着力调查并起诉市政府和州政府的当选官员。纽约州立法机构的腐败情况尤为严重。在那个时期，如果你是在职的州参议员，那么你更有可能因被起诉下台，而非因选举失利下台。

腐败问题事关重大。不管你相不相信，州议员都扮演着重要的角色。在纽约，每名参议员代表30多万选民；每名州众议员代表近13万选民。参议员批准州级官员和法官的任命。州议员决定我们的预算，包括儿童教育预算、公共安全预算、交通预算、卫生预算和公共福利预算。他们决定犯罪的构成要件和量刑标准。他们划定你生活、工作和投票的选区。因此，公众对政府的幻灭感不断增强，且已经达到了前所未有的水平是令人沮丧的。

对我以及其他很多人来说，公共腐败案件尤其令人恼火，也特别具有破坏性。民选官员利用职务之便进行犯罪的行为属于双重罪责：他们不仅违反了法律，还违背了他们当初的誓言。这让原本就已经厌倦了的公众变得更加愤世嫉俗、心灰意冷、不抱希望。职务犯罪给他们所服务的机构蒙上阴影，令他们正直的同事也饱受质疑。好的政府事关民主的诚信，事关人民的意志，而非政界人士的自我扩张。从根本上讲，它事关社会契约本身及其应有的条款。

2011年的一个下午，我意外接到了布朗克斯地方检察官罗布·约翰逊（Rob Johnson）打来的电话。对于我们的反腐行动，约翰逊是非常了解的。在电话中，他说他们办公室已经对现任纽约州众议员、民主党人纳尔逊·卡斯特罗（Nelson Castro）提起诉讼，且保密申请已经获批。卡斯特罗被控做伪证，涉嫌伪造请愿书和选民登记表。他们试图把他转变成污点证人，但无果而终。约翰逊说："考虑到你们在州议会方面的反腐经验，我们能不能一起合作，共同侦破此案？"于是，我们两家办公室的反公共腐败团队建立起了联系。不久之后，我们想出了一个计划，即由卡斯特罗来积极曝光腐败案，具体做法是安排他与那些商人会面，因为后者会从他的同僚那里寻求非法利益。对于这个计划，卡斯特罗表示愿意接受而且很迫切，因为他想摆脱自己在布朗克斯地方检察官办公室惹上的麻烦。他甚至还愿意帮助秘密录音，这可不是小事情。要知道，这件事被爆出之后，必定会对议会产生巨大的震慑作用。如果一名政治家认为他的同僚中可能有人与联邦调查局合作，充当执法部门的耳目，那么他在犯罪时可能会三思而后行。

后来的事实表明，卡斯特罗与多名试图获得议会成员影响力的俄罗斯商人之间存在秘密交易。在任期间，卡斯特罗记录了他和那四名商人的会面内容，后者计划在布朗克斯开设多家成人日托中心，但他们过于贪婪，希望避开竞争，希望议会能禁止其他成人日托中心的开设。他们想获取社区垄断权。为此，这些商人用现金行贿以换取营业许可，换取客户群，换取保护性立法的引入。正如我后来在宣布指控罪名时所说的："这是一个非常巧妙的伎俩，同时违背了民主和资本主义的核心原则。"在调查期间，那些俄罗斯商人又与另一名在任州议员埃里克·史蒂文森（Eric Stevenson）搭上了关系。当然，他们的目的是一样的。史蒂文森迫不及待地接受了他们的现金贿赂，最终拿到了 2.2 万美元的回扣。

但很快，我们陷入了一个两难境地。2012 年 11 月，整个纽约州议会将举行改选。当时已是 2012 年秋天，州议员纳尔逊·卡斯特罗的有罪答辩尚未开始，他协助我们秘密录的音仍未公开，他污点证人的身份也仍是秘密。随着选举时间的临近，我们必须做出决定了。我们是迫使纳尔逊·卡斯特罗辞职，以便让其他正直的人选接替他的位置，还是继续秘密开展我们的调查？这并不是一个容易回答的问题。这个案子还没有准备好。现在就停下来或现在就宣布卡斯特罗的罪名会惊走那些俄罗斯商人，中断我们的证据收集工作，还会引起另一名州议员埃里克·史蒂文森的警惕。此外，除了该案中的那些俄罗斯人，纳尔逊·卡斯特罗还在协助我们调查其他人，而这些调查尚处于初期阶段，至于最后能否取得成功，我们无从得知，但我们不想搬起石头砸自己的脚。如果我们什么都不做，就会被认为在改选中与腐败分子沆瀣一气，而我们明明知道他不会完成新的任期。

上述问题在当时就困扰着我，现在也依然困扰着我。在无数涉及秘密污点证人的场景中，什么都不做是标准的操作规程。无论是医生、商人还是教师，在成为污点证人、决定协助我们秘密录音之后，他们呈现给世界的是一个虚假的自己。对此，我们早已见怪不怪。我们允许他们继续从事以往的工作，不管他们是医生、商人还是教师（甚或是毒贩），以便获得我们想要的结果，并将这种浮士德式交易中的其他罪犯绳之以法。所以，在某种意义上，你可能会问："这有什么大不了的？"

可这个案子确实不同，因为它涉及的并不是一般的职业。卡斯特罗是由他所在的选区的选民选举出来的。他宣过誓，要忠于职守。而今，他却基于自己虚假的正直和诚实连任。我们没有揭穿他，因为我们还有其他重要的事情要做。我们坚持了这个计划。不巧的是，其他的调查均无果而终。但在2013年2月20日，也就是州议会改选三个月后，在史蒂文森的操作下，州议会引入了那些俄罗斯商人觊觎已久的成人日托中心暂停法案，即A05139号法案。这是一项铁证。2013年4月4日，州议员史蒂文森以及贿赂他的俄罗斯商人被逮捕，而我们的秘密污点证人、州议员卡斯特罗也于当日宣布辞职。至此，他的任期还有80%的时间。

那么，我们这到底是欺骗公众还是服务公众呢？

对于这个决定，我曾多次被人问过。有人对我们提出批评，认为我们应该结束调查，我认为这种批评是公允的。或许结束调查才是正义；正义未必就是司法正义，它也可以是整体正义，包括选举过程中的公平性和透明性。但考虑到腐败的蔓延趋势，在我们已经扳倒纳尔逊·卡斯特罗的情况下继续采取秘密行动，追究州议员埃里克·史蒂文森等政界人士的责任，无疑是重要的。所以，我们坚持了我们的计划。当然，也正是我们的这种坚持在一定时期内使得那些打算投票给卡斯特罗的选民被剥夺了选举一位清白、诚实的民意代表的机会。这或许是因为我们仅把他当成一位普通的污点证人了。鉴于那个时期腐败问题的严重性，另一个问题也随之而来：如果你认为问题非常严重，采取更激进的措施合适吗？很明显，在我们看来，问题越大——如本案中无所不在的腐败问题，我们就越倾向于采取更激进和更有悖于传统的策略。这样做可能是错的，但也可能是对的。

这是一个重要的问题，我们也就此进行了认真的思考。说实话，如果我们当时结束了调查，那么我现在可能更心烦；这并不是说我们继续下去我就不烦了。

在执法和行使自由裁量权等微妙的问题上，即便事后来看，也未必想得清楚。

与污点证人的合作关系及其动态性是复杂的，而对于这种复杂性，没有任何现成的书可以给予指导，尤其是在暴力犯罪领域。哈佛大学不会教你如何跟血帮或瘸帮打交道，那是一个完全存在于我们办公室里每一名优秀的联邦检察官经验之外的世界。

但有些东西还是要承认的。如果你一直过着平稳的生活，也就早前在大学宿舍开派对时可能因声音过大而惹上过麻烦，然后成为一名循规蹈矩的执法人员，那么当你同现实生活中的犯罪分子、黑帮成员面对面交谈时，你会产生一种兴奋感。这是普通人永远无法拥有的进入世界的一扇窗户。我还记得自己第一次和一名黑帮成员坐在一起的场景，当时我难以置信。那种感觉是超现实的，也是令人陶醉的。《好家伙》和《教父》(*The Godfather*)加起来，都敌不过这种感觉的十分之一。

当你的思绪开始转为兴奋时——这是一个令人着迷的家伙，这个有着丰富多彩人生的家伙曾经杀过人或敲诈过人——你需要克制自己吗？你会不会提醒自己，这不是斯科塞斯执导的影片，并担心享受与一名暴力犯罪分子建立和谐关系是不适宜的？

还有其他什么问题值得去问自己呢？这很酷吗？了解他们的行话、行事方式和仪式，听他们讲述街头生活的种种暴行酷吗？坦白讲，很酷。

你能够同时感到沉迷和憎恶吗？或许是能的，但你很难找到一个平衡点。这仅仅是看到了一个真实人物的一部分吗？

反黑帮的检察官喜欢黑帮电影，这是巧合吗？要知道，黑帮电影通常是美化黑手党而非执法部门的。这怎么解释？这意味着什么？这里面是不是有一种不正当的兴趣？

作为我们有史以来最伟大的反黑帮调查员之一，肯尼思·麦凯布会深深地迷恋黑社会的那种生活方式吗？可能不会。

不过这个问题也许并不重要，只要你专注于自己的使命，保持警惕，坚持怀疑主义，不让这种迷恋走火入魔。只要你专注于终极目标——正义。通往正义的道路不总是平坦的，甚至也不总是纯粹的。在这条道路上，有种种纷扰和迂回，有权衡利弊，也有别无选择。在"反水"证人这个道德模糊的世界里，这些障碍和陷阱最为明显。任何强有力的武器或工具都是危险和带有风险的，污点证人亦不例外。因此，要想在这条道路上行走，你就需要有钢铁般的意志、非凡的勇气和敏锐的判断力。

延续与变革：以创新的方式实现正义

追求正义有时需要的并不仅仅是勤勉和敬业。偶尔，它也需要创意或创新的火花，需要新颖的策略，需要按照惯例进行反思。

我没有什么科学或技术能力可言。我不懂得如何修汽车、制造电脑或治疗疾病。我至今仍不知道飞机的飞行原理。在这些方面，我跟大多数人是一样的。我惊叹于技术的飞跃发展，同样也惊讶于那些能够产生实际结果的简单想法，因为后者似乎是在普通人的能力范围之内。很多时候，人们在日常工作中所取得的进展更令我印象深刻。他们有热情、有想法，对待工作细心、专注；他们不是研发人员，却会给我们带来各种不大不小的创新，让我们禁不住问自己："为什么我就没有想到呢？"那些不大不小的错误组合在一起就会酿成司法悲剧。同理，那些不大不小的创新和改进互相作用，久而久之，也会驱动重大的变革。

前面提过，《再造卓越》是我最喜欢的关于企业和领导力的书之一。书里面讲的一个教训，我一直谨记在心，那就是持续的成功需要延续和变革，即便是像纽约南区检察官办公室这样成功或传奇的机构也不例外。价值观的延续，卓越的延续，重点打击恐怖主义和金融犯罪的延续；但在必要的时候，也要推进变革，比如在优先事项、技术和策略等方面。人生犹如逆水行舟，不进则退。这一点同样适用于企业或组织，包括检察官办公室。

在保守机构中，变革和创新来得并不容易。"跳出固有的思维模式"是硅谷初创公司时晨间讲话的常见励志语，而那些用铜版纸印刷的商业杂志也会用这句话描述有远大抱负的创业家。但它不是调查机构的标语。

这并不奇怪。

除了神职人员，可能没有什么职业比法律更古板了，而在法律从业者中，文化上最保守的当属检察官。执法者必须一丝不苟地恪守规则，小心翼翼地遵循先例；他们必须严格遵守法令和行为准则，更不用说还得保有良知、依照宪法行事。这种职业是一个非常封闭的空间。试图跳出条条框框思考，就好比是试图到外太空呼吸一样。习惯、训练和个性不仅合力扼杀了创意和创新，还严重阻碍了各种变革的推进。

在担任联邦检察官期间，我曾到加利福尼亚州的帕洛阿尔托给一家尖端科技公司做过演讲。值得一提的是，纽约南区检察官办公室是全美同类机构中第一家与该技术公司建立合作关系的，旨在借助该公司的技术，对我们在复杂案件中收集的大量宝贵的数据进行分析。在首席执行官的邀请下，我来到这家公司做演讲，发现现场像是在召开霍比特人大会。在场的软件工程师都很年轻——非常年轻，着装以 T 恤、牛仔裤和短裤为主。鉴于硅谷人士的休闲风格，我自己也在着装上做了让步，但显然还不够：一身保守的蓝色套装加图案衬衫，未系领带。在技术人员递给我麦克风时，我看着前方空荡荡的场地，问他讲台去了哪里。"我们不用讲台。"他说。然后，我又注意到这个极其开阔的房间两侧各有一个巨大的充气球飘浮在空中，这两个充气球不时会被在场的人击来击去，避免落到地上。联邦执法人员协会（FLEOA）的现场绝不可能是这样的。我开玩笑地问那名技术人员，我被其中一个充气球当面击中的可能性有多大。他停顿了一下，似乎是在默算，然后说："在你开始演讲后，我想这个概率不会超过15%。"

就这样，在没有讲台、没系领带的情况下，我解开外套的扣子，并把演讲提示词装入口袋，上台开始演讲。我讲到了政府和技术行业之间巨大的文化鸿沟——从表面上看，这是着装上的差异，但更深入来看，它表明了政府在拥抱技术方面所持的落后态度。我还讲到了美国司法部的保守——在整个世界都已经开始使用 iPhone 手机和微软文字处理软件时，它还在坚持使用黑莓手机和 WordPerfect 办公软件。这让我收获了截至当时全场最大的笑声，而久久不息的哄笑也很说明问题。

在我看来，盲目地因循守旧、不知变通就该被嘲笑。传统是好的、有用的和接地气的。但懒散的习惯以及不假思索地敌视变革并不是传统，它们是智力的束缚。在各行各业，人们总是基于同样的原因，按部就班地做事，却从未停下脚步，想一想是否还有更好的方式。人们在选择通勤方式时是如此，在准备早餐时是如此，在向客户推销产品时亦是如此。这是我们人类的一种趋向——趋向于习惯，趋向于自满。

然而，即便是在最保守的环境和行业中，创新也至关重要。当然，这并不是说要进行大规模、不顾后果或激进式的全面改造。说到收获，它更多来自常识而非天赋，是源于对手头问题发挥的一点点想象力。回过头来看，在最佳创新中，有一些是很简单的，也是显而易见的。有时候，一项创新有价值只是因为将一个领域内的可信工具或技术运用到了另一个领域。这个原则不仅适用于技术初创公司，还适用于其他所有组织——从食品公司到服装零售商，再到调查机构，不一而足。原子弹的成功研制可能需要"曼哈顿计划"[①]（Manhattan Project），但小的改进、改良和创新则归功于各行各业有着开放性思维的人。

让我们从执法领域之外的一个小例子说起，这也是我一直以来都很喜欢的一个例子。小时候，我吃汉堡时会倒上番茄酱。当然，现在也是如此。同泽西海岸的其他所有人一样，我们这个印度移民家庭购买的也是亨氏57番茄酱。我们会把它倒在妈妈汉堡店（Mom's Burgers）有着马萨拉风味的高脂肪汉堡上（这家店汉堡的味道特别令人难忘，因为店主是成年后才到美国的，此前从未吃过牛肉）。那个时候，能不能倒适量的番茄酱于汉堡之上完全是碰运气。哦，早前亨氏番茄酱的瓶子设计得真是令人生畏。

某个年龄段的人都会记得这事。你会把番茄酱瓶倒过来，拍打瓶底（现在是底部朝上的状态），然后……一无所获。再然后，你会抓住瓶子，让它跟盘子呈锐角状态，再次懊恼地拍打，看着番茄酱稳稳地停在了瓶身上凸起的标记数字"57"处，还是一无所获。更糟糕的情况是，一大团番茄酱瞬间涌出，让你的食物足足厚了两英寸。真心希望你的番茄酱瓶只有四分之一满。在番茄酱瓶的重力和番茄酱的黏度的累积影响下，你的汉堡在入口之前就已经变得冰凉了。

这对番茄酱连锁企业来说并不是什么好事。那该怎么做呢？以亨氏公司（Heinz）为例，它就直接发起了大规模的广告宣传活动。20世纪70年代，这家美国一流的番茄酱供应商经过长达一年的大肆宣传，将这个悲剧式的设计缺陷——出酱缓慢又难以倒出的玻璃瓶设计——转变成了一个优点，并让一些营销高管大发其财。亨氏的一系列电视广告以卡莉·西蒙（Carly Simon）的《期待》（"Anticipation"）为背景音乐——"期待让我等待"，对这种"冰

[①] 美国政府于1942年6月开始实施的利用核裂变反应来研制原子弹的计划。

河式的番茄酱流动"大加颂扬。广告中垂涎三尺的演员们耐心等待着把番茄酱一点点地涂抹到薯条和汉堡上,说着"美妙的味道值得等待"和"越慢越好"这样的宣传语。在另外一则商业广告中,广告员缓慢地说:"在它最终被倒出来的那一刻……想一想它是多么美味。"他讲的就是这种番茄酱。我们不妨设想一下,如果这是一家服务极差的餐厅的广告,那会怎样?或者,一家总是延误的航空公司在广告中大肆宣扬:"在你最终抵达阿鲁巴的那一刻……想一想那是多么美妙。"

明确一点,番茄酱并未在美国引发危机,也不是我童年时代最大的遗憾。但我的确记得,这个问题是在塑料瓶被引入很多年之后才被解决的,而且是以一种简单而优雅的方式解决的。我意识到这件事是在户外的一次烧烤活动中。那天阳光明媚,鸟儿啁啾。我们一边烤汉堡一边说:"瞧,那些有远见的人终于找到解决问题的方法了。"

这是一个什么样的创新呢?

说起来也简单,就是设计可倒立放置的瓶子。仅此而已。现在,只要拿起瓶子,番茄酱就会如你所愿地流出来——不用拍打,也不用等待。同样的基本原理也已被应用于洗发水和护发素的包装瓶上。对我来说,颇有感触的一点是这种改进并不需要开拓性的科学发现,不需要太空时代的聚合物,也不需要新的化合物。在塑料被广泛应用之后,任何人都可能会想过倒立放置的方法。至此,重力就非常容易被理解了。毫无疑问,在20世纪70年代,一些聪明的家庭已经自发采取了类似的做法,把番茄酱的瓶子倒立放在冰箱中。他们并不是物理学家。

这样的创新可能比不上核聚变,但这个例子却给我们上了重要的一课。改进的出现源于某些人思考角度的转变,源于某些人做事方式的转变。可以说他们是在想着如何改变传统的做法。

即便是在最平凡的环境中，常识和聪慧也是大有助益的。很多年前，我曾看过一个预防犯罪的简单故事，那个故事至今依然萦绕在我的脑海中。一家高档服装店屡屡遭窃。那些盗贼总是晚上出没，而且还会触发警报装置，但在警察到来之前，他们已经带着从架子上扫荡的大批"战利品"——昂贵的服装——逃之夭夭。这种情况一次又一次地发生。盗贼速度太快，而警察行动太慢。然后，一名店员想出了一个主意——将衣架挂钩交替排列。也就是说，第一个衣架的挂钩朝里，第二个衣架的挂钩朝外，依此类推。这样一来，盗贼也就无法一下子将架子上的衣服快速揽到一起。他们必须一件件地把衣服取下来。果不其然，这伙街头盗贼再次作案时就被当场抓获。警察赶到时，他们还在贪婪地从架子上取衣服——一次只取一个衣架。同样，这里也不涉及高深的科学。没有什么发明，甚至连基本的改进都谈不上。只要跳出固有的思维模式，任何一个普通人都能想出这样的计划。

这就是我喜欢这个故事的原因。

对于普通的聪明人，我不知道如何激发他们去设计更快的微处理器、建造更大的火箭或将另一个星球开拓为殖民地。但我可以让他们质疑自己的做事方式，让他们以新的方法运用旧的工具，让他们集思广益，让他们以新的视角思考问题。在我看来，真正的发明家都是特别的，但我们所有其他人也拥有发明才能。事实一再证明，任何人都可以颠覆正统的观念。

就这一方面而言，刑事调查跟其他的专业活动一样，也需要技能、专门知识、恪尽职守和专注的精神，以及时不时的创新活动。无论是从本质还是从目的上来看，执法都属于保守事业，但这并不意味着它不会从创新活动中受益。类似的例子并不少见。这类创新虽然不是颠覆性的，却正如我一直所表明的，是重要的。

在犯罪调查中，窃听一直都是非常有效的手段。对一代又一代的执法人员来说，法院授权的窃听行为一直都是开展毒品犯罪和有组织犯罪调查的基本方法。这不仅仅局限于纽约南区，其他任何地方都是如此。在我成为联邦检察官之前，纽约南区检察官办公室就有人提出了一个新奇的想法。

为什么不把窃听手段用于疑似内幕交易案的调查呢？瞧！这就是创新。通常来说，跳出固有的思维模式无非就是将一个领域内的可信的工具、技术手段或原则应用于另外一个领域。就这么简单。以窃听法令为例，这原本在很多年前就可以用于内幕交易案的调查，但正如可倒立放置的番茄酱包装瓶一样，似乎从来都没有人想到过这一方法。这让人觉得非常吃惊，因为内幕交易犯罪的核心恰恰是信息的非法交流——把重要又非公开的信息提示从一个人传递到另一个人那里，而对一代又一代的执法人员来说，内幕交易案中最难证明的就是这种提示。

创新思维的障碍因素包括遭到反对和拒绝的风险。人们倾向于维持现状，反对变革。在刑事执法中，任何更易于对人发起指控以及更易于给人定罪的创新都会自然而然地遭到辩护律师团体的反对。事实上，作为一个一般的法律问题，任何辩称窃听手段不应用于内幕交易的观点都是站不住脚的。内幕交易属于证券欺诈的一种，数十年来一直以窃听作为调查基础。

果不其然，当我们办公室提出这一"创新性"的方法时，辩护律师表示强烈抗议，并在法庭上极力反对。但在每一个关键节点上，他们都失败了。就使用窃听手段而言，沮丧的辩护律师甚至给出了截然相反的观点，颇为滑稽。就在2010年10月4日这一天，两位非常有名的辩护律师在法庭上就该问题发表看法，但观点迥异。一位律师向法官辩称，在内幕交易案中，鉴于政府并没有表明窃听的必要性，这种手段应被禁止使用，因为光是其他各种不那么令人信服的证据就足以定罪了。而几乎是在同一时间，另外一位辩护律师向陪审团信誓旦旦地说，他的当事人应被无罪释放，因为即便有污点证人，但如果缺乏被截获的电子信息证据，如"录音"等，则政府未尽举证责任。这两位律师的辩护意见最终都未被采纳。

在这些案件中，既没有新的法令被通过，也没有新的方法被引入，只是一种简单的常识的重新定位，创新就出现在眼前。话说回来，创新未必与特殊的天赋有关，但它确实需要一种审慎的专注精神，对所做的事情进行重新评估，以便找到解决问题或改进流程的方法。它需要你停下来，就所做的事情进行反思、重新定位，并认真思考，看是不是有新的方法。

作为联邦检察官，在起诉众多犯有公共腐败罪的立法者时，我发现纽约州的法律存在非常明显的漏洞。正如我在一次公开听证会上做证时所说的："即便是最腐败的民选官员，哪怕被陪审团判定有罪并被法官判处监禁之后，他们也还可以领取由政府资助的养老金，直到去世为止。这几乎是一种不可侵犯的权利，而对任何有思考力的纽约人来说，这种不公都是令人恼火的。"该权利被立法机构奉若神明，无视逻辑与正义。我们认为它应该服从于一个常识性原则：被判有罪的政界人士不应享有养老金待遇，舒舒服服地养老，因为这些钱是他们在任期间背叛的那些人缴纳的。

但到这里，故事并没有结束。对于这种明显有违司法公正的现象，我的助理理奇·扎贝尔[①]（Rich Zabel）想出了一个聪明、正当且符合法律规程的矫正方法。纽约州法律不允许的事情，我们可以通过联邦刑事没收法来完成。首先，我们会争取加大对腐败官员的经济处罚力度，通过罚款来冲抵未来的养老金。其次，我们会依照刑事判决，考虑采取财产没收措施。再次，我们办公室会追讨腐败的政界人士在从事非法活动期间累积的养老金利息。我们的原则是正当的，策略是合法的。在这个问题上，我们之前所有的法律挑战

---

① 即前文提到的理查德·扎贝尔，理奇为理查德的昵称。

均以失败告终。理奇找到了一个先前从未有人想到的解决方法。

再举一个例子。很长一段时间以来，互联网的一大灾祸就是那些所谓的"暗网"——可以自由买卖武器、毒品、儿童色情作品，以及其他龌龊物品的线上公开市场。鉴于网络的匿名性，对从事犯罪活动的人进行身份甄别是极具挑战性的。在我上任之后，我们办公室负责打击网络犯罪活动的是温文尔雅的助理检察官汤姆·布朗（Tom Brown）。早在网络犯罪活动猖獗之前，他就已经投身于该项事业。我们这里的很多大案要案都得益于他的默默付出和努力。

在业务上，汤姆与克里斯·斯坦格尔（Chris Stangl）合作较多，后者是联邦调查局纽约分局网络犯罪调查组 CY-2 的主管。他们一起破获了很多网络犯罪案，其中之一就是花旗银行遭受黑客攻击案。在该案中，至少有一名身在俄罗斯的黑客将嗅探软件添加到位于得克萨斯州一家花旗银行自动取款机的处理网络中，窃取了 30 万份账户资料。这些被窃取的资料又由另外至少一个人或直接或通过中间人分发给了世界各地的出纳。

联邦调查局锁定了一名居住在爱沙尼亚首都塔林的中间人。在此人被捕之后，汤姆和克里斯前往塔林，就该案与爱沙尼亚当局展开协调，并由此开启了纽约南区检察官办公室与爱沙尼亚之间的合作关系之旅——是的，在可能的情况下，我们会直接与其他国家建立合作关系。汤姆和克里斯经常碰面（通常是在酒吧），进行头脑风暴，而话题也一直围绕着如何立大案要案展开。在塔林时，他们去了老城一家名为"冰吧"（Ice Bar）的小酒吧，一边喝着爱沙尼亚的温芝牌伏特加（酒杯是由冰制成的），一边谈着包括确认网络犯罪分子身份在内的常见难题。事实上，为查明这名爱沙尼亚中间人的身份，他们不辞辛劳，花费了长达几个月的时间。如果能缩短这个工作过程，变被动为主动，那会怎样呢？顺着这个问题，他们产生了一个想法：建立一个秘密的互联网论坛，为犯罪分子提供一个可收集和买卖被窃信息并进行密谋的平台。这有点类似于在线经营的非法酒吧。"只要建成了，犯罪分子就会来"是他们的想法。与其被动地等待犯罪分子行动，而后努力确认他们的身份信息，不如主动出击，让他们来找我们，然后使用这一论坛识别他们的身份，将其一网打尽。

这项名为"卡店"（Card Shop）的行动大获成功。通过所建立的网站，我们对被窃的信用卡信息进行了识别和辨认，由此阻止了金额高达数亿美元的欺诈活动，并起诉了来自多个国家的24名犯罪分子。

这一切成绩的取得，皆是因为汤姆和克里斯决定退后一步，看看怎样才能更好地解决难题。就联邦调查局的诱捕行动而言，他们的这个方法并无新奇之处。在腐败案、涉黑案、毒品案，乃至恐怖主义案中，这都是惯用手法，但先前从未有人敢冒险将其应用到网络领域，也没有人想到这会奏效。

如果你大学学的是文科专业，你可能不会坐在办公室的隔间里，想着怎么去发明一种黏合剂，让"便利贴"成为十亿工作者必不可缺的办公用品。要知道，这个产品可是让3M公司赚得盆满钵满。但话说回来，每一天都会为我们提供机会，让我们重新思考我们的习惯、政策和规程，而基于常识的多方面思考则有助于我们提升生活质量，改善财务状况，甚至还会加强公共安全。

下面是本部分的最后一个故事。

创新并不需要博士学位，但拥有博士学位的人同样也有好点子。在我担任联邦检察官的最后一段时间，我们做了一个非同寻常的决定，聘任库尔特·哈弗（Kurt Hafer）担任调查员。一般来说，我们的调查员都是拥有丰富经验的前警员。在加入我们办公室之前，他们长期奋战在一线，从事凶杀案或涉黑案的调查工作，长达20年之久，比如约翰·奥马利和肯尼思·麦凯布。

库尔特·哈弗却是个例外。他一脸雀斑，红色头发，瘦到让人担心的地步，看起来一点也不像调查员，倒像是某个对枪支警惕，但面对枪支时又可以自在地剪纸的人。他毕业于加州理工州立大学（California Polytechnic State University），持有物理学学位，后就读于加州大学洛杉矶分校（UCLA），获生物医学物理学博士学位。在加入我们之前，库尔特就职于美国能源部（U.S. Department of Energy），对于各组织"盘剥"该部的方式了如指掌。那时，能源部的年度预算约为 325 亿美元，与私营公司签有数百份合同，其中有些公司会重复收费，还存在其他的各种欺诈活动。

库尔特缺少一线的工作经验，但他有着过人的智力，并可以通过主动性、创造性和勤奋弥补经验上的不足。考虑到他的个人背景以及他在数学和金融方面的专长，我们把他安排到了 5 楼的反证券欺诈部门。

很快，他就进入了工作状态。

库尔特给自己安排的任务之一就是从金融机构需要提交的可疑活动报告（SAR）中找到更多内幕交易的线索。可疑活动报告是一个非常重要的资源，有助于发现洗钱、证券欺诈以及其他各种金融违规行为的线索。按照法律规定，若金融机构认定有人从事可疑活动，则需要将可疑活动报告提交到中央存储库。

就可疑活动报告而言，有的银行提交的多，有的银行提交的少。有的金融机构的报告写得极其详细，而有的金融机构则写得非常简单。有些报告只是为履行职责，纯属应付公事，有些则是真的希望就可疑活动展开全面的调查。问题是，所有这些报告都将汇集到一片辽阔、无差别的大海中。

库尔特对可疑活动的评估持怀疑态度。

他的直觉是，我们应该从这些报告中发现更多的内幕交易线索。关键词检索肯定存在什么问题。在他看来，我们从这些报告中获得的线索太少了，他担心很多宝贵的信息可能就此错失。鉴于此，库尔特决定后退一步，全面取消关键词检索功能。他放弃了数字分析的方法，回归传统做法：端坐下来，拿出报告，仔细阅读每一页内容，一份接着一份。他先是找了一家顶级投行提交的可疑活动报告，从头读到尾，一页接着一页，以便了解这些报告是如何撰写的。在就任初期，他会在每个月的前两周或前三周抽出200小时来阅读报告。

几个月下来，他的感受是既吃惊又失望。对任何智力还不错的人来说，只要看过其中的一些报告，警钟就应该响起了。在报告中，库尔特不断看到股票的买入和卖出、在此过程中获取的利润，以及股价的干预性波动，所有这些都属于典型的内幕交易案。

问题是，没有人仔细看过这些可用作罪证的可疑活动报告，因为关键词检索的信息太有限，也太过具体。在问及自己为什么这些宝贵的信息会被过滤掉时，库尔特发现了两个原因。第一，尽管可疑活动报告给出了明确的信息，表示存在内幕交易活动，但报告中却很少使用"内幕交易"这个具有魔力的术语。这一方面是金融机构培训的失败，另一方面则是工作人员想象力的不足，他们过于倚重有限的关键词检索功能。第二，在很多情况下，填写可疑活动报告的人无法得知获利的金额，所以直接以"零"代替。因此，如果调查人员设置了最低金额以做筛选时，那些金额标示为"零"、可证明罪行的报告就会被排除在外。

这是一个很容易解决的问题，但在库尔特之前，似乎没有人考虑过这一点。依据自身经验，库尔特改进了关键词的检索功能，扩大了检索范围。同时，他仍时不时地采取传统做法，逐字逐句地阅读可疑活动报告。猜一猜结果怎样？我们办公室发现的可靠的内幕交易线索较之前增加了一到两倍。

有时候，技术进步非但没有提高我们的效率，反而使我们的效率进一步降低。这时候，我们就需要后退一步，寻求创新。创新意味着要持续不断地对技术、人为失误和人的想象力进行重新评估和评价——企业生产产品是如此，探员调查案件亦是如此。同时，它还意味着拒绝走捷径，拒绝偷懒，拒绝自鸣得意。

库尔特发现的问题是，一个普遍使用且一度有效的工具过时了。它已经无法胜任该工作。讽刺的是，在浩瀚的线索海洋中，利用关键词检索以寻找坏人原本是一种创新。但是，这种创新已经陷入停滞状态。如果不加以更新和改进，到了明天，今天的创新就会过时。汽车、电脑和智能手机是如此，调查技术同样是如此。有时候，正义的实现需要我们彻底颠覆正统观念。

第二部分

指控

引言

调查工作至此结束。这个过程是艰难的,也可能是辛苦的。你希望调查结果不偏不倚、公正公平。你希望真相能够最大限度地呈现出来。

现在,我们进入司法流程的下一个阶段,这也是一个截然不同的阶段。你开展调查活动可能是因为某处冒烟。你找到起火点了吗?你找到足够的证据来指控放火的人了吗?正如陀思妥耶夫斯基(Dostoyevsky)在《罪与罚》(*Crime and Punishment*)中所写的那样:"一百个疑点决不能构成一条证据。"一旦调查结束,公诉人面临的一个基本问题是:什么时候发起指控?什么时候放弃指控?

但事实并非总是如此直接又简单。

有时候你放弃指控是因为没有人做错任何事情,因为收集的证据表明你所起诉的目标是无罪的。或者,你放弃指控是因为犯罪嫌疑人的罪行过于轻微,不值得花费时间和精力,在可容忍的范围之内。或者,某个人确实做了一些可怕的事情,但一路调查下来,除合理怀疑之外,你并没有获得足够多满足严苛标准的起诉证据。或者,某个人做了令人不齿和对他人有害的事情,但这件事情是个意外、已经过去太久或有什么其他原因,法律不认为这是一种罪行。或者，某个人的行为已经违法，不过你发现先前从未有人因相关罪行受到指控。在这种情况下，除非有令人信服的理由，否则你不会去开一个先例；从公平的角度出发，你会选择放弃指控。

在每一个司法管辖区，这样的情况每天都会上演。面对错综复杂的局势，我们如何坚持原则，伸张正义呢？这就是接下来所要探讨的。

在起诉阶段，做出公正决定的首要前提是深思熟虑，拒绝任何先入为主的想法。对于收集来的证据，比如银行记录、录音和证人证词等，你要仔细筛选，认真思考。对于恶性事件，你要考虑另外的或无罪的解释。对于谈话或电子邮件内容，你要考虑不同的解读。你要接纳那种阴差阳错的无辜巧合，认识到调查人员也会存在偏见。还记得布兰登·梅菲尔德吗？人们过多地解读了一系列与他相关的事实，发现了可证明其"罪行"的西班牙语文件，并依据完全巧合的事实，比如他皈依伊斯兰教来解释最初的错误结论——指纹相匹配。这类疏忽对正义来说是致命性的。

所以，你要核查你的事实，核查你的推理，核查你的偏见。你要挑战自己的理解和做出的结论。你要让其他人帮你寻找漏洞。事实上，在案件调查对外公开之后，我会定期与辩护律师见面，听取他们的意见，敦促他们对那些看似有罪的行为做出无罪解释，并依据所适用的法律给出无罪分析。有时候，我们之所以能避免犯错（进而避免造成不公），正是因为那些辩护律师让我们看到了自己的错误。（在这里，我必须指出的是，一味地否认罪行并不足以让我们放弃指控。）

这种深思熟虑和暂停指控对正义来说至关重要。对一个人发起犯罪指控意味着这个人的生活将被打碎，而与这个人相关的其他人的生活也会受到严重的影响。就刑事被告人而言，即便最终被判无罪或免于被起诉，他们也回不到过去了。从根本上讲，仅靠法庭的公正审判是不够的，因为到了那个时候，被告人可能已经遭到排斥、破产、失业，或者再也找不到工作，所以在决定对一个人发起指控时，首要的一点就是尽可能地确保公平和公正。顺便说一句，新闻媒体在决定报道与官员或公民相关的重大犯罪指控时，也要尽可能地确保公平和公正；要知道，影响一旦造成，就很难消除。

要当心那些鲁莽行事的检察官或警察。检察官既不是牛仔也不是枪手，至关重要的一点是要始终牢记这个时刻——做出指控决定的时刻——意味着什么，不仅是对发起指控的机构，还对被指控者以及公众的信任。

这一时刻的个人心理和机构心理是值得探讨的。指控不是自动完成的，它靠的并不是计算机的指令或算法。正如我一再说的，正义是靠人来实现的。真实调查后的结果该如何处理最终还是由现实生活中的人来决定，而这些人并非全知全能，他们大多有缺点，也会带有偏见，而且他们所处的体制和官僚机构也从来都不是完美的。

我常跟大部分新入职的检察官谈及这个话题。我会把检察官比作拥有强大引擎，能以极快的速度行驶的汽车；当然，以极快的速度行驶也是危险的。要想安全抵达某地，你需要两样东西：一是油门，二是刹车。你需要踩住油门，因为这样我们才能抵达目的地：违法犯罪者需要担责，受害者需要辩护，社会需要秩序。所以，油门是必不可少的。但有时候我们也需要踩住刹车——善加评估，重新思考，并质疑我们的分析。要知道，刹车同样会拯救生命。

对于那些鲁莽行事的检察官，你要当心。对于那些谨小慎微、脚像灌了铅一样时刻放在刹车上的检察官，你也要当心，因为他们会以一种相反的方式破坏司法和问责制。对有些人来说，他们很难就重大问题做出决定。无论是在刑事司法体系、工作场所，还是其他任何地方，指控都属终极对抗。我们通常不愿意与人发生对抗，尤其是在面临严重后果的时候。我们从小就被教育要懂礼貌，甚至不能用手指着别人。这是粗鲁的，也会产生后果。

有些人会沉湎于无休止的调查之中。总归是有人可以接受第二次或第三次询问的，总归是有更多的研究工作可以去做。人们之所以采取这种拖延术或许是因为从本质上讲，早期的"调查"是一个安全港。调查和审讯活动可以是波澜不惊的，怀疑可以是模糊、秘而不宣的。一方面，就更广阔的世界来讲，有些实际指控在外界看来可能只是一种猜想，或一种谣传。比如，在特别检察官罗伯特·米勒对特朗普的国家安全顾问迈克尔·弗林（Michael Flynn）或其前竞选团队主席保罗·马纳福特发起指控之前，尽管外界已充满着各种传闻，但没有人知道这是否会落实到行动上。直到指控发起之后，挑战才算真正拉开序幕。

另一方面，指控是实实在在的。它们具体而明确，是公开的。它们是宣战书。在某种程度上，指控可以说是可怕的，尤其是那些疑难案件或已经结束的案件。做出发起公开指控的决定至关重要，特别是在诉讼案中。然而，总有一部分人会以调查不彻底为借口过分拖延这个时刻的到来。如果你从事的是调查性报道工作或企业内部的合规工作，你必须有做决定的勇气；当然，执法领域也不例外。无论身处哪个行业，总有更多的调查工作等着你去做。行动是有后果的，但按兵不动同样也有后果。如果你的调查是为揭露某种行为，那么你必须成为那种能在正确时刻做出正确决定的人。

私下里，将烟雾同火灾区分开来，将事故同纵火区分开来非常重要。有时候，案子似乎已经到了非起诉不可的阶段，但支撑起诉的全是间接证据，因而犹豫也很正常。

让我们来看这样一个例子，作为下面内容的铺垫。2008 年，《纽约时报》刊文披露了长岛铁路（LIRR）规模庞大、骇人听闻的欺诈行为。铁路雇员声称他们的身体状况日趋衰弱，深受伤病困扰，以此谋取伤残养老金。按照规定，他们在 50 岁时可提前申领养老金。问题是很多获此福利的雇员的身体状况依然很好，他们还时不时地打高尔夫或网球。长岛铁路的雇员申领职业伤残养老金的人员比例高得惊人；在 2007 财政年度，该比例是其他铁路系统，如大都会北方铁路（Metro-North Railroad）的 12 倍，大都会北方铁路同样运营驶入纽约市的列车。在 2001 年至 2007 年间，长岛铁路共有 753 名雇员因关节炎和风湿病提请伤残养老金，而同期大都会北方铁路则只有 32 人。一方面，这种差异本身就暗示着欺诈行为。3 名医生核准了数千名雇员的索赔申请。显而易见，这些医生参与了这一明目张胆的欺诈事件。

另一方面，在该欺诈案中，除了间接证据和统计数据，再无其他的确凿证据。背痛、肩痛或关节痛等疾病是否出于臆造很难证明。这类自报的病痛是无法通过 X 光片、磁共振成像或血液检测来证实或排除的。诊断和预后都必须建立在病人主观的病情自述这一基础之上。

尽管如此，仍有相当多的证据表明很多声称身体状况日趋衰弱，以至无法完成简单的案头工作并已获准领取养老金的雇员，依然参与剧烈的体育运动。这让人发自内心地感到愤慨。以下是《纽约时报》在其长篇调查报道中曝光的少数几个厚颜无耻的例子：

- 一个名叫格雷戈里·努恩（Gregory Noone）的退休人员抱怨说，他在用手抓东西时会感到剧痛。由此，他提前申领了伤残养老金。但不久之后，在 2008 年，努恩在 9 个月的时间里打了 140 场高尔夫。很明显，按照他自述的身体状况，他不可能从包里轻松抓起高尔夫球杆，要么他就是史上最受虐的业余高尔夫球手。

- 一个名叫沙伦·法伦（Sharon Falloon）的退休人员宣称不管是行走还是站立，她都觉得很痛苦，并由此提前申领了伤残养老金。不久之后，有人给她录了像，当时她正在一家健身房上一节 45 分钟的踏板操课。

- 一个名叫弗雷德里克·卡塔拉诺（Frederick Catalano）的退休人员声称他每次站立或落座时身体都会出现剧痛。在退休后的几个月里，卡塔拉诺获得了柔道黑带。

所有这些看起来都是赤裸裸的欺诈行为。

在调查中，这样的例子数不胜数。是时候发起指控了吗？指控他们中的很多人，也包括那些对申请材料不经审查就盖章批准的医生？

嗯，别那么快。尽管很多人在申请病退后就立即参与了不可思议的体育运动，但对他们发起指控并非易事。我们友好的竞争对手——纽约东区检察官办公室对与该起案件的相关证据进行了综合评估。尽管该案涉及人数极多，但若以诈骗案对他们发起指控，该办公室认为胜算不高，因而不愿意继续追查下去。鉴于该案证据的间接性，该办公室所做出的放弃指控的决定未必就是不负责任的。但我们办公室决定深挖下去。

作为铁路的监管机构之一，美国铁路职工退休委员会（U.S. Railroad Retirement Board）对该事件的态度日趋谨慎，也越发感到怀疑，但最终还是批准了所有的款项。可那一令人瞠目结舌也令人费解的统计数据，即 2007

年长岛铁路雇员的病残率是大都会北方铁路的12倍这一事实呢？虽然我们认定这是一个法律问题，但法庭未必就会受理，因为法官可能认为我们带有主观偏见，认为该事实与法律无关。除此之外，没有任何泄露内情的文件表明这是一起阴谋，没有录音证据，也没有供词。联邦调查局的调查人员仅在两名医生身上发现了轻微的罪证，却无法给出决定性的结论。其实，最成熟和最具影响力的对象正是那些医生，而不是费尽心机、提前申领养老金的退休人员。医生已经做好了辩护准备，即他们只是按照患者自述的病情进行诊断并出具证明，让人难以置信。

还有一点就是：没有强有力的污点证人向我们（以及陪审团）描述这个欺诈计划。而这正是我们需要的。于是，我们决定以此为突破口，着手对提前领取养老金者发起指控。

这不是一个事关清白的问题，而是一个与证据有关的问题，两者之间是有明显差别的。对我们来说，办案需要一点信仰上的飞跃。一天下午晚些时候，在看了团队提交的相关证据及其间接特征和统计属性的备忘录之后，我问他们："为什么不总结提炼一下呢？"这样一来，我就知道该如何呈送证据了——不是呈送给地方法官和大陪审团（他们只是途中的障碍），而是直接呈送给审判庭上的陪审团，因为陪审团的责任是"排除合理怀疑"。

我们的结论是，当前已掌握的常识性证据足以证明长岛铁路的医生和工作人员在长达一年的时间里串通作案，合谋诈骗交通运输部门超过10亿美元的伤残养老金。尽管没有确凿的证据，但我们仍可以据此发起指控，并相信会有人"反水"，进而推动案件的进一步发展。

我们的团队起草了一份长达74页的强有力的刑事起诉书，列举事实，并详细描述了相关人员在退休后参加体育活动的情况。我们采取了积极起诉的策略，敦促他们转为污点证人，他们都同意了。据此，我们起诉了32个人，这些人均承认有罪或被法庭定罪。我们也由此拉开一场改革的序幕——对一项无可救药、残缺不全的养老金制度进行改革。

我在这里讲述长岛铁路的故事并不是为了炫耀我们为追求正义而积极给出的沉重一击，而是为了表明这样的决定是很难做出的——这些艰难的决定并不具备科学的精确性。

接下来我们要探讨的就是正义之路上的这个独特阶段。在这里，我将尝试解释一向令人忧虑的指控决定；一旦发起指控，对被指控者来说无异于一场地震，而对你所在的办公室而言也是一场考验。放弃发起指控的决定同样如此。此外，你还会了解到检察官办公室里文化的重要性，以及在可能的情况下，不要制造潜在的提诉压力，因为这可能带来不公。

你会发现，在谁会构成实际威胁这个问题上，你很难给出实时判断。这是因为即使是在信息不完整的情况下，你也要担起保护公众不受伤害的责任。当一个不幸的潜在恐怖分子发出"圣战"威胁，或当一名丈夫公开谈论如何迫害他的妻子时，你能等多久，又需要多少证据？幻想和阴谋的区别是什么？你会在哪方面犯错？当生命悬于一线但证据又不充分时，你希望我们在哪方面犯错？看下面的故事时，不妨也问一下自己会做何选择。

另外一些时候，当检察官依据事实、法律和良心做出放弃指控的决定（一般来说，他们必须这样做）时，人们又会大加抱怨。在有人遭受伤害时，在房屋被烧毁时，在无辜者被枪击时，在司机撞死行人时，或在一个经济体崩溃时，人们对真相有一种天然的渴求。有时候放弃指控是符合正义的，有时候则不然，不管人们说了什么。解释为什么做某件事比解释为什么不做某件事要容易得多。这适用于很多场景，但在司法领域，却是一个特殊的两难困境：什么时候放弃指控是公平而合理的？你将会看到与轻微犯罪有关的推理、零容忍执法的危险性、关于资源的判断，以及为什么有些案件不会被提起诉讼，无论人们多么愤懑，多么渴求正义的实现，等等。

　　最后来讲讲文化的重要性。在纽约南区检察官办公室任职期间，我把很多时间都花在了文化的建设上。我沉迷其中，并效仿前任的做法，抓住一切机会传播一个特定信条：正义比胜利更重要，而正确之举在任何时候都比权宜之举重要。我为我所继承的文化感到骄傲，亦希望能继续保持这种文化。它是如此强调勤勉，又是如此强调专注——约翰·奥马利不辞劳苦地为六名无辜者洗脱罪名就是例证。但话又说回来，文化在任何地方、任何机构都很重要。有些地方的刑事犯罪率要高于其他地方。为什么？在我看来，根源就在文化上。至于不良文化是如何影响机构，进而让其遭受代价高昂又来势汹汹的调查并引发极具破坏性的指控的，我会在后面讲述。

三思而后行

调查一旦开始,也就拥有了自己的生命。它会自发形成一种动力,即便是在目的地远未明确或远未确定之时。调查启动之后,所有的一切就会被调动起来:安排人员,实行轮班,列出清单。调查过程就此拉开序幕。通常而言,这需要制订调查计划,甚至要写下来或打印出来。调查人员分头行动,发送传票、监视驻地、搜查记录、监听电话,以及接触证人等。他们不会放过任何一个角落。这是一种疯狂的活动,所展现出来的并不仅仅是喧嚣与愤怒,还有一种寻求真相和追责问责的紧迫性,具体又明显。它是现实世界中开动起来的嘎吱作响的司法程序机器。

但与调查行动和工作进程相伴相随的往往是一种危险的心理律动。因为在调查开始后,无论调查人员是否发现线索,也无论他们是否找到有用的证据,总有其他的一些事情正在发生。投资已经启动。期望已经形成。

在某种意义上,执法机构类似于华尔街的金融机构,它们希望拿到投资回报。这是很自然的事情。我们人类都希望自己的努力能够有所回报,我们迫切希望我们的工作能够有所收获。没有人愿意做西西弗斯①。农夫可能喜欢照料庄稼，但他们是为了收成。

然而，执法人员毕竟不是华尔街的投资者，当然也不是农夫。利益和正义是不同的。正义往往必须承受巨大的投资损失，因为这是正义本身所要求的。当辛辛苦苦的调查行动没有搜集到足够的犯罪证据时，当你发现游荡在犯罪边缘的不法之徒最终并没有跨过犯罪的红线时，当每个人都认为犯罪嫌疑人做了某件坏事却心存疑虑、没有确凿证据时，当愚蠢的法律或天真的法庭让众所周知的恶行——理性的人厌恶这种恶行并希望加以惩罚——逍遥法外时，对执法人员来说唯一的选择就是放弃指控。放弃指控会让人发自内心地产生一种深深的不满。但要知道，如果所有的期望、个人投资和沉没成本推动的是一个不公正的指控决定，那就会造成冤案。

大量外部因素会持续不断地强化人们与生俱来的心理律动。当不好的事情发生时，政界人士、媒体和公众就会寻找作奸犯科者和替罪羊。所有这一切都会像传染病一样，影响调查的公平性。公允的调查人员要保持纯粹，按照既定方案推进调查工作，并静下心来，竭力规避外界压力的影响，哪怕愚笨的乌合之众高喊"把她关起来"或"把他关起来"也要听而不闻。

除了外部力量，有时调查人员还会面临内部的压力，这同样是危险和不可原谅的，发生在机构领导者为获取某一特定结果而施加压力——甚至可能是无意的——的情况下。他们会这样是因为他们忘记了一件事情，那就是向下属表示他们准备好接受调查无果这一结果，没问题。有时，我会清楚表达

---

① 希腊神话传说中的人物，因为揭露和欺骗诸神而被罚终生服劳役，他的命运是把巨石推上山顶，但就在石头被推上山顶的那一刻，石头又滚回山下。他又要重新把石头推上山顶，如此循环，永无止境。

这一点，因为利益和正义是不同的。

2015年冬天，我们正全力开展腐败案的调查，案子涉及纽约州最有权势的三位政治领导人中的两位：州众议院议长、民主党人谢尔登·西尔弗（Sheldon Silver）和州参议院多数党领袖、共和党人迪安·斯凯洛斯（Dean Skelos）。这都是重要的案子，涉及的也是重要的人物，而且公共腐败在纽约州还是一个尖锐的问题。自然，我们办公室的领导层，包括我在内，对这两起案子都很上心。不过，对一线的检察官来说，有些关心是受用的，但大多数的关心可能并不受欢迎。

不幸的是，负责腐败案调查的检察官的办公室恰恰位于我们办公楼的8层，跟我的办公室同处一个楼层，只不过是在走廊的另一端。这样一来，监管上的"骚扰"也就变得便利起来。在特定时间段，我会晃荡着去他们办公室，而且几乎每天都去。有时候，我提的一连串问题很笼统：最新进展如何？情况看起来怎么样？你们锁定了哪些目击证人？有时候，我也会问一些具体的细节问题：罗伯特·N.陶布（Robert N. Taub）医生的第一次审前会议安排在什么时间？对于西尔弗指示卫生部门给诊所拨款的事情，你们有什么备选计划吗？我们什么时候恢复对亚当·斯凯洛斯（Adam Skelos）的电话监听行动？除我之外，我的助理理奇·扎贝尔和时任刑事部门负责人的金俊贤也问过类似的问题，但这并不只是为了满足我们的好奇心，同时也是为了表达我们的关心和支持，彰显该案的紧迫性。此外，我们还"缠着"纽约南区率先参与该起案件调查的两名办案人员——勇敢无畏的约翰·巴里（John Barry）和鲍勃·瑞安（Bob Ryan）。调查要全面彻底，这一点很重要，但同时也要迅速，因为调查对象身份特殊，均是民选官员。由此，同其他所有公共腐败案一样，我们需要基于前期的调查结果，及早确定是否继续追查下去。这样做符合公众利益，符合我们办公室的利益，也符合被调查者的利益——对于这一点，有的人可能会感到惊讶，但这的确是一个重要的考虑因素。

不过，即便是善意地询问案件调查的进展情况，如果言辞过于强烈，问得又过于频繁，那么就会施加一种微妙的压力，引导某个特定结果的形成。这种互动传递出来的信息就是，无论这个案子是否有充足的证据，也无论这个案子是否公平公正，如果最终不能提起刑事诉讼，上司就会失望。这种压力若不能及时被消除，不仅会破坏公平程序，还会损害公正结果。领导者切不可对此视而不见。

一天晚上，助理理奇·扎贝尔告诉我，一名参与该腐败案调查的检察官曾经说："如果我们无法立案的话，我担心普里特会发火。"检察官的这一担心让我们完全陷入沉默。他或许只是随口一说，但对理奇（和我）来说却是一记警钟，因为这话让我们意识到，我们那种充满善意却无休无止的纠缠和盘问，可能正在形成一种高压。

现在，我更关心的是团队的士气和精神，而不是案子本身。且不管是不是无心之言，至少有一名美国助理检察官可能怕我失望，而不是全力以赴地去寻找真相，并在此基础上给出最公平的建议。这让我深觉困扰。

理奇和我决定澄清一下事实。第二天，我在办公楼 8 层的图书室召开了一次会议，参会人员包括负责西尔弗案和斯凯洛斯案的两支团队及其各自的主管。如此突然地召开全员会议在我们办公室还是极为罕见的。会议开始前，两队成员鱼贯而入：西尔弗案的安德鲁·戈尔茨坦（Andrew Goldstein）、霍华德·马斯特（Howard Master）、卡丽·科恩（Carrie Cohen）和杰米·麦克唐纳（Jamie McDonald），以及负责斯凯洛斯案的塔蒂亚娜·马丁斯（Tatiana

Martins）、拉胡尔·穆基（Rahul Mukhi）、贾森·马西莫尔（Jason Masimore）和汤姆·麦凯（Tom McKay）。在人员到齐之后，我离开办公室，走了几步来到那间没有窗户、摆满了书的房间。这个小型图书室里的时间停止了，几十年来，同样的书架上摆着同样的书，同样的角落里插着同样的旗子。几年前，我增加了一个功能性装饰品——挂在后面墙上的圆形时钟。这个时钟刚好在我的视线之内，这样我就知道该在何时结束会议，而不至于把时间拖得太久。

同往常一样，我坐在室内摆于中央位置的长木桌的主位前，各团队成员分坐在桌子两侧。我看了一眼时钟，刚过下午 5 点。这个时候，大多数人已经下班了，但对我们忙碌的检察官来说，还是太早了些，尤其是在案件调查期间。正式开会前，我想我应该是先讲了一两个笑话，因为我几乎每次都这样做，然后才转入正题。我是这样说的："在这里，我想跟大家澄清一些事情。我真的为你们所有人感到骄傲。你们中的大多数人都是我聘请的，而我之所以聘请你们是因为我相信你们，因为我尊重你们的判断。在这个地方，我们只坚持一个原则，那就是做正确的事情。而我之所以就这两起案子提出很多问题，是因为我关心它们，因为我们在这两起案子上不能出错，因为无论我们做什么都会对纽约州造成影响，影响到人们对政府的信任，影响到我们这个办公室的声誉。但现在我想清楚地表明一点：我希望你们的调查是积极主动的、彻底的和完整的。就这两起案子而言，无论哪一起案子，也无论能不能立案，只要你们忠于自己的调查结果，我以及我们这个办公室都会为你们感到骄傲。所以，我希望你们不要认为我、理奇、俊贤或丹期待某个特定的结果。这不是我们在此要做的，也不是我希望你们去做的。我想你们一定知道这一点，也希望你们知道这一点。而我召开这次会议就是为了打消各种疑虑。在这个办公室里，我们投入大量的时间、精力和努力去积极调查纽约州乃至全美最有权势的人物，因为我们认为没有人可以凌驾于法律之上。但正如我的一位前任所说，'判断一间办公室的好坏，既要看它立案的数量，也要看它没有立案的数量'。如果一个案子不适合发起指控，那我们就不会发起指控。"

最后，我总结说："我不希望你们任何人有任何担忧，无论是对案子还是对我个人。"我看到会场至少有两个人轻轻舒了一口气。会议就此结束。

后来，我们对西尔弗和斯凯洛斯发起了指控。两人都上了法庭，并均在11天内被判有罪。几个月后，最高法院更改了有关"公务行为"（official action）的法律条款，针对他们两人的判决全部被撤销。不过，在我离职之后，他们两人又被重新审判，并被再次定罪——所有指控罪名均告成立。

在参议员斯凯洛斯被定罪几个月后，参与该案的检察官贾森·马西莫尔说要跟我见个面。他在邮件中并未提及要谈的事情，但我知道是什么。这跟我之前收到过几十次的邮件属于同一种类型。（"嘿，普里特，我想耽搁你几分钟，可以吗？"）邮件里的语言往往很笼统，甚至带着神秘色彩，但它要讲的只有一件事，那就是写邮件的这个人已经决定离职了。他以这样一种方式让我知道，并向我道别。在很多时候，我是有预感的，但有些时候，我也会觉得突然。对于这种离别，我总是感到有些难过，有时候是为我自己，但更多时候是为他们，因为我知道，这可能是最适合他们的工作了。

贾森走进我的办公室，坐到靠着前墙的矮沙发上。我从办公桌前起身，坐到一把皮椅上。我感谢他在工作上的付出，并对他的离职表示遗憾。我们回忆起了斯凯洛斯案的审判。我开玩笑说，我觉得他在该案总结陈词阶段引用谢尔·希尔弗斯坦（Shel Silverstein）的诗《大猩猩》（"Gorilla"）的那个时刻，是他作为检察官最荣光的时刻，让人印象深刻。（关于该案，本书后面还会提及。）在起身离开办公室前，贾森说："普里特，我想再说一件事情。"然后，他就讲起几个月前在图书室召开的那次会议。他说："那是一次非常重要的会，我一直都记着。我想跟你说的是，作为这个办公室的一分子，我最自豪的日子并不是迪安·斯凯洛斯被定罪的那天，而是你在会上提醒说，我们的职责就是做正确的事情的那天，无论我们最终是否提起诉讼。"

在调查不法行为时，通常还有另外一个因素在起作用。当然，任何刑事调查都是为了了解发生了什么，为了找出真相。但调查中的每一步和每一个阶段都会受到道德议程——追究某人对违法行为或伤害行为负责的冲动——的影响。当客户看似被银行欺骗，顾客看似因产品而受损害，或从政者看似滥用职权时，我们就会产生一种强烈的倾向，想去追究某个人的责任，纵使最终法律可能会认为这种行为不是犯罪或相关事实不足以支持起诉。

从这方面讲，刑事调查不同于医学调查。医学难题（法医类的除外）是价值中立的。有人生病了，医生想知道的是：这是什么引起的？是病毒吗？是细菌吗？通常而言，医学诊断过程不存在任何的道德议程。没有人说他们要追究某种病毒或细菌的责任，因为没有可责备性，所以也就没有惩罚的可能。你总不能把疾病送入监狱。对医生来说，他们只想让病毒或细菌失去活性，让它们变得无害。癌症可以说是一种祸患，但从道德意义上讲，它并不是邪恶的，就像我们不能说闪电是邪恶的一样。

在刑事调查中，有些危害或恶行显而易见，这时道德议程就犹如乌云压顶。或者，它可能不太像乌云，更像是调查人员脑海里的声音，不断敦促他们"抓住坏人，抓住坏人"。一方面，这种声音驱使你拼命工作，驱使你想尽办法找出事实真相，并实现终极正义。这是好事。但另一方面，如果你稍有不慎，这种声音就会让天平失去平衡，破坏中立性，并导致你仓促做出判断。想一想"中央公园五罪犯"（Central Park Five），想一想凯茜·沃特金斯和埃里克·格利森。这样的例子数不胜数。

处罚和问责是司法的重要组成部分，但在调查阶段就设想最终处罚结果则无异于本末倒置，是极其危险的。要知道，并非所有恶行都是犯罪，因为法律就是这么苛刻。再者，并非所有的初始嫌疑人都是有罪的，因为有时候我们看到的并不是事物的本质。公允的调查人员或检察官必须牢记这一点，且必须坚持在开放的环境下办案，因为只有在这样的环境下，人们才不会急于做出判断，而且无论前期的投入有多大，放弃指控始终都是选项之一。

但愿不会如此

有个不可告人的秘密：有时候，指控一个人的决定并不完全是基于其过去的行为。显然，你用以支持指控的证据必须有追溯力，必须建立在过去实际发生的事实之上，而且必须充分。但在现实生活中，尤其是当你以保护为使命而不仅仅是为了处罚时，发起指控以及何时发起指控的决定就会不可避免地同潜在的未来危害评估联系到一起。检察官之所以花费大量时间和精力，以轻罪对某个暴徒或某个可疑的恐怖分子发起指控，原因就在这里。潜在的未来危害更容易评估。想一想阿尔·卡彭（Al Capone），想一想偷税漏税的人。有些预测是必要的，但预测是一件棘手的事情。正如物理学家尼尔斯·玻尔（Niels Bohr）曾经说的："预测是非常难的，尤其是关于未来的预测。"

这种算命式的行为出现在无数场景中。比如，解雇一个人的决定理应建立在可识别的、具体的和已发生的违规行为之上。但实际上，它也可能会受到预测的影响，即这个人会不会再犯同样的错误及该公司对这种风险的容忍度。大多数情况下，在要不要发起指控的问题上，检察官是拥有自由裁量权的，所以未来危害必然会适当地存在于这种考量之中。

想一想你看到的那些悲剧报道：某个寄养家庭里的孩子被其监护人殴打致死，或一名妻子被使用暴力的丈夫杀死。事后人们发现，其实这些悲剧早就有了先兆，比如受害者曾拨打过911报警电话，有的甚至还申请了保护令。

2018年2月14日，美国佛罗里达州帕克兰的一名之前被某高中开除的学生重返校园，持枪射杀17名学生和教师，这也是美国历史上最严重的大规模枪击案之一。在该起惨案发生前一个月，这名凶手在社交媒体上表示他的目标是成为"专业的校园杀手"。这一社交媒体动态并不构成犯罪，没有人因此拘捕他。但他的这个帖子表达的是幻想还是谋杀的意图呢？现在，这个问题的答案以悲剧的方式呈现在了我们面前。

有一种理念认为，我们要让人们为他们的行为负责，而不是他们的想法。但即便是这个老生常谈的道理也有其局限性。存在于真空之中的纯粹的想法是无法被探知的，更不用说起诉了。可表达出来的想法——当它们被写下来或以其他任何方式与人交流时——便不再是秘密，也不再是不可受惩罚的了。它们或许带有恶意，若再加上实实在在的行动，则完全有可能构成犯罪。

事实上，联邦刑法中的共谋罪就是指两人或两人以上为实施不法活动而达成协议的行为。这不需要通过实际行动来界定，只要有表达出来的想法，且这个想法被另外一个人接受并同意即构成共谋罪。社会（以及国会）认为这种"想法"不仅令人遗憾又危险，还可以作为一项罪名予以指控和处罚。

那么，如果伤害这个事实尚未发生，我们该如何处理与之相关的风险呢？这是一个两难困境，而且日益见于恐怖威胁之中。以詹姆斯·克罗米蒂（James Cromitie）案为例，这是我们办公室发起的一项备受争议的起诉。一方面，有证据表明嫌疑人密谋炸掉里弗代尔的犹太教堂。2008年，我们的第一被告人克罗米蒂跟沙希德·侯赛因（Shahed Hussain）——伪装成巴基斯坦商人的联邦调查局线人——说他愿意"对美国做点事情"。后来，侯赛因表示有兴趣加入名为"穆罕默德军"（Jaish-e-Mohammed）的国外恐怖组织。当年11月，在谈及一起针对犹太教堂的袭击时，克罗米蒂说"我憎恨那些混账东西，那些犹太杂种"，并暗示他想毁掉一座犹太教堂。

2009年4月底，克罗米蒂及其将来的共同被告人戴维·威廉斯四世（David Williams Ⅳ）、翁塔·威廉斯（Onta Williams）和拉盖尔·帕扬（Laguerre Payen）达成密谋：用炸弹袭击里弗代尔的一座犹太教堂，并"击落"纽堡的军用飞机。这伙人从侯赛因那里拿到了三个他们以为配有C4塑胶炸药的简易爆炸装置以及一枚"毒刺"（Stinger）地对空导弹。两天后，他们将这些假的炸弹安装在里弗代尔的两个地方。

现在我们来看，这伙人并不是世界上最精明的黑帮组织，也不是老练的恐怖分子，他们个个处于贫困状态。在炸弹或武器使用方面，他们都没有特别的经验或专门的知识。整个计划都是由联邦调查局配合制订的，且自始至终处于该机构的监控之下。毕竟，这是一次诱捕行动，没有人处于真正的危险之中。尽管他们四个人都声称致力于伊斯兰教事业，但克罗米蒂却问其他人知不知道麦加的大清真寺卡巴天房（Kaaba）——这可是穆斯林每日祈祷时的朝向。翁塔·威廉斯是毒品贩子。帕扬可能患有精神分裂症（他把装有自己尿液的瓶子放在房间里），以为去佛罗里达州也需要护照。他们可能不是最聪明的恐怖分子，但在实施恐怖行动方面，他们似乎已经下定了决心。

法官科琳·麦克马洪（Colleen McMahon）对这一诱捕行动提出了批评："只有政府才能把克罗米蒂先生变成恐怖分子，他的这种插科打诨绝对是莎士比亚式的。"在提及这项共谋罪时，麦克马洪法官表示："这是政府教唆、策划和实施的。"最终，她只得以法定最低刑判处这4名"丑角"25年监禁，称他们是"十足的雇佣暴徒"。

我们该不该起诉那些看似无害但用心险恶的蠢蛋呢？他们明确表示要杀美国人，只是没有表现出与之相匹配的能力而已。最近在纽约、伦敦、巴黎，以及世界其他地区发生的一系列事件表明，一个心怀歹意的人，即便装备极差，即便只有一辆汽车，或者手持的是刀而不是火器，同样会使人们感到恐惧，并造成大规模的人员伤亡。这并不需要什么计划，也不需要什么专门的知识和特定的能力。它需要的只是歹意，还有花几秒钟的时间驾车转弯冲向人群，或持刀捅向列车上的通勤者。这绝非危言耸听。比如，2017年万圣节前夜发生在曼哈顿下城的那次事件——来自乌兹别克斯坦的29岁恐怖分子赛富洛·赛波夫（Sayfullo Saipov）开着租来的卡车冲向世贸中心附近自行车道上拥挤的人群，致8人死亡，12人受伤。这也是自"9·11"事件以来纽约发生的最严重的恐怖主义事件。我的前同事已力求判处其死刑。

执法人员早就习惯了那种"但愿不会如此"的声音：但愿这个人不做这件事。但愿我们采取行动，这个厌世者就不会杀人了。但愿没有察尔纳耶夫（Tsarnaev）兄弟，波士顿马拉松的那3个人就不会被炸死了。但愿不会如此。

当存在发生危害的可能性时，检察官就会积极行动起来。谁知道哪些威胁是真实的，哪些威胁又是吹嘘的呢？正是基于这一原因，每每总统遭受"威胁"时，无论这种威胁多么荒谬、多么不现实，特勤局都会发起调查行动。当然，并不是每次行动都以逮捕为目标，而是通过调查，对威胁进行评估，以便及时消除风险。针对总统的大多数"威胁"都不会引发指控行为，但几乎所有的威胁都会受到调查，威胁者也会被拜访。有时候，甚至当被威胁的对象不是总统时，我们也会这样做。

有一次，某案件的主审法官引起争议。法官凯瑟琳·福里斯特（Katherine Forrest）主持了罗斯·乌布利希（Ross Ulbricht）案的审理，后者是"丝绸之路"——规模高达10亿美元的暗网，即毒品、武器和其他违禁品的在线黑市交易平台——的运营者。乌布利希犯有7项重罪，被法官福里斯特判处终身监禁，并处罚金超过1.83亿美元。在庭审期间和审判之后，法官福里斯特成为被攻击的对象，受到各种骚扰。她遭到"人肉搜索"，社会保险号被匿名者上传到一个名为8chan的暗网上，私人住址也被公布到了网上，而她的批评者则叫嚣着要派特警队去她家或给她邮寄炭疽杆菌。

此外，自由主义媒体网站Reason.com的读者也通过评论对她发起了又一波威胁。与此同时，她的丈夫和办公室也收到了各种威胁信息。这种情况下，她开始担心自己的安全问题，我们也是如此。2014年10月，也就是乌布利希被定罪之前，一名"瘾君子"恳请贩毒集团"谋杀这名女士（法官福里斯特）及其全家"。2015年5月31日和6月1日，网络上出现了一系列威胁性评论，"像这样的法官就该拉出去枪毙""就该把她送进木片切削机里"，以及"在法院门口枪杀他们（她）"，等等。

我们办公室的检察官立即行动起来，传唤了6名在Reason.com网站发表威胁性言论的用户，并给该网站下达了禁言令（通常只是暂时性的）。也就是说，在执法部门追查线索，进而确定是否存在真正的威胁之前，该网站不得公开谈论传票的问题。我们这样做符合惯例，也是一种负责任的表现，尽管法官福里斯特不是美国总统。顺便说一句，这些谋杀言论的价值并不高。在这件事上，我遭受了自由主义期刊无休止的抨击。我们被冠以"政府霸凌"的帽子，被指控违反了第一修正案对言论自由的保护，或者用某个批评人士的话来说，对"言论自由产生了一种可怕的寒蝉效应[①]"。夸大与真实之间的界限是很难区分的，而在某些行业中，你不想冒任何风险。

---

① 指人们害怕因为言论遭到国家的刑罚，或是必须面对高额的赔偿而不敢发表言论，如同蝉在寒冷天气中噤声一般。

想法和行动之间的界限并不总是那么清晰，这时就需要对威胁做出评估：一个人已经表达出了自己的想法和计划，但还没有付诸实施，在这个模糊地带，负责人该如何确定采取行动的时间呢？下面，我们来看一组令人毛骨悚然的案件，以此说明我们的应对之策。

如果你胆小的话，请跳过这一节。

凯瑟琳·曼根（Kathleen Mangan）和吉尔伯托·瓦尔（Gilberto Valle）是一对年轻夫妇，育有一个还是婴儿的女儿，他们一家三口居住在纽约的皇后区。同很多婚姻一样，他们的婚姻也不完美，而且随着时间的推移，两人之间发生亲密关系的频率已经降到了令曼根失望的程度。一天，在她鼓足勇气提出了这个问题后，瓦尔直言不讳地指责曼根不够"变态"。她勇敢地表示愿意合作："你想要什么？仿真手铐？"瓦尔回答说："不，那还不够变态。"

两人之间的关系并未就此得到改善。瓦尔很少上床睡觉；夜复一夜，他都更愿意坐在自己的笔记本电脑前，直到凌晨。终于，被激怒的曼根怀疑丈夫不忠，于是在电脑上安装了间谍软件，监视他在深夜的上网活动。

2012年10月的一个清晨，当瓦尔还在睡梦中时，曼根悄悄到起居室查看间谍软件的监视结果。她坐到桌前，打开笔记本电脑，心脏快速地怦怦跳着，迫不及待地查看那些秘密。她很快就意识到瓦尔其实并没有出轨，但这种安慰起不到任何作用。

她发现的真相远比背叛婚姻更可怕。

在浏览屏幕截图和秘密邮件时，曼根简直不敢相信自己的眼睛。她所看到的一切深深地震撼了她，以至于在那个时刻，她决定永远逃离他俩这个共有的家园。她跑到街对面的公园，然后给她父亲——居住在拉斯维加斯的一名退休警察——打了电话。她父亲告诉她拿上电脑,赶紧去机场,并说他会帮忙订好机票。在同醒来的丈夫进行了一番激烈的争论之后,曼根惊慌失措地抱着她18个月大的女儿匆匆离开,甚至连行李都没带,包括女儿的玩具、婴儿车,以及其他各种物品。

在查看那台笔记本电脑时,曼根到底看到了什么?那个可怕的、改变她一生的发现是什么?

她看到的是令人毛骨悚然的图片,只有那种有着特殊饮食癖好的人才会喜欢,比如脚与身体分离的图片,再比如浑身赤裸、满是鲜血的女尸被吊在铁叉上烤的图片。她的丈夫似乎是一个狂热的"食人魔"。瓦尔痴迷于访问一些暗网。这些网站里充斥着性堕落行为和暴力性幻想内容,访客在那里分享与绑架、强奸、肢解和食人等相关的图片和计划。瓦尔是这些"幻想世界"的常客。

让曼根感到恐怖的并不仅仅是那些图片,她还看到了该网站上的一系列聊天记录以及瓦尔秘密使用的电子邮件账户。曼根发现,瓦尔和其他男性赤裸裸地谈论如何绑架、强奸、折磨和谋杀现实生活中的女性,而且最终还要把她们吃掉。

最让她感到震惊的是,曼根发现自己的丈夫在邮件中写道,一想到要折磨、杀死并吃掉她,他就垂涎三尺。

凯瑟琳·曼根后来在做证时对丈夫的暴力计划做了如下描述:"我的脚会被绑住,喉咙会被割开。他们会高兴地看着血从我的喉咙里涌出,因为我还是个年轻人。如果我哭喊的话,他会告诉他们不要听我喊,也不用可怜我。吉尔(瓦尔)是这样说的:'没关系,我们会堵住她的嘴。'"

以下是曼根了解到的与其他潜在受害者有关的更多证词:"洛娜和金会被当着彼此的面强奸,以增加她们的恐惧感。安德烈娅会被活活烧死。(瓦尔）谈到要设计一个装置，用于延长铁叉上的女孩活着被烤的时间，而且每30分钟换一次，这样她们就能活得更久，被折磨的时间也就更长。他们谈到如何把她们固定在铁叉上。他们决定制造一个装置，因为这样可以更好地确保女孩在被烤的时候还活着，而且可以完全感受到那种恐惧。在他们看来，这是很有趣的部分，如何把铁叉穿入她们的子宫也很有趣。他一次又一次地表示看到受害者痛苦是一种乐趣，要尽可能地延长这种痛苦的时间。他没有一丝一毫的同情。"

着实难以读完。现在你想象一下，这个男人就是你的配偶，是你孩子的父亲，碰巧还是纽约市的一名现役警员——当时吉尔伯托·瓦尔在曼哈顿第26警区任职。

再想象一下，这些谈话涉及的都是你认识的人。我们来看瓦尔同迈克尔·范·海斯（Michael Van Hise）的对话，他们谈的是凯瑟琳的前同事阿莉莎（Alisa）。瓦尔（网名为"Hal M"）描述说他将"在公寓中绑架她，先是绑住她的手脚，再将她塞入大号行李箱"。他计划和范·海斯一起强奸她，并表示他会"让她穿着衣服"，作为一个"未打开的礼物"送给范·海斯，以使其享受这份乐趣。对于范·海斯提出的将她绞死的建议，瓦尔回应说："这取决于你。她完全是你的。我真的不介意她是否经受痛苦和折磨。我会像婴儿一样睡去。"

在抵达拉斯维加斯后，凯瑟琳立即向联邦调查局报了案。该案被转交给了联邦调查局纽约地区办公室的特工安东尼·福托（Anthony Foto），而我们办公室的年轻检察官哈达萨·韦克斯曼（Hadassa Waxman）也参与了该案。在接下来的几年里，哈达萨、福托，以及布鲁克·库奇内拉（Brooke Cucinella）和兰德尔·杰克逊（Randall Jackson）等检察官全力追查这个充斥着恋物癖和性幻想的世界，不遗余力地调查这起潜在的绑架和谋杀案。

接到报案后，我们首先得决定是否展开调查。没有人受到攻击。没有人受到威胁。没有人被绑架。没有人被吃掉。那些暗网把自己描述为一个幻想网站，从某种意义上讲它只是一个满足一部分最边缘人群欲望的场所。他们显然不都是重罪犯，至少在受第一修正案保护的地方如此。

有人后来以这样一种方式总结了该案的困境："有些幻想依然是幻想。有些幻想已然付诸行动。"我们要确定的就是：这种幻想是否已经付诸行动？

我们有三个方面的重要考虑。首先，瓦尔的幻想对象不是假想的人，也不是遥不可及的名人。他谈及的强奸和谋杀对象是特定的女性，是他生活中认识的人，而作为一名警员，他可以利用职务之便，以不正当手段从纽约市警察局的数据库中获取她们的住址等信息。其次，他的"幻想"与信用卡诈骗、挪用公款或支票诈骗相去甚远。他所谈论的是联邦体制下可判死刑的重大犯罪行为。最后，瓦尔并不是那种性格孤僻，整天藏匿在父母家地下室里的人。他是纽约市警察局的一名全副武装的现役警员，他经常谈论那些令人毛骨悚然的谋杀和食人行为，且有特定的谋害对象。

我们决定立案调查。

联邦调查局迅速着手调查这个"幻想"是否已经付诸行动。很快，他们就给出了肯定的答案。瓦尔经常接触一些可能在策划极端暴力行为的人，而且已经采取了切实的行动：

- 他在互联网上进行了各种旨在寻求解决方案的搜索，比如"如何用氯仿麻醉一个女孩"和"如何把人塞入烤箱"等。
- 他花费数小时策划绑架金伯莉·索尔（Kimberly Sauer），这是他大学时就认识的一名女性。他在电脑中创建了一个文件夹，命名虽然没什么创意，却很说明问题——"绑架和烹饪金伯莉：蓝图"。

- 他去马里兰州拜访过他的目标人物金伯莉。
- 他潜入学校，跟踪过他妻子的一名在学校里教书的女性朋友。
- 他分享自己认识的女性的照片以及她们的详细信息（包括年龄、体重、身高和其他个人信息）。
- 他违反警方规定，利用纽约市警察局的数据库搜索并获取潜在受害者的个人信息，而这些人实际上也确实被他称为"受害者"。
- 他在网上聊天时曾跟多人表示他是"认真的"。
- 他和另一名男子商谈以 4000 美元的价格绑架艾丽西亚·弗里夏（Alicia Friscia），后来金额增至 5000 美元。
- 他评论过人肉食谱。（是的，互联网上的确有人肉食谱，但并非所有食谱都推荐以蚕豆和基安蒂葡萄酒佐餐。）

另外，瓦尔也不只是在凭空思考，他还同现实生活中的三个人谈论过自己的计划，这三个人是穆迪·布鲁斯（Moody Blues）、迈克尔·范·海斯和阿利·汗（Aly Khan）。

面对这样的证据，你会怎么做？如果那天我们就以共谋罪指控他，那么是控方还是辩方的立场更公正呢？

然而，我们并没有逮捕瓦尔，而是决定在盯紧他的同时继续深挖该案。在我们看来，瓦尔已经越界，进入了犯罪领域，但掌握更多的事实总是更好的。在他是否已经越界的问题上，不管你是否同意我们的观点，有一点是肯定的，那就是他已经做好犯罪准备，且有意愿、有能力实施犯罪行为。我们认为，派出卧底的时机已经成熟。如果发挥催化剂作用的不是当卧底的联邦调查局探员，而是其他什么人，如某些暗网的用户，那么情况很可能会朝着我们难以驾驭且不可控的方向发展。因此，联邦调查局的惯常做法就是派出卧底，因为我们想成为"煽动者"和事件的导火索。这样一来，我们就可以控制局势，避免造成实际伤害。

就战术计划而言，我们决定派出一名卧底警官，看看瓦尔到底准备在犯罪的道路上走多远。接下来，我们还将派出"诱饵"，也就是潜在的受害者，引诱瓦尔及他的那些"食人族"同伙。此外，我们还想拿到秘密录音证据，这可能需要曼根配合，戴着监听器录制与丈夫的对话。通过对瓦尔进行密切监控，一方面，我们可以保护公众不受伤害；另一方面，我们也可以帮忙把这个案子办成无懈可击的铁案，因为这无疑是一种犯罪行为。

但事件的进展并没有我们想象的那么顺利。

正如我们所看到的，有时目标也有他们自己的计划。纽约市警察局的内部事务处通知我们，瓦尔突然提出要休十天假。这种情况下，监控就很难再继续下去。此外，瓦尔也表现出了抑郁症状。抑郁状态下的瓦尔会变得更加危险。他可能去哪儿、可能做什么都是我们高度关注的问题。我们必须赶紧做出决定。是不是该发起指控了？

在决定何时扣动扳机、发起指控的问题上，可能会存在行动过早的情况。但在办案过程中，你总要权衡利弊，克服恐惧情绪，即担心行动过早可能会出错，等待时间过长也可能会导致伤害发生。任何机构都必须牢记自己的使命，而且要知道应该在何时以何种方式采取行动，即便是在信息和证据不完整的情况下。

我们决定以共谋绑架的罪名抓捕瓦尔，因为我们的调查计划已被打乱，进行秘密录音和安排"诱饵"的行动均未实施，我们未能诱使他去商店购买作案工具，我们未能诱使他去买制备麻醉剂的原料。我们有他谈论肢解女性的证据，但没有实物证据——刀具。我们有他谈论绞死女性的证据，但没有实物证据——绳索。就是在这种情况下，我们抓捕了他。

对于纽约市警察局内部出现了一个"食人魔"警察的消息，纽约各小报争相报道。这不难想象。连续多日，它们都在封面上刊登吉尔伯托·瓦尔的脸，他看起来更像是泰迪熊而不是汉尼拔·莱克特（Hannibal Lecter）。

为瓦尔提供辩护的是联邦公共辩护律师，案子进入审判阶段。

在审判过程中，陪审团聚焦主要证据，对被告人的邪恶行为表现出了厌恶。在经过大约 16 小时的深思熟虑之后，陪审团判定瓦尔的罪名成立。对我们来说，这个判定是合理的、负责任的、正确的。

但故事并未就此结束。对于被告人在每一次联邦审判结束时提出的无罪判决这一常规请求，庭审法官极少会批准，而且通常很快就会予以否决。可让我们感到奇怪的是，几个月过去了，我们却没有等到判决结果。最终，在庭审结束多于 15 个月（这期间瓦尔一直处于拘押状态）之后，庭审法官做出了判决，撤销了瓦尔共谋绑架的罪名。这个结果让所有人感到惊讶：我们是如此，凯瑟琳·曼根是如此，陪审团成员亦是如此。一名陪审员后来说："在法官推翻裁决的那一刻，我感到的是一种背叛。"

在庭审法官看来，那种"幻想"尚未付诸行动。模糊的讨论太多，实际行动太少，时间跨度太大，现实与幻想之间几乎毫无区别。因此他表示，任何理性的陪审团都会判瓦尔无罪。

除此之外，庭审法官还举了一个又一个类似的例子，关于被告人为实施绑架制订假想计划，可随着时间的推移，什么也没有发生。尽管有着各种各样的对话，实际上瓦尔却没有购置那么大的烤箱，也没有设计滑轮装置。最终，法官做出判决，宣布吉尔伯托·瓦尔被无罪释放。我们对此十分不满，于是上诉，但再次落败。

瓦尔自然是丢掉了他在纽约市警察局的工作，不过他一直很忙。在被释放之后，他写了一本回忆录，签了一份以食人族为主题的小说合同，并在一部纪录片中以令人同情的姿态接受了详尽的采访。

关于瓦尔的案子，我想了很多。尽管法官后来判他无罪，但每次在脑中复盘这个案子时，我都坚信我们那样做是正确的。事实上，我觉得不发起指控才是不负责任的做法。在我们所面对的那种事实面前，我不知道有多少检察官会做出不予起诉的决定。我们费尽心力将对话的荒诞性同清楚表达意图的严重性区分开来。

另外，释放瓦尔是严重的司法不公吗？事实上，我不这么认为。我觉得这样判是错的。我不同意法官的观点。我认为我们的指控是公平的。以后遇到这种情况我还会这样做，但同时，我可以相信所有这些事情，亦理解围绕幻想定义展开的辩论的复杂性。要不要发起指控有时并不是一个轻松的问题，特别是当你没有准备好，被迫行动的时候，就比如我们所面临的这种处境。

当然，仅仅因为人们持有某种想法就去起诉他们是不被允许的。然而，只是像念咒语一样欢快地背诵相关准则，比如"不能起诉思想犯罪"等，是解决不了任何难题的，也无法以一种聪明的方式将现实纳入考量。

的确，暗网有成千上万名用户。我们显然不可能把他们全部抓起来。在这样一个自述型的幻想网站上，可能很多人都只是幻想者，但可能也有一些核心用户会采取行动或已经采取行动。怎样找到他们？更令人忧虑的是，有些人虽然人还在幻想学校，可他们的幻想或许已经毕业。对于这样的人，我们该如何监控？

同样，在一个公平的刑事司法体系中，被告人无须自证其罪。他们不应被要求证明自己将来不会采取某种行动，但那些负责公共安全的人在发现潜在危害变大时，就应该迅速而积极地行动起来。

正如前面所说，我们重点关注三个因素：瓦尔的幻想对象是实实在在的人，而不是假想的人；他幻想的是可判处死刑的犯罪行为，而不是轻微犯罪行为；他是一名持枪警察，而不是那种无害的性格孤僻者。在我们有能力实施窃听或采取诱捕行动之前，这些因素与我们发起指控的决定有没有关系呢？

这是一个有趣的问题。如果我们改变其中的一些细节，答案又会怎样？

如果有个人在某网站上泛泛谈论如何挪用雇主的资金，那会怎样？我们会就自己所掌握的信息对他发起指控吗？可能不会。在什么情况下，就犯罪性质（取决于个人）——纯粹的想象或实实在在的密谋对嫌疑人迅速发起的指控才是公平或公正的呢？你又会在什么时候进行干预呢？要知道，不是所有的谋杀类幻想都会导致死亡事件，也不是所有的死亡事件都始于迷恋和幻想。那么，这个边界该如何确定呢？

一般来说，如果仅是想象掐死一个人就能给你带来快感，那么当你真正掐死一个人时，那种快感可能会更强烈。吉尔伯托·瓦尔的妻子凯瑟琳·曼根就深信这一点。凯瑟琳后来在发给瓦尔的信息中写道："我想一部分的你可能想让我回去，而另一部分的你想杀死我。我不知道哪个吉尔才是真实的，恐怕我一点也不了解你。"她的这个观点该占多大的分量呢？

我们做出了决定，也发起了指控，可现在瓦尔还是一个自由的人。

堕落并不是罪恶，它却可能会让你更容易做出起诉的决定。

但到这里，这个故事仍没有结束。

你可能想知道跟瓦尔聊天的那三个人（据称他们还有共谋嫌疑）怎么样了？他们也仅仅是幻想者吗？

其中一个——阿利·汗后来在巴基斯坦失踪。

另一个名叫戴尔·博林格（Dale Bolinger）的护士，也就是穆迪·布鲁斯，后来因非幻想犯罪——企图强奸未成年人而在英国被判9年监禁。

最后一个就是迈克尔·范·海斯，他也是这三人中唯一的美国人。瓦尔被捕传得尽人皆知之初，范·海斯紧张了一段时间，但之后又恢复了本来面目，在网络上与其他用户谈起绑架、强奸和谋杀等话题。如此一来，他也就给我们提供了一个机会，让我们把先前针对吉尔伯托·瓦尔制订的计划用在他身上；当时该计划未能实施主要是因为时间不够。我们开展窃听行动。我们搜索到了更多邮件。我们在暗网上安插了一名卧底，以在线聊天的方式接触目标。

我们开始监控一个新的三人组，他们的言行同后来被无罪释放的吉尔伯托·瓦尔颇为相似。除了范·海斯，另外两人分别是理查德·梅尔茨（Richard Meltz）和克里斯托弗·阿施（Christopher Asch），前者是位于马萨诸塞州贝德福德美国退伍军人事务部（U.S. Department of Veterans Affairs）下设机构的前警察局长，后者是位于纽约斯泰弗森特高中（Stuyvesant High School）的前图书管理员，曾因以不当方式触摸男孩被开除。现在，我们已经对范·海斯、阿施和梅尔茨展开了全面的调查。

最终，按照先前诱捕瓦尔的行动计划，我们抛出了第一个"诱饵"。担任诱饵的这名联邦调查局探员会以"受害者"的身份出现在他们的视野中，进而成为他们绑架、强奸和谋杀的对象。为此，联邦调查局特意挑选了一名年轻、高挑的金发特工。我们派出的第一名卧底看了这名特工后，给出的描述是"火辣"和"性感"。此外，我们还安排了多次会面活动。在3月13日的那次会面中，卧底探员跟阿施讨论绑架这名"受害者"的相关事宜。阿施不仅讲述了他的想法，还给我们展示了一个他随身携带的白色袋子，里面装有纽约各地地图、宾夕法尼亚州的枪械展览清单、一份名为"建筑材料"的文件（其中列举了绑架所需的各种工具）、与性虐待器具相关的读物，以及皮鞭、夹子、皮带、虎钳扳手、手铐、注射器和盐酸多塞平（一种用于助眠的抗精神病药）等。4月14日，在梅尔茨的指使下，阿施购买了一把真的泰瑟电击枪。第二天，当这些目标对"受害者"实施监控时，阿施又带了一个包，里面装着漂白剂、外用酒精、乙烯基树脂、皮手套和医用手套、大力钳、强力胶带、绳子、牙科牵开器、窥器，以及前面提到的电击枪。

他还带着烤肉钎子。

现在，我们不仅掌握了他们的谈话记录，还拿到了作案工具。我们将他们三人全部逮捕，然后以共谋绑架的罪名对他们发起指控，负责审判的仍是先前那位后来将瓦尔无罪释放的法官。这些人面临的命运是什么样的呢？梅尔茨选择了认罪，被判入狱10年。范·海斯和阿施均在审判时被定罪。这一次，对于辩护人怀着满腔热忱提出的幻想犯罪和思想犯罪的论断，法官保罗·加德菲（Paul Gardephe）并没有接受。他拒绝撤回判决结果，并表示："在瓦尔案中，所谓的阴谋是建立在谎言和明显的幻想之上的，而在范·海斯、阿施和梅尔茨的案子中，他们的共谋是植根于现实之中的。"然后，他分析了两个案子之间的种种区别。在第二个案子中，被告人是见过面的，且是多次见面，而瓦尔案则不存在现实中见面的情况。法官还不时提及瓦尔案中的幻想要素，以区分这两个案子。

阿施和范·海斯分别被判入狱15年和7年。

给每一个被指控的人定罪必须依据具体的证据。这是一条根本原则。法律中没有所谓的牵连犯罪，也不应该有牵连犯罪。但从瓦尔案的证据和范·海斯（瓦尔最密切的共谋之一）案的证据来看，我们实际上并没有搞错。

有时候，时机决定一切。如果有机会，瓦尔会不会像范·海斯一样采取进一步的行动呢？我们永远无从得知。至少我绝不希望如此。

放弃指控

如果检察官只在宪法和其他法律的授权范围内按部就班地行事，那么我们这个世界将会变成地狱。自由裁量权、判断力、智慧和克制同样重要。宪法和其他法律授权并不是论证的结束，而是论证的开始。有时候，停手不干也是智慧，亦合乎正义。如果自由裁量权不被行使，那么它就只是一个空洞的概念。就职责而言，它所涉及的不仅仅是权力的运用，还包括以公平和合理的方式运用权力。这当然适用于所有领导者，因为从技术上讲，如果一名领导者完全行使了他被赋予的权力，那么他必然会走向独裁。

最难做出的决定是放弃指控。但有些时候，这正是正义所需要的，比一味冒进更需要勇气。让我们来看几个例子。

首先是轻微违法行为。

我的好友、新泽西州前司法部部长安妮·米尔格拉姆（Anne Milgram）年轻时曾在曼哈顿地方检察官办公室担任检察官。那时候，要乘坐纽约市地铁，你需要一种代用币——金属硬币，而有时这种代用币会被卡到闸机的狭槽里。如此一来，时不时地就有心怀不轨者利用这种设计缺陷，企图偷走这些硬币。偷窃方法有两种，都不雅观。第一种是用吸管吸出硬币，第二种则更惹眼，直接用嘴对着狭槽吸出来。对于这类案子，安妮在是否起诉的问题上给出了如下分析："如果你愿意做的话，那就要一直做下去。"这一分析是有道理的，但不管怎样，这类案件需要被起诉。

毫无疑问，有人会坚定支持对这类轻微违法行为进行起诉，也有充分的论据。最有名的一个论据就是所谓的"破窗效应"（broken windows theory）。该理论认为应重点起诉传统的轻微犯罪，若非如此，日积月累之下，它们就会引发一定程度的社会混乱，进而导致社会分崩离析。我明白这一点。的确，在特定的时间和特定的地点，再加上合适的环境，这完全是可能的。可俗话说，过犹不及。尽管地铁卡已经取代了代用币，但仍有人为逃票而翻越闸机。2018年，曼哈顿地方检察官办公室宣布今后将不再起诉此类案件。我认为这是一个好决定。在该政策出台之后，翻越闸机的犯罪率不太可能会出现大幅增长。

在我初任检察官的时候，我的一位同事正着手起诉一名越狱者。我记不得那个逃犯的名字了，我们姑且称他为哈里。基本事实是这样的：哈里因犯重罪而被依法逮捕并判刑，后被关入某座联邦惩教所。有一天，他从这座监狱里逃了出来。他的这次越狱是蓄谋已久的，但他后来被抓了。哈里的精神状态没有问题。没有人批准他狱外休假，他也不是因发生意外才出了自己被关的监狱。哈里没有任何合法的抗辩理由。案情一清二楚。一般来说，越狱被视为，也应该被视为严重罪行。基于此，我的这位同事尽职尽责地准备案件的起诉工作。

现在，让我们更全面地了解一下事实：哈里是从奥蒂斯维尔的联邦惩教所逃走的。这座惩教所不是阿尔卡特拉斯岛的那座联邦监狱，也不是新新惩教所，而是一座中等安全级别的监狱。监狱商店也是熟食店，供应鱼饼冻。商店附近有一个最低安全级别的营地，那里就是哈里被关押的地方。确实，有时这里的安全措施明显非常松懈。

这起案子被分给了我的同事，案情一目了然，有着无可辩驳的证据，即哈里越狱了。但问题是，他并不是真的想逃跑，也没有打算一直躲藏下去。可怜的哈里已经在奥蒂斯维尔被关押一段时间了，而他越狱只是为了满足人类最古老的需求。他偷偷溜出去是为了性，对象是他的妻子。他只是溜出去短短几小时，而且在当天夜里，他还试图再偷偷溜回来。是的，在逃离监狱并满足了自己的原始需求——我们希望他成功——之后，他又回来了。但当他趁着夜色试图潜入监狱时，却被高度戒备的警卫当场抓获。

法律分析非常简单，几乎可以说是不证自明。有明确的法律条文，证据也非常确凿。所以，结果就是起诉。我认为，反对减轻哈里罪行的事实论据是这样的：如果你从收银机里偷走了20美元，后来又还了回去，那你并不能逃脱罪责。想必这也是我们在决定是否起诉哈里时所依据的原则。

但你猜怎样？大陪审团不同意。虽然这是一种明显的犯罪行为，不过他们还是做出了拒绝起诉哈里的裁决。我当时并没有思考这一结果，但现在想来，他们这样做是有道理的。

关键的一点是你要阻止这种越狱行为。我本人作为检察官也处理过一些更严重的越狱案件。可回过头来看，类似于哈里案中的这种违法行为其实是可以通过其他方式予以惩戒的，比如强化约束条件和取消相关权利等；他们只是在无人觉察的时候偷偷溜出监狱，之后还会主动回来，所以没有必要再给他们增加一条重罪。他们不是墨西哥大毒枭"矮子"，也不是《肖申克的救赎》(*The Shawshank Redemption*)中在监狱里挖地道逃跑的那种人物。有时候，检察官退后一步，给他人一次机会，也是公平和公正的体现。

伸张正义并不意味着你在任何起诉中都要做到极致，即便针对的是那些违反日常生活"规则"的犯罪行为。正如俗话所说的那样，并不是所有事情都要搞成联邦案件。我们每个人也一直在行使这种自由裁量权。根据不同的环境，我们可能会原谅一些善意的谎言：原谅朋友的迟到，原谅别人忘记自己的生日，原谅别人粗鲁的言论，等等。就像仁慈的交通警察一样，我们有时也会在给出警告后放行。生活中过于宽容会减弱人们对规则和礼仪的尊重，这在法律中也是一样，但沙威[①]式过于苛刻的执法方式同样会造成潜在的恶果。

对于轻微的违法犯罪行为，我们一般该怎么处理呢？就政策而言，有些类别的案子我们是不予追究的。我认为这样做合理。比如，按照联邦法律的规定，即便只是持有毒品也属于犯罪，但实际上，我们从未起诉过该类案件。这部分是因为我们认为它们不值得我们花费时间和精力，也没有必要让这些非暴力的轻微犯罪浪费审判资源。

举例来说，通过窃听行动，我们准备抓捕五名罪行严重的毒品贩子，但碰巧抓捕现场还有另外一个人，此人虽然没有参与共谋，却持有多克可卡因，供自己使用。按照法律规定，我们完全可以对这个倒霉的第六人发起指控，可实际上，我们很可能会放他一马，也不会把他移交给地方检察官。为什么呢？因为他犯的仅仅是持有毒品罪，这涉及检察资源的问题。在这种情况下行使自由裁量权时，我们更多的是基于主观判断。

[①] 雨果著作《悲惨世界》中主人公冉阿让的追捕者，他冷酷无情，笃信法律和正义。

再举一个例子：在办案过程中，我们时不时地会碰到那种人渣，也就是性贩子。这类案件并不是你想象的那种传统的卖淫起诉案，而是针对那些强迫女性进入性行业，并伤害和奴役她们的暴力犯罪分子。我们不会起诉那些所谓的妓女，因为在我们看来，她们是受害者。尽管卖淫罪通常由地方检察官提起诉讼，但我们不会把她们移交到那儿。此外，对于那些经常光顾妓院的人，也就是所谓的嫖客，在特定情况下，我们也是可以发起指控的。可同样，我们做出政策决定，不会对他们发起指控，也不会把他们移交给地方检察官。

回到2008年，那时我还没有到纽约南区任职，时任纽约州州长艾略特·斯皮策卷入跨州召妓丑闻。纽约南区检察官办公室对从事卖淫业的皇帝贵宾俱乐部（Emperors Club VIP）的经营者发起刑事指控，并就斯皮策是否挪用竞选经费或其他公共资金支付嫖娼费用展开调查。后来，办案人员没有发现相关证据。那么，接下来的问题就是如何处理斯皮策的这种个人行为了，因为严格说来，他犯了卖淫嫖娼罪。

但正如我前面所说，我们有一项一贯坚持的政策，那就是不起诉嫖客。这项政策要不要因这名在任州长改变呢？检察官迈克尔·加西亚最终决定不予起诉，并做出如下公开声明：

> 按照司法部关于卖淫嫖娼的犯罪政策和本办公室的长期实践，以及斯皮策先生愿意就其行为承担责任的表现（包括辞去州长职务），我们认为就该事件发起刑事指控无益于进一步促进公众利益。

有人不喜欢这个决定，希望将斯皮策绳之以法。当时我还没有上任，并不了解所有事实，但就本案来看，在当时的情况下，放弃指控的决定可以说是公正、合理的。

对于特定类型的案件，不起诉的原因通常是"缺乏资源"。诚然，将执法力量转移到轻微犯罪领域的成本是高昂的，这也是不起诉的一个正当依据，但有限资源说会妨碍道德和伦理判断。行使自由裁量权是防止过度犯罪化的有效手段。当前，刑法规范不断膨胀，刑事制裁不断增加。自由裁量权的行使既是对立法机构这种怠惰性的承认，也是一种修正，尽管这种修正还不完美。因此，基于资源配置做出的决策在某种程度上掩盖了执法者实质性的主观判断，并使其避免了关于价值的争论。做出不对那些翻越地铁闸机的人发起指控的决定，原因并不仅仅在于资源，它还涉及种族不平等以及某些社区罪罚不当的问题。不予起诉实际上是一种深思熟虑的判断。只起诉卖淫团伙的组织者而不起诉性工作者的政策，反映的可能也正是不对后者的行为做道德判断。

凡事都有两面。有时候，当局会以法治为论据，为不行使自由裁量权辩护，旨在向外界传达这样一种印象，即执法人员的手脚被束缚住了，以及按照法律要求，他们必须采取特定的严厉行动。但实际上，自由裁量权总是存在的。法治原则可能会掩盖主观判断、基于价值的决策或其他一些政策主张。在过去一年左右的时间里，围绕抵达美国南部边境以寻求庇护之人（大部分来自中美洲）与家人团聚的问题，美国国内掀起一场辩论热潮。我们经常听到一句耳熟能详的口号：这是法治。突然间，国会倡导的那种涵盖过广和过度犯罪化的法治理念成为一道神圣的指令，人们必须全部遵循。据此，只要你穿越边境，就会被定为轻罪。

国会表示自己别无选择，你不可能对穿越边境者一一发起刑事指控，也不可能将所有父母同他们的孩子分开。但据媒体报道，国会成员中几乎无人表示支持这种家庭分离。在这种情况下，法治的正当性也就出现了一个奇怪的现象：政府通过行使自由裁量权暂停了其对自由裁量权的行使。我认为这是在推卸伦理执法的责任。要知道，法律为伦理解释和行动（或不行动）留下了广阔的空间。

移民犯罪一直是争议的焦点，即便是纽约南区等非边境地区也不例外。

在我初到纽约南区任职时，我们只起诉犯有再次非法入境罪行的人，也就是那些被驱逐出境后又以非法方式进入美国的人——无论他们是否犯了新的罪，也无论他们是否因重罪被驱逐出境。后来，我们办公室就此事改变了标准：我们缩减范围，集中时间和精力，只起诉那些再次非法入境且此前犯过重罪的人。这个政策并非来自华盛顿哥伦比亚特区或国会，而是由纽约南区发起并推广的，因为它公平而明智。我们如何证明这样做是正当的呢？资源有限。这些被告人——通常不会被判监禁但又无法依法保释，因为他们没有移民身份——在案件未决期间会被拘押（政府为此承担高额费用），刑期结束后就被驱逐。不起诉他们则意味着可以直接将其驱逐出境。

广泛的政策决定是一种情况，比如不起诉吸毒者、性工作者和翻越地铁闸机的逃票者等。人们可以就某一类别的犯罪展开原则性辩论，权衡利弊，全面考虑成本和风险，然后做出政策决定。复杂、艰难的决定涉及的是个案，而不是更广泛的一类犯罪。对于这类个案，有时候正确的决定就是不起诉——尽管有着明确的法律和充分的证据。顺便说一句，不起诉并不意味着特定的违法犯罪行为不会受到处罚。当然，我们在这里谈论的是刑法，谈论的是要保持克制，尤其在对人发起指控、给人定罪、给人留下永久记录和给人贴上终身重刑犯的标签等方面。刑事起诉是最直接、最严厉的可用工具。在很多情况下，也有其他一些不那么麻烦的处罚方式，比如罚款或工作纪律处分等。作为曾经的检察官，我可以直言不讳地告诉大家，起诉解决不了所有的社会、政治乃至公共安全问题。根本不可能。

其次，对于一个案子，你会不会仅仅因为它可能无法胜诉而放弃？这是一个难以回答却意义重大的问题。按照司法部的书面指导意见，如果犯罪嫌疑人更有可能被定罪，那你就发起指控。

坦白地讲，这是一个不合理的一揽子政策。这样做并不总是公正的。如果某个人有罪，但仅因为一些明星辩护人联合起来反对你就放弃指控，我认为是没有道理的。要不要发起指控必须和胜诉的可能性明确区分开来。它们属于不同的调查，跟具体情况有关。过于关注胜诉（或过于在乎脸面）会削弱使命感，扭曲决策，并破坏公正程序。

在做指控决定时，你必须把胜诉的可能性同指控的公平性区分开来。你必须考虑要不要指控以及指控是否正确的问题。

我们需要的是双管齐下的分析——坚信有罪和胜诉的可能性。基于实际的法律和已知的事实，联邦检察官必须坚定地认为潜在被告人是有罪的。在这个阶段，我说的并不是可证明的事实甚或可采信的证据，而是基于你所了解的事实，即便在你还没有掌握可被陪审团采纳的证据之前，你是否坚定认为嫌疑人就是案犯？这一点是必须的；它不是充分的，却是必要的。这意味着当你对嫌疑人的犯罪行为存在合理的疑虑时，即便你有把握在法庭上胜诉，也不能对该案提起诉讼。就是这样。反过来，这也意味着如果一个原本证据确凿的案子现因你的四名可靠证人临时变卦而导致胜诉渺茫，你应该继续提起诉讼。有的人认为检察官要不要提起诉讼完全取决于他在法庭上所能呈现的证据。我觉得这个观点不太对。如果50个证人告诉我某人有罪，但后来他们都死于一场地震，那这仍是一个公正的案子。

如果有机会将此人绳之以法，我还是会起诉的。早年当一线检察官时，我在第一起刑事诉讼案中就遇到了类似的情况。

那是一起关于重罪犯持枪的案子。按照联邦法律，重罪犯是不被允许持有枪支的。但到法院开庭的时候，我们的主要证人却不知道躲到哪儿去了，怎么都找不到他；这个证人是海洛因吸食者，曾看到被告人持有枪支。这样一来，我们就只剩下一个证人了。她叫朱厄妮塔（Juanita），智商约为70，同样是一名毒品吸食者。在那些犯罪行为发生时，她不仅吸食了可卡因，还吸食了海洛因。如此看来，我们胜诉的希望极其渺茫。基于已掌握的其他证据，我知道这名被告有罪，但当时还是感到非常沮丧，几近临阵退缩。

我们实在是太过于关注胜诉（或者说太过于担心败诉），以至于在选陪审员前的几分钟，我和我的庭审搭档还在跟我们刑事部门的负责人打电话。我记得那是我宣誓就职以来第一次跟他交谈，心里很紧张。我们说我们希望他批准撤销这个案子，上法庭的话实在是太尴尬了，会让我们当众出丑，并会危及我们的声誉。

艾伦·考夫曼（Alan Kaufman）看起来并不是那种特别强硬或狂热的人，至少一线工作人员认为他听得进他们的辩护意见。鉴于我们的深切忧虑，我们希望提出的这个请求能被批准。

这位负责人提了两个至今我依然记得的尖锐问题。第一个是：你认为被告人有罪吗？我说我百分之百确定他有罪，绝对有罪。我只是失去了关键的证人，但他有罪是确定无疑的。第二个是：无罪获释是否已成定局，或者说你还有没有可能将他定罪？我停下来想了想。我们有间接证据可以证明被告人持有枪支和弹药；子弹是在一个背包中发现的，而这个背包中还有被告人的驾照等。于是我说是，定罪是可能的，但这种可能性不大。在听了我的回答后，考夫曼并没有做出让我们撤诉的决定，这让我大为沮丧。如此一来，我们只得迎难而上。我提交了该案件。不出所料，朱厄妮塔受到了各种盘问，陪审团似乎也一直都在商讨之中。最终，陪审团认定了被告人作为重刑犯持有子弹的事实，并据此做出有罪裁决。他被判入狱 108 个月。这对我来说是一次意义重大的经历。

当可怕的事情发生时，人们想要的是追究责任。这一普遍的人类欲望很强大，甚至先于《圣经》而存在。有时候，检察官会担起追责的担子，因为法律和事实是一致的，因为证据是可获得和可采信的，因为体制允许他们这么做。在这种情况下，检察官做出的起诉决定要经得起人们的评判。案子是公开的，指控是可见的。人们会评估案子的可靠性和正义性。出于某种原因，案子可能会被批评为指控过于严厉或过于温和。这是一个公开的过程，辩护律师、法官和陪审团都有各自的话语权。然而，在另一种情况下，当检察官对案子进行了全面而尽职的调查，对法律和法律的局限性进行了评估之后，他们也可能会做出不起诉的决定——一个更难判断的决定。

我在前一章讲过放弃指控的复杂性，但我们还需要就此问题做进一步的探讨。让我重复一遍此前所说的一段话，因为它太重要了。如果我们不认真恪守这一原则，正义是无法实现的：

当辛辛苦苦的调查行动没有搜集到足够的犯罪证据时，当你发现游荡在犯罪边缘的不法之徒最终并没有跨过犯罪的红线时，当每个人都认为目标嫌疑人做了某件坏事却心存疑虑时，当愚蠢的法律或天真的法庭让众所周知的恶行——凡有理性之人都厌恶并希望加以惩罚的恶行——逍遥法外时，对执法人员来说唯一的选择就是放弃指控。尽管放弃指控会让人发自内心地产生一种深深的不满。但要知道，如果所有的期望、个人投资和沉没成本推动的是一个不公正的指控决定，那就会造成冤案。

当然，人是容易犯错的；他们会误判，会怯懦，会腐败。如何才能知道放弃指控的决定是否正确呢？毕竟，当一个年轻的黑人被枪击，或者起重机倒塌致使一人死亡，或者一名女性失去了她一生的积蓄，或者整个经济在金融危机中崩溃，执法者在哪里？审判在哪里？正义在哪里？这些都是合理的问题，不仅如此，还是基本的问题，但通常也是难以回答的问题。反向证明几乎是不可能的。善意的批评者没有看过证据，也不了解证人的可靠性；他们不属于大陪审团的一员，也没有对比过先前的案例。

这并不是说我们必须无条件地信任每一个检察官做出的不起诉的决定。事实上，我在本书中也含蓄地批评了其他检察机关拒绝起诉某些案件的行为，而那些案件后来由我们接手了。即便是在这种情况下，我觉得作为局外人也很难评判它们的不起诉决定。

近来，这类批评言论充满了政治偏见。人们高呼"把她关起来"或"把他关起来"更多是基于党派关系的考量，而不是基于对证据和法律的冷静评估。有数百万人认为希拉里·克林顿应该被起诉，也有数百万人认为唐纳德·特朗普应该被起诉，而没有按照他们的意愿或不愿意按照他们的意愿去做的检察官，则被扣上不负责任的帽子。那些自认政界人士有罪的观点中又有多少是真正客观的呢？对检察官来说，无论为何种决定辩解都是危险和令人沮丧的。

比如，在不起诉希拉里·克林顿的问题上，联邦调查局或司法部很难以一种令人信服的方式向公众表示这是一个公平公正的决定,而那些不喜欢她的人或认为其中存在腐败的人更是不会相信。如果罗伯特·米勒和其他人决定不起诉特朗普总统或不批准移送该案,他们同样也很难表明这个决定是公平公正的,即便它是。就做或不做某事的决策质量而言,评估前者要比评估后者容易得多。这就是逻辑的本质,反向证明从来都是很难的。

我们可以要求我们的检察官就放弃指控的决定给出详细的解释,尤其是当公众严重存疑时。这样一来,公民就会对那些决定的公平公正性感到满意。但问题是,如果检察官过于详细地讲述不起诉的原因,他们可能会陷入大麻烦。联邦调查局前局长詹姆斯·科米就是一个典型的例子:他既称不会对希拉里·克林顿发起刑事指控,又以一种贬抑的方式详细讲述了该案。司法部部长对他大加指责。一时间,科米成为众矢之的。在某种程度上,他被解职也与此有关。当你做出放弃指控的决定时,你很难以一种全面而透明的方式向公众解释;我们就曾放弃过对一些重要人物发起指控,比如纽约市长和纽约州长等。毕竟,当事人也有获得被公平对待的权利,也有免受起诉中伤的权利。无论是从体制的要求、司法部的指导原则还是从假定无罪的一方的权利出发,你都应该选择放弃指控,保持沉默。这是个难题。说实话,我理解那种想说话的冲动,但放弃指控、不予起诉并不是认可犯罪行为。在某种意义上,极简主义往往是体制内的最佳实践。

一个是采取行动的决定,一个是不采取行动的决定,你不能依照前者的准确性和逻辑性来评判后者的正确性。比如,拒绝工作邀请的决定或拒绝求婚的决定,如何很好地判断其正确性呢?

在一个广受关注的案子中,如果你做出了不指控的决定,你该如何公平公正地发表评论？一方面，公众中有很多公正的人，他们希望得到大陪审团报告的保证，希望你予以澄清不起诉的理由。针对政界人士的案子，针对警察（枪杀手无寸铁的少年）的案子，或针对银行首席执行官（在金融危机中从事不正当的交易）的案子，无一不是如此。对于这类案子，如果不提出指控，公众必然会强烈要求给出某种解释。这是可以理解的。

公众自然想知道实情。他们看到了犯罪活动的附带证据及其对受害者造成的伤害，并据此提出问题。检察官同样是人。刑事指控被认为不合适或相关证据不足以支持起诉并不意味着检察官认可犯罪行为，也不意味着检察官给当事人发放了无罪证明书。如果你关心的是案件的透明度，关心的是不要不恰当地粉饰不良行为，那么放弃指控就是一个天生的两难问题。有些两难问题是无解的；就像圆周率一样，你不可能给出准确的答案。

正如我们在希拉里电子邮件案的调查中所看到的，任何试图为自身行动——无论是提出指控还是不提出指控——辩解的言论，都会让你走上一条糟糕的道路。如果你就某个案件发表评论，比如希拉里的邮件门，你会被问及为什么不公开谈论另外一个问题，比如通俄门。我理解公众的这种要求，也理解为什么有的检察官会试图给出回应。

检察官的沉默会引发公众的不满情绪，让他们感到沮丧和恼火，进而质疑检察官的决定。的确，检察官对公众是负有责任的，但他们同样对正义的理念负有责任。有时候，这两者之间存在冲突，而检察官的职责之一就是在公众感觉被骗时承受他们的抨击。尽管进行了漫长的调查，但有很多案子我们最终并没有提出指控。对于这些案子，我有很多话想说，但我不会说。事情就是这样。

在2008年金融危机之后，整个世界都大喊着要将银行家绳之以法。"他们毁了经济，毁了退休账户，使得国家退步。把他们抓起来。"这种反应是完全可以理解的（对我来说也并不完全陌生，就像有人对现状感到不满一样）。人们失去了住房、储蓄、工作和生计。很多人至今还没有从那场危机中走出来。所以，我也理解为什么人们对起诉数量不够多的任何解释都感到不满。愤怒是无法平息的，怀疑是无法消除的，而这些我都经历过，它们无处不在。

我经常会被问到这个话题——理应如此。执法部门应当承受压力，确保自己全力以赴，追究相关人员及机构的责任，但就2008年的金融危机来说，很多事情并不是因少数几个人怀着劫掠他人储蓄的明确目的而起，也没有证据可以证明此目的确实存在。这是自大萧条以来最严重的经济衰退，而广泛的分析认为，众多因素组合在一起共同促成了金融领域的莫洛托夫燃烧弹。对检察官来说，这是一个模糊不清的案子，尤其是当定罪只能寄希望于证明一个人的精神状态时。当然，金融机构的负责人也在竭力逃避罪责，将自己的责任和不正当行为转移给整个公司和第三方专业机构。

重要的一点是：有时候人们会忘记一件事——在成为检察官或联邦调查局探员之前，我们自己也是美国人和美国公民，未来也是要领取养老金的。我们同样看到我们的财富在缩水，我们的账户资金在减少。我们同样是贪婪和鲁莽的受害者。无论是从职业角度还是从更深远的个人角度来讲，我们都希望在法律允许的范围内将责任人绳之以法。尽管我领导的是众多有着相关司法管辖权的办公室之一，我却可以代表所有办公室明确表示，如果这里有人能够被成功起诉的话，我们每个人都会全力以赴。

乍看上去，有些行为似乎是犯法的，但经进一步分析之后，人们却发现那些行为并不是可证实的罪行。当然，这并不是说高层的人就没有从事犯罪行为。他们很可能有罪，但在现行体制下，如果没有证据证明某种特定行为带有某种特定意图，你就不能对特定的人发起指控。而证明一个人意图的门槛是很高的。正如我在前面所说，我们很多时候连自己内心的想法都搞不清楚，更不用说去证明自己的合理怀疑，即他人脑中闪烁着的违法意图了。事故证据是不够的，过失证据是不够的，错误行事的证据是不够的，甚至连鲁莽行事的证据也是不够的。

2008年的金融危机是很多不正当行为共同作用的结果，其中之一就是抵押贷款的再出售。也就是说，银行会将抵押贷款打包成某一类型的金融证券——通常包括存在高违约风险、价值可能较低的抵押贷款，再将这些打包好的证券出售给其他金融机构。现在回过头来看，在银行出售的这些证券产品中，有些堪称垃圾（而且毫无疑问，卖方并没有全面而真实地披露这些垃圾债券的情况）。值得注意的是，买方本身也是经验丰富的交易对手，他们拥有专业的知识，也拥有自己的律师。一般来说，就该产品可能存在的质量问题而言，买家已事先在冗长的产品说明书的附属细则和脚注中得到了警告。再者，很多银行也都持有相当规模的抵押贷款证券产品，尽管已经出售了其中的一部分；结果就是在市场崩盘时，它们自己也几近倒闭。

为了免除责任，各类金融机构纷纷寻求方法，其中之一就是求助于独立的第三方机构，比如会计师事务所和律师事务所。一想到职业会计师和律师会帮助它们处理一些可能的欺诈行为，公众自然会感到沮丧，实际上是愤怒，不过话说回来，刑事检察官的职责是证明某个特定人的意图。

我经常这样假设：如果让我随机挑选100个人，然后审核他们的纳税申报表，我肯定能从他们中间找到几个偷税漏税的人。但要证明这是一种犯罪行为，你需要的不只是合理怀疑，即此人有意欺诈美国国家税务局（IRS）。这里有一种现成的也是真诚的辩护方式："我把我所有的财务信息都交给了我的会计师，他是一名独立的专业人士。我让他告诉我哪些被允许扣除，哪些不被允许扣除，这名独立会计师跟我说这一项可以扣除。我相信专业的第三方建议。"你可能认为这种说辞是卑鄙的、站不住脚的或是不体面的"免罪金牌"，但如果我无法证明该纳税人和他的会计师存在犯罪共谋，我就不能起诉他。

再者，想想你是否希望看到这名纳税人被起诉。这一点颇有争议，因为我们讨论的是金融危机。有人希望我们把银行行长送进监狱，但如果将对这些人的标准应用到普通纳税人或小企业主身上，那么会有数百万人在缺乏犯罪意图证据的情况下被关进监狱。你看到的那些应受谴责、疏忽、贪婪、不顾及他人或残忍的行为，并不足以让我们做出起诉的决定。当然，我只是用一个超级简单的例子来解释一个更庞大和更复杂的场景，但原则是一样的。

有人认为，有权有钱的人更难被追究责任，且在伤害他人时也更有可能不受惩罚。这一点没错。但是，当我们因单一事件改变基本的证明标准时，其他所有适用同等法律和正当程序的人一样会受到影响。如果我们因存在某种无法容忍的欺诈行为而下令取消有关知情和意图的证据证明，如果法律的制定不够仔细、周密，那么我们可能会陷入更令人难以容忍的法律体系。在那样的体系下，检察官将会拥有比现在更大的权力，人们可能会因为一些微不足道的间接证据，而非他们思想状态的直接证据被送进监狱。这无疑是值得思考的。

我们来看另外一种假定行为，它与金融危机中的某些令人可憎的行为颇为相似。假设有一天你打扫阁楼，碰巧发现了一把摇摇晃晃的旧椅子。你已经不记得它来自哪里，也不认为它还有什么实际价值，但在某个周日，你把它作为一件稀世古董拿到庭院旧货市场进行售卖，标价一万美元。有人上钩了，认为这是好东西，然后按标价买下。也就是说，他以过高的价格买了一件你并不认为是古董的物品。在大多数人看来，这就是欺诈。我们应该立即逮捕你吗？

现在，让我们再添加一些事实：假设买这把椅子的人是一个非常懂行的古董买家，就像购买那些垃圾证券的买家一样。我们再做进一步的假设，买这把椅子的人找到一位古董专家，后者告诉他说这确实是一把价值不菲的古董椅，实际价值达两万美元。因此，这个假定的"欺诈犯"所标的一万美元其实是一笔便宜买卖。假设这就是那个买家和他请的那位专家的证词。再假设他们在做证时表示，即使他们知道卖家认为这把椅子不值钱，他们还是以一万美元的价格买下了它。那么，这是犯罪吗？如果是的话，祝你好运，因为你要向陪审团证明这一点，并得让 12 名陪审团成员一致认为买家受骗或受到了损害。这只是一个过度简化的例子，但用以类比那些垃圾般的抵押贷款支持证券还是很能说明问题的。

我们的这个现实世界是一个法治至上的世界，也是实际自由深受威胁的世界。在这样一个世界里，我们决不能因个人的愤怒随意起诉和指控他人。我们只能依据事实，并在法律支持的范围内就相关案件提起诉讼。

上述两个假设基本可以说明 2008 年金融危机爆发前所发生的一些事情。与此次危机相关的案件数不胜数，如果有人向公众公布所有地区所有与之相关的案件的调查档案，想必人们就能更好地理解和评估执法部门的决定了。

法律的作用是有限的。我们要么修改法律，要么检视法律之外与经济危机有关的其他因素，考虑如何对其进行监管或改变。没有人愿意看到坏人在伤害了那么多无辜之人后还逍遥法外。

对于各种因沮丧而发出的争论和批评，我表示尊重和欣赏。但让我无法尊重的是，一些不切实际的检察官对全美数百名职业检察官和职业探员提出尖酸刻薄的批评以发泄怒气，指责他们没有将那些银行家绳之以法——这可以理解。有人还将其中的原因归咎于个人的恐惧、他人的恐吓或政治动机。作为执法部门的一员，我个人是非常愿意接受各种实事求是的批评的，但批评我们自私、出于政治动机或恐惧则是可笑的。至少，纽约南区并不存在这种情况。

说到政治动机，我甚至都不知道要考虑的是什么。要知道，那数百名在任的职业探员和职业检察官中有民主党人，有共和党人，也有不属于任何党派的独立人士。他们中的很多人根本不关心政治，而且也都是金融危机的受害者。无论是从政治上还是从意识形态上讲，他们都是多元化的——过去是，现在也是。此外，在办案过程中放银行或华尔街一马，对他们来说既不会给个人带来任何好处，也没有什么政治方面的获益。从政治上讲，对华尔街采取高压手段会带来升职的回报，这一点不言而喻。一些不太了解政治的公众对最具进取心的检察官，也就是那些成功办过大案要案的检察官的境遇存在一种误解。这些检察官不是私营部门的弃儿，相反，他们是最受追捧的一批人。遭他们调查的那些行业会竞相向他们抛出橄榄枝，因为他们有才华、有能力、有胆量。这个激励架构与那些愤世嫉俗者的假设刚好相反：最具进取心的检察官并不是避之不及的对象，而是广被招揽的对象。如果你成功查办了某家对冲基金、银行或私募股权公司，那么你不仅不会遭到排斥，还会成为超级明星。就我们办公室而言，那些任职期间最成功的检察官往往都会在辩护律师行业找到最棒的工作，而那些胆小怯懦、在追查企业腐败方面缩手缩脚的检察官，在离职之后往往很难找到工作，因为他们真的十分平庸。总而言之，市场奖赏的是进取精神而非胆小怯懦。所以，无论从个人、职业还是道德方面讲，检察官都没有理由放过金融危机的罪魁祸首。

恐惧也是一个可笑的分析结果。仅在我的任期内，我们就起诉了在非洲谋杀了224人的艾哈迈德·哈勒凡·盖拉尼（Ahmed Khalfan Ghailani）、乌萨马·本·拉登的女婿、暴虐的索马里海盗、索马里"青年党"（al-Shabaab）成员、"伊斯兰马格里布基地组织"（al-Qaeda in the Islamic Maghreb）、职业杀手、俄罗斯间谍，以及美国黑帮组织瘸帮、血帮和其他谋杀证人并威胁执法部门的极端暴力组织等。此外，我们还起诉了世界上最臭名昭著的军火商维克托·布特（Viktor Bout）以及其他各种暴徒。

在白领犯罪①领域，我们公平公正执法，起诉了拉杰·拉贾拉特南等亿万富豪；起诉了纽约州众议院议长、民主党人谢尔顿·西尔弗和纽约州参议院多数党领袖、共和党人迪安·斯凯洛斯，并在最高法院修改法律、上诉法院不得不撤销二人的有罪判决后重新发起指控。我们还起诉了甘比诺家族和吉诺维斯家族。另外，连我们自己的执法伙伴也未能免于指控：我们起诉了纽约市警察局的警察、赖克斯岛监狱的狱警、联邦调查局特工和缉毒局特工等；只要有人触犯了法律，我们就会追究他们的责任。

我们的一些起诉案（因为涉及有权有势的人物）不仅给我们办公室带来了恶劣的影响，我本人也遭受了严重的不公待遇。比如，在起诉维克托·布特后，我被禁止入境俄罗斯。在起诉伊朗的黄金交易商礼萨·扎拉布后，土耳其总统雷杰普·塔伊普·埃尔多安（Recep Tayyip Erdogan）直接对我发起人身攻击，还亲自找到当时的副总统乔·拜登，要他将我解职。在起诉印度外交官德维雅妮·科巴拉加德（Devyani Khobragade）后，我在我的出生国一

---

① 即white-collar crime，以取得钱财为动机的非暴力犯罪。

度成为一个不受欢迎的人。

也正是由于他们所做的这些重要工作，纽约南区办公室的人——同全美其他地方的检察官和调查人员一样——饱受公众批评，在法庭内外遭受人身攻击、恐吓，甚至是死亡威胁。因而，无论是我本人还是我认识的其他任何人，都不会因为惧怕而不敢起诉富人。

文化

虽然这一部分我们探讨的主题是指控，即在何种情况下依照何种证据于何时发起指控，但现在我觉得有必要暂停一下，先来看看这样一个问题——这也是我担任联邦检察官期间经常被问及的一个问题：机构怎样才能免受审查，免遭执法部门追查，并避开代价高昂的指控？很多书都会强调文化的重要性。依我多年的办案经验来看，我也赞同这一点。

2013年的赛克资本是一家管理着超过150亿美元资产的对冲基金公司。2013年7月25日，我们以内幕交易罪对该公司旗下的4只对冲基金发起指控。在起诉书中，我们对它们的内幕交易活动做了如下描述："交易量巨大且无处不在，交易规模在对冲基金行业创下新纪录。"

那时，我们已经以内幕交易罪指控了赛克资本的8名雇员，其中包括诺厄·弗里曼、迈克尔·斯坦伯格（Michael Steinberg）和马修·马托玛等。这8人中已经有6人认罪，而马托玛和斯坦伯格则在庭审中被定罪。马托玛是赛克资本的一名专注于医疗保健领域的投资组合经理，非法获利2.76亿美元，这也是美国历史上单笔获利最大的内幕交易案。

内幕交易盛行是我们决定对这些基金发起指控的关键考量因素。但除此之外，还有其他方面的原因，其中之一就是赛克资本的企业文化：明显是一种挑衅性的文化，无视各种警告和危险信号，蔑视规则，推崇贪婪，视合规计划如廉价的装饰品。

让我们来看起诉书中的一个生动例子：2009 年，赛克资本聘用了一个名叫理查德·李（Richard Lee）的雇员，负责与企业重组及并购业务相关的"特殊情况"基金，管理规模达 12.5 亿美元。在李被聘用前，他先前所在的对冲基金公司的一名雇员对赛克资本发出警告，称李是该基金公司"内幕交易集团"的一分子。有鉴于此，赛克资本的法务部门反对聘用李，但公司领导层驳回了这一反对意见。尽管李的职业生涯存在"瑕疵"，赛克资本还是在 2009 年 4 月聘用他担任投资组合经理。

你瞧，就是这么不可思议！很快，李就开始以非法手段收集上市公司的内幕消息。自 2009 年到 2013 年（中间曾有一次短暂离职），李在赛克资本就一直没有停手，从事内幕交易计划。作为投资组合经理，李利用雅虎（Yahoo）和 3Com 等公司的非公开信息开展证券交易活动。其实，从他以往的职业经历来看，这完全是意料之中的事情。

这里有一个问题：企业领导人极少谈及诚信问题。他们谈论权力、利润、市场份额和盈亏底线。这没错，也是必要的，但公司以及其他机构内部的监察部门却被降至二线位置。它们有合规官，有内部的专职律师、会计师和审计师，不过这些专业人士对公司高层的影响力微乎其微。对企业来说，这些职称前面的形容词通常都带有贬义色彩，比如"讨厌的"。

想象一下，如果我们只有完整的刑法典和监管体制，却没有宪法，那会怎样？任何机构——无论是一个国家还是一家公司——都需要一部永久的基本原则章程，而不仅仅是各种官僚规则及要求的大杂烩，后者即便被忽视，也不会造成什么大的后果。

让人们去听、去报告、发出警报并寻求建议，需要的不仅仅是电子邮件提醒。你还要明白现实生活中人的动机，要知道人都是有弱点和恐惧心理的，是带有偏见的，而人类的任何一个弱点都有可能阻止他们去做正确的事情。

有趣的是，每一位成功的企业领导者都明白这一点；没有人认为仅靠机械式的提醒就能激发创意、提高生产力或提升士气，而是还需要其他更多的要素。但不知何故，当我们谈到商业伦理和合规的时候，那些眼光长远又久为人知的领导力课程却被忽视了，因为短视者只会关注短期利润。

我们来看一个令人不安的事实：大规模欺诈案和舞弊案的背后总是存在形形色色的"赋能者"，即那些帮助实施犯罪或帮助掩盖犯罪的人。想一想安然公司。想一想世界通信公司。想一想麦道夫。想一想血液检测公司塞拉诺斯（Theranos）。再想一想宾夕法尼亚州立大学（Pennsylvania State University），以及哈维·温斯坦（Harvey Weinstein）和比尔·科斯比（Bill Cosby）。想一想棒球赛和自行车赛领域的兴奋剂丑闻。想一想奥林匹克体操界和罗马天主教会的性虐待丑闻。人们往往害怕面对权力。他们担心自己会被解雇、遭到排斥或失去宝贵的关系。为什么？因为这就是很多机构的文化。他们的恐惧是真实存在的。

一谈到加强诚信的简单方法，原本正常运转的大脑就会出点问题。人们缺的是常识，却想要公式和咒语。我曾在纽约证券交易所发表过一次演讲，在座的听众都是服务于各大型上市公司董事会的知名律师。演讲过后，一名律师起身问了我一个问题:"巴拉拉先生,董事会应该把多少时间放到商业伦理和合规上?"这是一个非常含糊的问题,也是一个极其不合时宜的问题。我当然给不出什么数学公式。我大概是这样回答的:"如果该公司有良好的声誉,没有出现过什么负面问题,多年来没有遭遇过被强制执行判决的诉讼,而且你也清楚地知道优秀的人被招入、被提拔,那你可能就不需要花费多少时间。反过来,如果该公司总是有着各种不当行为的传闻,也被美国四大情报机构调查,最近几个月还有两名高管被抓,那么你就应该把很多时间用到商业伦理和合规的建设上。"在座的律师哈哈笑了起来。这分明是常识,却让人笑个不停。

在其他任何商业语境中,聪明的律师和商人都不会提问如此幼稚的问题。按比例分配,首席执行官应该把多少时间放到竞争上,放到创新上,放到雇员的士气上?思维正常的企业家知道所有这些都很重要,而具体的时间分配则取决于具体的环境。我们没有什么魔法公式。你应该花多少时间来管教你的孩子?呃,这取决于你的孩子,不是吗?

在很多地方,有一种文化愿意甚至想要尽可能地接近犯罪线,以便实现可感知边缘的最大化或利润的最大化。在这样的文化中,人们不可避免地会做出误判,而坏事也就不可避免地随之而来。踩着线走以及训练其他人踩着线走是危险的。这种探求底线的文化要不得。

我们来看下面这个思想实验:一个人非常想喝酒,但又不想因醉驾被捕或定罪。如果你足够聪明,且已决定酒后开车,我想你可能会制定一个策略,确保饮酒后体内的酒精含量接近但不超过醉驾标准。如果你是个天才,知道自己的体重指数、酒精吸收率和食物摄入量,并知道在多长时间内,自己体内的酒精含量恰好降到醉驾标准之下,那你则会一次又一次精准地踩着红线"作案"。

如果这就是你的对策和做法，那么多久之后，你会被警察拦下？多久之后，你在吹气检测时会超过醉驾标准？多久之后，你会在公路上撞死人？多久之后，跟你一起喝酒的人会学你这种不负责任的做法，然后在公路上撞死人？

有几次，在对一群商学院的学生讲过这个话题之后，我被问及这样一个问题："巴拉拉先生，您说一定要确保自己不越线，并表示靠线太近是危险的。那么，您建议人们待在离这条线多远的地方呢？可不可以给出一个准确的数字？"这好像是在问一个几何问题。我说："哦，大概 3 英尺半就可以了。"

对于这种试图量化伦理标准的做法，我总是感到有些吃惊。在回答这类问题时，我会解释说我不赞同这个问题的前提；它的定位是不可取的，也是完全错误的；如果你就是想铤而走险，那么你最终一定会跟监管者正面相撞，甚至还会跟刑事检察官正面相撞（但愿不会如此吧）。更危险的是，你的这种行为可能会给公司的其他人传递一种信号，让他们觉得踩着线走是一个好主意。这可能会一时奏效，但不会永远奏效。探求底线的文化是致命的。

我永远都不会忘记我在伦敦某次执法会议上听到的一段话。一家世界 50 强公司合规部门的全球总监这样说道："我在大学时先拿到的是心理学学位，后来取得了法学学位。但我在这份工作中发现，我要做的就是激励人们朝着更好的方向发展，并改变普通人的行为。而在这一过程中，我更依赖的是我的心理学学位而不是法学学位。"

这一洞见充满了智慧。

在绝大多数情况下，合规职能似乎仅仅为了应对监管者的要求和期望。我们来看一则快讯：监管者及其颁布的法规并不是完美的。但在会议和培训材料上，我们听到或看到的永远都是这样的话——这样做是因为监管者如此期望，那样做是因为监管者更有可能相信你履行了职责。

这就好比是应试教育。

你忘记了教育的核心价值。当你按照应试教育的标准教学时，你不会向学生解释真正重要的是教育的价值、好奇心和智慧；你只会教他们如何得到正确的答案，以获取一个好分数。在我看来，这是一种失败。

价值更多的是关于集体，而不是关于集体中的单一个体。

我曾经遇到过某对冲基金公司的总法律顾问，便问他如何欢迎那些新加入公司的人。他非常自豪地说，他跟每一个新入职的雇员都见过面，也与每一个雇员都有过私人会谈。这样一来，雇员们就会熟悉他的风格，在与他接触时也会比较自在。他说他会跟他们讲很多法规和要求，也会跟他们聊起证券法的最新变化。

这真是太棒了。但我心想，他的开场白是什么呢？

他会不会以一个简洁而有力的信息开场呢？比如："在我们这里，你需要了解一点：我们不骗，不偷，不撒谎。如果你违规了，那你就出局，就这样简单。我们在这三方面采取的是零容忍的态度。"在我看来，这样的信息远比之后工作中遇到的诸多繁文缛节来得重要。

然而，有多少组织会传递如此简洁的信息，我无从得知。

组织的内部监督部门一向难做，它就像是警察局的内部事务处。在这个类比中，我们可以学到如何处理与文化相关的问题。说实话，没有人喜欢内部事务处。

雷·凯利（Ray Kelly）是纽约市警察局的前局长，曾特别强调要树立内部事务处的权威，给予它更多的合法性和尊重。他的继任者也延续了他的做法，不过我的首次直接经验来自凯利局长。凯利不是一个完美的人——没有哪个领导者或哪种文化是完美的，而且纽约市警察局的问题也很多，但有一件事却是我记忆深刻的。

2011年，我们有机会逮捕8名犯有重罪的纽约市警员。当时，纽约市警察局和联邦调查局纽约办公室之间已不和许久。部分原因是双方在司法管辖方面存在重叠，在恐怖主义调查方面彼此争夺主导权，以及凯利本人所具有的鲜明个性等。如今，我们也介入其中，联邦调查局即将逮捕纽约市的多名现役和退休警察。对纽约市警察局来说，内部出现这样的丑闻无疑会是一大耻辱，所以联邦调查局的负责人告诉我说该局不赞成以召开新闻发布会的方式来公布这些警察的罪行。我觉得这可能是为了避免在伤口上再撒一把盐，就没有想太多，对此表示同意。

后来我又仔细想了想，心里越来越不安。他们犯的都是非常严重的罪行，包括帮人运送M16自动步枪、手枪以及其他各种赃物，以换取现金报酬，总案值超过100万美元。我觉得我在奉行一种糟糕的双重标准。对于以身试法的州参议员、黑帮头目或华尔街高管，我们一向是召开新闻发布会的，但轮到我们的执法伙伴涉嫌重大腐败案时，为什么我们就不召开新闻发布会了呢？

这似乎大错特错。不过，我也不想就我一个人站到新闻发布会的讲台上。这同样会传递一个糟糕的信息。看起来联邦调查局方面的人不会参加，这样一来，剩下的就只有雷·凯利。我立即要求安排一次紧急会议。早餐定在周一，新闻发布会则安排在周二，也就是10月25日。周一上午8点30分，我们在华尔街W酒店二层餐厅的一个包间会面。跟以往一样，这位局长令人望而生畏，仿佛一伸手就能把旁边那名瘦弱的服务生劈成两半。对凯利来说，那是非常艰难的一周。除上述所提案件之外，纽约市警察局的多名警员还卷入了另外一起丑闻——罚单销毁。一起吃完鸡蛋和培根之后，凯利说他会在中午之前告诉我他会不会参加第二天的新闻发布会。几小时后，他给我打来电话，表示他愿意和我一起出席。后来，联邦调查局也派了人参加。

于是第二天，作为组织负责人，纽约市警察局的这位"首席执行官"和我一起站到了台上，跟我们同行的还有内部事务处的负责人。雷·凯利毫无保留地公布了案情。他以令人信服、直指要害和强有力的方式解释了为什么纽约市警察局不会容忍这样的腐败。对于涉案警员所犯的罪行，他没有丝毫遮掩。领导者的这种态度赢得了公众的认可。

人决定组织的文化。

商学院的一名学生曾在课堂上告诉我说，前一年夏天他参加过华尔街10家公司的面试，但仅有一家在面试过程中问及有关诚信——无论是个人诚信还是企业自身的诚信——的问题。在一个以逐利为主要驱动力乃至全部驱动力的环境中，道德品质应该与雇员的职业评估联系起来，也应该与他们的薪酬联系起来。

设想一下，在我们检察官办公室，如果我们只是提拔那些最能打官司的出庭律师，而不考虑他们的道德品质，那会怎样？再设想我们办公室有两名检察官，其中一名更擅长庭辩和立案，但有那么几次，他对信息披露的第一判断并不是很好。这没有什么问题，因为他只是一名一线检察官，上面还有判断力更佳的主管，所以糟糕的事情是可以避免的。随着时间的推移，他或许会得到更好的训练，但在道德判断方面，至少有点小问题。

另一名检察官在办案或撰写案件摘要方面可能略逊一筹，但她所表现出的道德和判断力一向无可指摘，而且为人坦诚，那么将来即便独立办案，她也不会让人产生一丝一毫的担忧。

你希望我提拔哪一名检察官？哪一名给我们办公室带来的风险会更低？哪一名更有利于维护我们办公室的长期声誉？更重要的一点，哪一名检察官会以一种更明智的方式行使自由裁量权并追求正义？无论何时，我都会提拔第二名检察官。

再说另外一个问题。我们总能看到各种反常且具有破坏性的激励，这类激励会促使人们去做不道德的事情。比如，核保人是以他们批准而不是审核的住房贷款的数量计酬的。想想这样做是多么反常。为什么不将职业道德和诚信作为重要激励纳入薪酬计划呢？

看看富国银行（Wells Fargo）最近那起令人震惊的丑闻吧。该行雇员未经现有客户同意或在他们不知情的情况下，擅自为他们开立了多达350万个虚假银行账户，以此收取各项预缴费用。为什么？一方面，该行雇员根本不把诚信当回事。另一方面，他们这么做也是受鼓励的。雇员承受着自上而下的巨大压力——要想拿到自己的薪酬，就必须实现那些不切实际的销售目标和配额。为此，他们纷纷开立"幽灵"账户，以取悦主管，取悦公司。

文化是具有决定意义的。对商业组织来说如此，对其他所有机构来说亦是如此。文化塑造了大学、医疗实践、电影公司、检察官办公室和体育连锁机构，文化也塑造了白宫。有些文化是健康的，有些文化是病态的，而另外一些文化则正在走向衰亡。在任何情况下，病态文化的修复都需要高层领导出手。太多的领导者不愿意解决这个问题。有的人就是不喜欢去看医生，但有时候只有医生才能让你重拾健康。现实生活中的人的健康如此，机构的长期健康亦如此。

随着时间的推移，我发现在任何一家企业，无论怎么重复和强调诚信的必要性和重要性都不为过。事实上，一些简单的事情值得不断重复。

无论你是领导一个联邦检察官办公室，还是运营一家巨型企业或投资银行，或者是管理一所大学，都要确保组织里的每一个人——从收发室到董事会会议室——能切实理解和感受该组织及其领导者对诚信的重视。这是防范各类指控及种种犯罪行为的最佳方式。

宝莱坞

当你选择的职业是以公诉为主要工作内容时，你就必须做好承受种种不良后果的准备，其中之一就是来自被起诉人及其支持者的愤怒还击。基于他们的声势及其所聘请律师的好斗性，检察官和相关负责机构可能会遭受猛烈的反击。有些反击是可以预测的，比如司空见惯的热忱辩护。但正如我们接下来将要看到的，有时你不得不去想，这些反击会不会从热忱辩护转变为干预，尤其是当你面对有权有势的人物时。

一个典型的甚至可以说是令人不快的战术是质疑检察官的动机，宣称他们存在偏见，攻击他们的诚信，因为如果你能让检察官失去信誉，就有可能引起人们对案子的怀疑。"政治迫害"这个词听起来熟悉吗？在尼克松政府（水门事件）时期，这被称为"不是否认的否认"（non-denial denials）。人们从不辩称无辜，只是猛烈攻击起诉人。有时候，这种攻击还会披上令人反感的民族或种族主义的外衣。在我任职期间的多个时间点，依据被起诉人的不同，纽约南区检察官办公室被指控反黑人、反拉丁美洲人、反瑞士人、反中国人、反俄罗斯人、反意大利人，等等。此外，它还被指控反印度人——颇感诡异。在其他一些时候，我们被指控反华尔街、反民主党、反共和党、反从政人士；我们甚至还被认为是反扑克的。随着时间的推移，在我们起诉了各种各样的被告和形形色色的组织之后，你可能就会发现，我们其实只是反犯罪的。

免受种种丑恶污蔑困扰的最佳方式是低调行事，对这类无聊的批评做冷处理。但即便是愚蠢无比的批评，也会让人感到痛苦。批评是难以接受的，尤其是那种带有偏见、毫无根据的批评。在成为联邦检察官之前，我认为自己的脸皮已经够厚了，其实在这方面，我还是缺乏自知之明。亚里士多德曾经说过："要想免受批评，就别说话，别做事，别成器。"睿智之言，但亚里士多德并没有生活在社交媒体时代。

关键是要知道，哪些批评要牢记在心，有利于自己的成长，哪些批评要一笑置之；哪些批评是恰当的，哪些批评是愚蠢的。重点是要学会辨别批评，而不是对所有批评都不屑一顾。

被起诉方往往会抓住一切机会给予猛烈反击。关于这一点，我自己深有体会，特别是在我们办公室起诉那些和我一样的印度裔美国人时。这种情况下，所谓"政治迫害"的尖叫声更加刺耳，也更伤自尊，因为他们认为你做的决定一定与族裔有关，还认为你一定会竭尽全力地指使特工和检察官去调查那些跟你有着相同族裔背景的人。在这方面，我一点也不夸张。之所以出现这种情况，我认为可能是因为当时整个美国只有我一个印度裔检察官，而且受指控的印度裔美国人又相对较少，每当我们办公室对来自南亚的人发起指控时，有些人就会做出不恰当的联想。

2009年，我们以内幕交易罪逮捕了某对冲基金公司首席执行官、亿万富豪拉杰·拉贾拉特南（我应该补充一句，与他一同被捕的还有多名白人）。在此次逮捕行动发生几天后，《华尔街日报》刊发了一篇颇为奇怪的报道。该篇报道的第一句是这样写的："这看起来像是为宝莱坞制作的一部法庭剧：

这名出生在斯里兰卡的对冲基金巨头被另外一名移民——出生在印度、任职于曼哈顿的联邦检察官起诉。"这里提到的检察官就是我。

现在我们来设想一下，一年前，某个主流新闻媒体以同样的方式报道了另外一个大案："这看起来像是为百老汇制作的一部戏剧，主角是历史上规模最大的庞氏骗局的策划者——犹太人伯纳德·麦道夫，而起诉他的正是另外一名犹太裔联邦检察官列夫·达辛（Lev Dassin）。这样的情节就像出自《屋顶上的小提琴手》（Fiddler on the Roof）一样。"

想一想这会引发何种程度的抗议。写这样一篇文章的人还会受雇多久？

这些巧合所产生的后果多少让我感到吃惊。天哪，一个南亚的被告，一个南亚的检察官！太不可思议了！你知道这种事情每天都发生在哪里吗？印度。

凑巧的是，被我们以内幕交易罪起诉后又被法院定罪的被告中有一小部分是南亚裔人。且不说最初对拉杰·拉贾拉特南及其同伙发起调查及侦听行动的是我的拉丁裔前任迈克尔·加西亚；且不说有压倒性的证据可以证明他们的罪行；且不说在对冲基金领域，受过高等教育的印度裔专业人士比例很高。竟然有越来越多的少数族裔媒体一致表示，我起诉印度裔美国人源于我本人自我憎恶的嗜好。除拉杰·拉贾拉特南之外，这些媒体还列出了拉雅·古普塔（Rajat Gupta）、阿尼尔·库马尔（Anil Kumar）、萨米尔·巴瑞（Samir Barai）和马修·马托玛等人。

有人问我这种职能上的"争议"。每次被问起，我都深受刺激。有一段时间，当职业检察官走进我的办公室，告诉我他们通过秘密线人、窃听手段或其他调查技术所确定的下一轮潜在被告时，我会感到很紧张，而每每发现其中没有印度人的名字时，我都会长舒一口气。有一次，在公布新一轮的内幕交易抓捕行动前夕，一名助理检察官突然转向我说："普里特，跟你说一下,被告中有一个是印度裔美国人。"这话让我感到吃惊,因为我以为我会在起诉书中认出印度裔美国人的名字。我在这里重申一遍:是不是有印度血统并不重要,我们在办案时从不考虑族裔或种族因素。我问:"是谁?"这名助理检察官说:"萨姆·巴瑞。"我说:"萨姆不是印度人的名字。"该助理检察官补充说:"确实不是,但他用的是这个名字。"

我会拿这个问题开开玩笑。有一次,一名记者对此表现出了极大的兴趣,以至于我们办公室的人专门腾出时间,统计了长期以来因内幕交易罪而被指控的南亚裔被告的总人数。在我们起诉的人中,他们所占的比例很小,但就总人数来看,这个比例还是相当高的。每当被问及这类荒谬的问题时,我都会讲一个笑话来化解。有一次,我说:"诸位,顺便讲一句,每天早上醒来,起床打开窗户后,我并不会朝着天空挥舞拳头,然后说'给我抓一个印度人来!'。"这不是一种常态,至少大多数时候不是。

还有一次,我应邀参加《印度海外报》(*India Abroad*)在曼哈顿皮埃尔酒店举办的年度酒会,并发表演讲。跟往年一样,参加这次活动的都是非常知名的印度裔美国人,其中不乏金融界人士。在酒会期间,有个人紧绷着脸问我为什么我们办公室起诉了那么多南亚人。后来轮到我发表演讲时,我环顾四周,心想怎样才能在大庭广众之下揶揄一下这个荒谬的问题。

走上讲台后,明知不合适,我还是有感而发,讲了这样一段开场白:"很高兴今晚能来这里。我是普里特·巴拉拉,纽约南区的检察官。当我环顾四周,看到满屋子都是杰出的印度裔美国人时,我突然就想跟大家说一件重要的事情。"我停顿了一下,然后缓缓地说:"你有权保持沉默。"笑声。我继续说道:"但你所说的一切都将成为呈堂证供。"更多的笑声。"你有权聘请律师。如果你请不起——在座的各位可能不存在这种情况,我们会为你指派一名律师。"

在我讲完米兰达警告的时候，台下已是一片哄笑。

有些人似乎永远都不会停止这种阴险叙事，并把它作为个人使命。作家兼评论员迪内希·德索萨（Dinesh D'Souza）以发表极端、无礼和缺乏证据的评论而闻名。2014 年，他因违规操作竞选资金被我们办公室提诉并认罪。他明知故犯，动用"幽灵捐款人"支持一名参议员候选人的竞选活动。尽管他承认了自己的不正当行为（他的律师也明确表示自己没有为这名客户"辩护"），但他依然认定对他的起诉是我一意孤行的结果，是我个人想起诉印度人和印度裔美国人。

德索萨不仅称我是"霍尔德的走狗"或奥巴马政府的工具，还侮辱我的职业、我的家人、我的相貌，并攻击印度人给人留下的刻板印象——这一点颇具讽刺意味。他在推特上写道："鉴于普里特·巴拉拉没有浓重的印度口音，他或许可以成为一名帮人修电脑的技术员。"

在我被解聘时，他更是幸灾乐祸，诬陷我是一个对自己的同胞怀有深仇大恨的人。即便是 2018 年被特朗普总统特赦之后，德索萨仍坚持他那套自我憎恶的理论。这名自我描述为"学者"的人在推特上写道："天道好轮回：@PreetBharara（普里特·巴拉拉）曾想通过摧毁另一名印度裔美国人来推动自己的职业发展。如今他被解聘，我被特赦。"好一个杰出的同胞！

但族裔批评的泡沫并没有随着我们对华尔街发起的一些起诉而破灭，种族宣扬者的幻觉依然存在。后来，我又遭遇了一次更严重、持续时间更久的危机。在我上任几年后的 2013 年，美国国务院逮捕了印度的一名中级女外交官——德维雅妮·科巴拉加德，罪名是签证欺诈并在家庭佣工的薪水方面提供虚假声明。她同意接受伪证罪和其他法律制裁，并向她的印度裔家政人员支付每小时 9.75 美元的工资。但后来有证据表明，科巴拉加德支付给桑吉塔·理查德（Sangeeta Richard）的时薪不到 1 美元，这违反了美国多项公平劳动条款。在国务院的明确要求下，纽约南区检察官办公室同意起诉该案。

这虽然算不上世纪大案，但不管怎么讲，它都属于严重的违法行为，也是驻美外交使团中出现的一个日趋严重的问题。这就是国务院对此立案调查的原因，也是国务院的职业特工请求我们办公室的职业检察官批准对她发起刑事指控的原因。

鉴于科巴拉加德的外交官身份，她在被捕期间受到了很多礼遇，但按照常规程序，纽约南区美国法警署（U.S. Marshals Service）的工作人员还是对她进行了脱衣搜查。这原本是可以避免的，也是应该避免的，因为没有人会寻求审前羁押。

这次逮捕行动后来演变为国际事件。当时正值印度大选年，执政的印度国民大会党（INC）在选举中极有可能惨败给高举民族主义旗帜的印度人民党（BJP）。印度人民党，也就是后来总理纳伦德拉·莫迪（Narendra Modi）所在的党敏锐地抓住了机会，说这是西方对印度主权的侮辱，而印度国民大会党也由此陷入危机。作为印度雄心勃勃的政界人士，科巴拉加德的父亲宣布绝食抗议，但没有任何证据表明，他为这一引人注目的声明牺牲过哪怕一点热量。不过，戏剧效果出现了。美国时任国务卿约翰·克里（John Kerry）受到了撤案的压力。印度威胁说要对我们驻新德里的美国大使馆采取报复措施，并暗示要取消美国外交官的特权。印度政府一度处于狂怒状态。作为美国在这个世界上最大的民主盟友，它采取了最具敌意的行动：移走美国驻印大使馆外围的安全屏障。

在这起案子中，我为我们能坚持和维护法治而自豪。我高声为我们的工作辩护。由于我是联邦检察官，又碰巧出生在印度，所以我饱受了种种刻薄的攻击，也承受了火山喷发般的愤怒。发起和调查该案的是职业执法官员；抛开这一点不说，我也是直到逮捕前一天才知道这个案子的。印度政府和媒体认为这个案子由我这个印度裔美国人一手发起，还给出了种种恶毒的理由。

印度的脱口秀主持人称我是一个自我憎恶的印度人，致力于追查那些和我一样出生在印度的人。不过，我和我的同事感觉这有点莫名其妙，因为该案的所谓受害者同样是印度人。一名印度官员在一档电视节目中问："普里特·巴拉拉到底是谁？"而在另外一档电视节目中，我被认为是整个印度最痛恨的人。

批评声一浪高过一浪。如果我的父母没有看过那些信息，我可能不会有什么困扰。但事实是，铺天盖地的报道让他们深感沮丧。然后，有一天晚上，我的女儿偶然间听到了我们在起居室的谈话。她问我："爸爸，谁是汤姆叔叔？"汤姆叔叔实际上是南亚记者给我取的绰号。这并不是令人愉快的事情。

各种指责越来越荒谬，也越来越滑稽。印度批评人士之所以表现得如此愤怒，是因为在他们看来，尽管我出生于印度，却总是按"美国人"的方式办事，而且服务于美国利益。问题在于，我是美国人，而且我的职业头衔中也确实有"美国"两个字。

最终，我在国外媒体上看到了一条奇特的攻击路线：我厚颜无耻地背叛了我的出身，而我这样做只有一个原因，那就是通过该案来效忠我的"白人主子"。

我的白人主子。想必他们说的是埃里克·霍尔德和巴拉克·奥巴马吧。

我为什么要旧事重提呢？因为目标人物攻击检察官和调查人员是无可避

免的。这不是很符合牛顿定律，因为不是每一项指控都有一项与之相对应的反向指控。不过有些攻击非常尖刻，且不公正。但你必须应对它们。当然，你也会很欣慰地了解到，用不了多久，所有这一切都会在法庭上得到解决。但在某些地方和某些情况下，目标人物可能有权有势，他们并不甘于把水搅浑，也不会止于恶言谩骂。这时，原本的适度干预就会变成赤裸裸的指手画脚乃至更糟的结果。

试想当刑事审判找上一国总统身边的人时会发生什么呢？对于那些肆意妄为、认为自己不受任何约束的破坏者，这个国家的最高统帅可以通过行使什么权力让他们知道没有人可以凌驾于法律之上呢？一个比所有检察官都有权势的人可以在哪些方面破坏调查行动——真正的破坏，而不仅仅是言辞上的？

我们来看下面一个更诡异的国际事件，它是由我们提起诉讼的一起简单的刑事案引起的。

2016年3月，一个名叫礼萨·扎拉布的男子陪同家人从土耳其动身，前往美国的迪士尼世界度假。扎拉布是伊朗的一名黄金交易商，拥有伊朗和土耳其双重国籍。他与土耳其总统埃尔多安以及该国政商两界的其他高层人士保持着密切的联系，比如土耳其经济部长扎菲尔·恰拉扬（Zafer Caglayan）和土耳其最大的国有银行之一——土耳其人民银行（Halkbank）的前总经理苏莱曼·阿斯兰（Suleyman Aslan）等。

扎拉布有所不知的是，他已经被纽约南区的大陪审团密封起诉，罪名是密谋逃避美国对伊朗的制裁。该案的主要经办人是身材高大、为人冷静、办案认真的检察官迈克尔·洛克德（Michael Lockard）。迈克尔以洗钱罪指控扎拉布及其他7名被告，并指控他们密谋违反美国对伊朗的制裁令——他们向美国官员撒谎，成立假公司，伪造文件，并向多名土耳其政府官员行贿，用黄金交换石油，所涉资金规模达数十亿美元之巨。靠着自己的领导角色，扎拉布在自己的国家赢得了丰厚的社会资本和财政资本。据报道，仅在2012年，经他安排的交易资金就达近100亿美元。这也让扎拉布变得狂妄自大起来，他一度向身为土耳其当红影星的妻子表示，要把火星买下来送给她。

此前，我对这个案子几乎一无所知；我们经常对密封起诉书中的人发起指控，而之所以采取这种形式，就是不想惊动目标，让他们无所顾忌地进入美国。在接手之后，我很快就了解了迈克尔经办的这个案子，也了解了许多关于礼萨·扎拉布的信息。对于他的逮捕，土耳其的反应让人难以置信，完全是外交官德维雅妮·科巴拉加德被捕后印度反应的翻版。对于这两个案子，起初我都是知之甚少；在印度的那个案子中，我因照章起诉被恶意中伤，而在土耳其的这个案子中，我还是照章起诉，却得到了完全相反的待遇，被狂热吹捧。我又一次一夜成名。

这么讲一点也不夸张。

在短短几小时内，我官方推特账户的关注人数就从8000人骤增至近25万人。这些新增的关注者几乎都是热情洋溢的土耳其人。我的名字因出现在起诉书中而传遍了土耳其的各大电视网络。我的照片也是。土耳其人表扬我，感谢我，赞美我。一名非常慷慨的推特用户说要送我"土耳其拉克酒、烤肉串、软糖和地毯"。对此，我回复说："我真的很喜欢土耳其烤肉串，但我觉得我不能只是因为做了自己应该做的事而接受你的礼物。"在接下来的几周乃至几个月里，驻美国的土耳其记者追踪报道我参加的活动。有人为我写歌，有人为我写诗，有人公开表达对我的爱，甚至#welovepreetbharara（我们爱普里特·巴拉拉）一度成为热门话题标签。

为什么我会被称颂？为什么会有这些喝彩？原因是早在几年前的2013年，

土耳其检察官就已经对礼萨·扎拉布立案侦查，指控他在土耳其政府最高层搞腐败计划，罪名包括欺诈、黄金走私和行贿等。扎拉布企图利用黄金购买伊朗的天然气，以此规避美国的制裁，提振伊朗的出口贸易。由此可见，在罪名方面，土耳其检方对扎拉布的指控与我们对他的指控是存在重叠的。

那么，当时土耳其检方的指控怎么样了呢？扎拉布逃脱了。他并没有被定罪，但也没有被无罪开释，因为根本就没有开庭审判。礼萨·扎拉布有一个靠山，就是土耳其总统雷杰普·塔伊普·埃尔多安。扎拉布的案子牵涉埃尔多安政府——多名内阁成员及其儿子，甚至连埃尔多安的儿子比拉尔·埃尔多安（Bilal Erdogan）亦包括在内。在当年12月被逮捕和被拘押的一大批人中，扎拉布、土耳其环境部部长的儿子、经济部部长的儿子和内政部部长的儿子就在其中。

起初，埃尔多安表现出来的只是愤怒：公开抨击该案，攻击检察官和警方。他称该案的调查是"司法政变"，并指控费图拉·居伦（Fethullah Gülen）——流亡美国宾夕法尼亚州的土耳其穆斯林神职人员——是幕后策划者，目的是推翻他的政权。埃尔多安利用媒体，通过指责其他一些人的不正当行为，转移土耳其公众的视线。他宣称这是一场阴谋，而目标就是自己。不过，他并未就此止步。他不仅利用自己作为总统的天字第一号讲坛批评检察官，还动用了自己实实在在的权力。

首先，检察官被他免职，另有数千名警察被降职和调任。他重新委派了法官。他释放了扎拉布和内阁成员的儿子——他们仅被关押了70天。他还阻止记者调查行动。他被激怒了。

然后，他开始解聘警察，其中包括伊斯坦布尔的警察局长。他取消检察官的任职资格并逮捕他们。他下令对负责调查该腐败案的检察官展开调查。他调查并逮捕警察、法官和记者。他下令关闭媒体通道。他任命新的检察官，让那些令人厌烦的案子永久结案。

但他并未就此止步。他通过立法强化了司法部部长的司法权，其中包括对议会成员展开（或结束）调查的权力。他还进一步扩大了总统的权力，赋予自己提名法官和检察官最高理事会（High Council of Judges and Prosecutors）成员的权力；该理事会负责整个国家的法官任免工作。

在土耳其，礼萨·扎拉布的案子就此结束，很多努力对该案提起诉讼的人最终也被迫离去。全国有一半的人对此感到愤愤不平——他们对这种任人唯亲的行为感到愤怒，对这种妨碍司法的行为感到愤怒，对这种不公正的行为感到愤怒。这种结果是数千万土耳其人难以接受的。礼萨·扎拉布再也不会受到处罚。但迈克尔·洛克德的密封起诉书改变了这一切。对那些在2013年见证过司法不公的土耳其人来说，这是一个因果报应的时刻。扎拉布将会被送上法庭。

当时，扎拉布正在美国接受审判，可这并不意味着埃尔多安会坐视不管。绝无可能。作为北约成员国，土耳其的这位总统试图影响我们的起诉行动。他公然撒谎，说我是费图拉·居伦的信徒。密封起诉书被公布后，他在媒体上提过居伦，直到那时，我才知道这个人的名字。埃尔多安还指责我为2016年针对他所领导的政府发起的那场未成功的政变提供帮助。但事实是，我本人从未到过土耳其，尽管我一直想去这个美丽的国家看一看。

他依旧没有就此止步。据媒体报道，在奥巴马总统任期的最后几周里，埃尔多安与时任副总统拜登有过一次会面。作为一国总统，他认为他可以来华盛顿攻击一名现任联邦检察官，影响美国的刑事诉讼，随心所欲地发表自己的意见。他有两个主要的议程事项：一是要求将我解职，二是要求释放扎拉布。据报道，在与副总统拜登的90分钟会谈中，他有一半的时间在讨论扎拉布的起诉问题。埃尔多安的妻子甚至还跟吉尔·拜登（Jill Biden）谈到了该案。当时，土耳其司法部部长还会见了时任美国司法部部长的洛蕾塔·林奇（Loretta Lynch），要求释放扎拉布。埃尔多安也在电话中与奥巴马总统谈过该案。真不敢想象。我并没有被解职（彼时），扎拉布也没有被释放。

最终，在入狱几个月后，扎拉布改变了立场，并认了罪。他指证了共同被告，并在审判过程中表示埃尔多安卷入了腐败案。不过，这次审判发生时我已经被特朗普总统解职。

从扎拉布一案及随之而来的疯狂行动中，我们可以学到什么呢？可能很多，但主要有两点。

第一，正义是微妙的。被起诉人攻击检察官是常有的事。如果你承受不了压力，那就不要从事这份工作。但这种攻击也是有限制的；若打破限制，则会带来危险。如果国家领导人——无论是土耳其总统、俄罗斯总统还是美国总统——加入攻击行列，对调查行动恶言谩骂，将匡扶正义者妖魔化，那么就会破坏司法，危及人们对司法的信任。从言辞攻击到权力滥用可能只有一步之遥。自2013年埃尔多安撤销了对他昔日盟友的指控之后，土耳其就陷入了越来越严重的独裁统治。媒体言论被钳制，自由越来越少。土耳其的政变让埃尔多安变得更加偏执，也更注重自我保护，这一点毋庸置疑。但要知道，在他走向独裁这条令人遗憾的道路上，转折点就是他决定插手一起已经依法立案的刑事案，而这样的事情未必就不会发生在美国。

第二，公众渴望正义，渴望看得见的正义。我之所以提这一点，是因为在扎拉布一案中，土耳其人就表现出了这种渴望，并将这种渴望转变成对我的极大赞誉。对公众来说，他们希望没有人可以凌驾于法律之上；权力和特权不能肆意妄为，违法者必须承担责任，受到处罚；腐败是可以打击的，而且要有足够勇敢的人为此挺身而出。所有这些都显示了人们对廉洁政府和法治的普遍渴望。因为正如事实所表明的，建立廉洁政府——没有人可以凌驾于法律之上、凌驾于就职宣言之上——是世界各地所有文明人的梦想。无论案件大小，将以权谋私者和腐败者绳之以法都会提升人们对司法的信心。

再有一点：人们可能太高看检察官了。他们是执法者，不是救世主。由于现在我已经从那些事件中脱离了出来，偶尔想到这一点时，我就禁不住笑：有时候检察官就是一个空的容器，接纳公众的希望或仇恨。我在印度被视为恶人，在土耳其则被誉为英雄，但无论如何，我都配不上这两个标签。

第三部分

判决

引言

你已经完成了调查。你费心费力，发起指控。你起诉某人犯有抢劫罪、袭击罪、欺诈罪或谋杀罪。现在，正义进入一个更公开、更讲求责任的阶段。各种问题被联系到一起。突然间，你不再是舞台上唯一的执法者——积极主动的调查已经结束，指控已经发起，你不再只是按照自己的程序、判断、议事日程和优先事项开展行动。其他诸多角色纷纷登场，包括法官、辩护律师和陪审员等，他们要进行的是司法审查，也是公众审查。

这个阶段，即判决阶段，是对指控的裁决，是对最终问题的解决。判决的可能性并不是无限的，基本结果只有四种：承认指控（有罪答辩）、撤销指控（驳回起诉）、指控属实（有罪判决）和指控无效（无罪判决）。另外，我觉得混合裁决或被起诉人逃亡脱罪也是有可能的，但从根本上讲，潜在结果就是上述四种。值得注意的是，在我们的司法体系中，没有所谓的"清白判决"。

正如我所说的，判决这个阶段存在很多利益相关方，检察官、被告、法院和公众等。有时候，有一个利益相关方会受到怠慢，即受害者。并不是所有的犯罪活动或恶行都有明确的受害者。但当存在明确的受害者时，我们就要问一个重要的问题：他们应当受到什么样的对待？也就是说，检察官和法院要给予他们何种程度的照料、关心、保护和同情？我们如何确保那些可信却被人怀疑且无权无势的受害者能够有机会在法庭上为自己辩护？后面，我们会通过苏安（SueAnn）的案子来审视这些问题。苏安是一名身陷麻烦之中的女性，她非常希望自己可以在法庭上得到申辩的机会；在某种程度上，她代表了很多被遗忘的受害者——他们默默无闻，不为公众所知。在我们的司法体系中，他们得到的只是二等待遇。

任何明确的判决都需要一个审裁官，比如体育比赛中的裁判员、商业纠纷中的仲裁员或调解子女争吵的父母等。在美国国会听证会上，之所以不会出现令人满意的判决，原因之一就是没有中立的仲裁者。谁说了也不算。结论是建立在政治权力之上的，而不是基于公正廉明的局外人做出的超然而客观的裁决。

在刑事审判中，审裁官是扮演极其重要角色的法官。在诉讼行动中，法官居于中枢位置，可以改变整个事件的进程，可以推动或阻碍真相的发掘与正义的实现。法官的立场、个性和偏好贯穿审判始终，鲁莽或冷酷的法官可以轻而易举地操纵正义的天平。而也正是出于这一原因，在问及某个案子时，人们首先要问的就是："法官是谁？"有一种观点认为，法官是谁并不重要，这纯粹是胡说八道。在美国，任何理性的执业律师——无论是起诉律师还是辩护律师——都会告诉你，事实并非如此。如果律师不考虑法官的个性和倾向，则属于渎职行为。

同检察官一样，法官也必须遵守法律。法官只服务于大众，只负责公正审判。然而，长袍之下的法官也像其他所有人一样，可能会犯这样或那样的错误。大多数法官都公平公正、恪守原则，是勤勉而睿智的。但他们并不完美或一贯正确；他们有心情好的时候也有心情不好的时候，他们有洞察力也有盲点。有的法官倾向于支持辩护方，有的则倾向于支持起诉方。大多数律师都可以依据指定法官的特点推测出即将到来的审判是一次愉快的经历还是艰难的折磨。

我在这里讲的并不是关于审判的宏论，而是一些精选的观察——关于法官的工作性质，关于法官在伸张正义中所扮演的角色，关于如何与他们进行互动，特别是那些难对付的法官。

如果没有庭外判决，如果拒不承认指控，那么按照宪法的规定，接下来将要上演的就是刑事审判。

检察官说某个人有罪是不够的。那种情况下，要么被指控者承认自己有罪，要么检察官以排除合理怀疑[①]的标准向12名普通人证明被指控者有罪。这12名普通人不仅对你来说是陌生人，他们彼此之间也是陌生人。

就一个案子而言，在调查和指控阶段，你只需证明给自己看。而到了审判阶段，你则需要把你所相信的东西证明给其他人看。从本质上讲，审判是一门绝技，重在沟通交流，重在了解他人的想法，重在以令人信服的逻辑叙事将证据呈现出来。

顺带说一句，刑事审判要成为一套可以确定真相的有效而公平的程序需要一些要素，而这些要素对法庭之外的辩论与真相的寻求亦至关重要。它们填补了我们在公共场所进行辩论时所严重缺乏的东西。审判程序的理性和严谨性，再加上场内的裁判员，比时下的政治辩论更能收获正义（以及更令人满意和让人接受）的结果。

[①] 在司法过程中，承担证明责任的公诉人要使法官相信其所认定的犯罪事实排除了所有的合理怀疑，是法官用来指导陪审团认定案件事实、做出有罪判决的方法与证据充分性的评判标准。

出庭日

有一年在评史汀生勋章（Stimson Medal）时，我提名了我们办公室反暴力犯罪部门的负责人劳丽·科伦鲍姆（Laurie Korenbaum）。该奖项是以纽约南区检察官办公室的传奇检察官亨利·史汀生（Henry Stimson）的名字命名的，由纽约市律师协会（New York City Bar Association）颁授。100多年前，史汀生曾在纽约南区任职，后又出任美国国务卿和陆军部长。史汀生奖是美国助理检察官所能获得的最高荣誉。劳丽对证券欺诈、网络犯罪或公共腐败案毫无兴趣；她感兴趣的是暴力犯罪和黑帮犯罪，特别是那些与谋杀相关的案子。在发表获奖感言时，她把重点放在了暴力犯罪的受害者身上，说了下面这些话。

在工作中，同侦破凶杀案并将案件移交给法庭进行审判一样有趣且有意义的是给受害者和受害者家庭带来的影响，给他们传递一些正义的力量，帮助他们治愈创伤，哪怕只有一点点作用。诚然，在我起诉的很多谋杀案中，受害者本身就是罪犯，但并非每一个人都是如此。比如，一个14岁的女孩——在布朗克斯巴斯盖特大道的过道后面，凶手持枪射击与他有业务竞争的毒品贩子时，她不幸中弹。比如，一个贩毒者的妻子——她非常年轻，是两个小孩的母亲，和她的丈夫被枪手射杀，一起死在卧室的床上。再比如，一个坐在床上的3岁男孩，亲眼看到他的母亲被人杀害；他只是一个穿着超级英雄内衣裤的小男孩，但从年龄上讲，他足以认出杀死自己母亲的凶手，所以他也被射杀了。

即便受害者是一个罪犯，他往往也还有那些爱他的人，而这些人见过他的另一面。他们也是受害者，我们要做的就是证明他们的无辜。

我们是检察官，不是法官。当我们找到受害者的时候，我们会努力让他们得到公平的对待。这是我做这份我喜欢的工作真正的意义所在。我希望我做得足够好，能够对某个人的生活产生些许影响。

这是我过去的使命，也是我现在的使命。

苏安是一名30岁出头的女性，跟室友合住在布朗克斯区韦克菲尔德的一间公寓里。她是自雇人士，收入颇丰。不过，她把赚来的钱藏在屋里，这可能并不明智。某个工作日的清晨，她被巨大的撞门声吵醒。随后，两名蒙面男子闯了进来，其中一人持有武器。他们用强力胶带把苏安捆了起来，并痛打了她一顿。在被用手枪柄挥打时，苏安癫痫发作，后来昏了过去。这两名男子在公寓里四处翻找，搜走了1.1万美元现金。在逃离之前，其中一名男子可能还对她实施了性侵。

这次袭击让苏安在重症监护室里躺了10天，另加6天卧床休息。她受的伤包括鼻梁骨折、肋骨骨折、唇部破裂、颈部损伤和面部挫伤等。

虽然两名行凶男子都蒙着脸，但苏安确信自己听出了其中一个人的声音，那个人就是她室友的前男友拉蒙特·罗尔（Lamont Rolle），绰号巴姆（Bam）。这个案子看起来可能比较简单：受害者被抢劫并惨遭殴打，且基本可以确定至少一名行凶者的身份。但事实上，它并没有那么简单，比如案发现场没有指纹证据，没有监控录像，也没有与巴姆相关的DNA证据。

另外，该案中的唯一证人就是受害者本人。委婉一点讲，这个受害者兼证人也是有问题的。苏安是一名性工作者，而被歹徒搜走的那1.1万美元现金正是她卖淫所得。她患有哮喘、焦虑症以及双相情感障碍，还是一个瘾君子，先前因吸毒和卖淫多次被警方拘捕。除此之外，她还处于假释中。

像苏安这样的群体很容易成为被攻击目标。她们经常成为犯罪活动和暴行的受害者，而很少成为反抗施虐者的主要证人。她们几乎没有在法庭上为自己辩解的机会。像巴姆这样的懦夫一定会想，如果有什么事情可以做了不用承担后果，那一定是殴打和抢劫没有任何伙伴和保护者的吸毒妓女。他一定认为，即便苏安有勇气站出来，她也不会成为一个令人同情、可靠和可信的控告者。他几乎是对的。苏安误把一名男子当成了巴姆的同谋；按照她的描述，案发后不久，警方就在几个街区外找到了这名男子，但此人刚好有不在场的确凿证据，迫使布朗克斯的地方检察官放弃了对他发起的合谋抢劫的指控。这次误认，再加上苏安被认为是一个非常执拗且极不可靠的证人，导致地方检察官拒绝起诉巴姆。

尽管困难重重，但纽约市警察局布朗克斯劫案组的侦探肖恩·巴特勒（Sean Butler）并未放弃。在他看来，这个案子虽然难破，却值得去做。于是，巴特勒侦探把这个案子移交给了我们办公室。卡恩·纳瓦戴（Kan Nawaday）和塔蒂亚娜·马丁斯（Tatiana Martins）后来成为该案的具体经办人，前者是一位经验丰富的反黑帮检察官，后者当时是禁毒部门的初级助理检察官，后来出任公共反腐败部门的负责人。其实这并不是一个典型的联邦起诉案；我们在这个案子上几乎没有管辖权，而且一名地方检察官已经驳回了该案。但我们办公室的人勇敢无畏，也被巴特勒侦探的诚恳和坚持所打动，于是他们展开调查。

塔蒂亚娜见到的是一个好斗、愤怒和受伤的苏安。生活对她来说本来就不容易。她是一个糟糕的证人——难以交流，难以保持平静，难以保持专注，而且她表现得非常、非常愤怒，这一点倒是可以理解。如果纽约南区检察官办公室将来指控巴姆的话，塔蒂亚娜需要把苏安带上证人席，而从苏安当时的那种状态来看，塔蒂亚娜必然会忙得不可开交。

首先，卡恩和塔蒂亚娜需要更多的确凿证据。他们必须还原巴姆的犯罪路线。他们联系了移动服务提供商，获取了巴姆的 GPS 信息，进而运用三角定位法确定了巴姆的大致位置。在案发前后，巴姆的手机定位信息显示，巴姆从家中出发到达苏安所住的公寓与从公寓回到他家的路径一致。问题是，GPS 追踪系统只能精确到几个街区。这可以说是一项确证，但不是稳操胜券。总之，这是一个非常难破的案子，受害者兼证人也不好打交道。不过，基于该项证据，他们还是成功拿到了逮捕证。

2014 年 1 月 9 日，巴姆被羁押。我们查获了他的手机，并在第一时间拿到了搜查证。在他的手机回收站里，我们惊奇地发现了该嫌疑人手持成沓现金的照片以及数十张摊在床上的钞票的照片，有 20 美元、50 美元和 100 美元的。元数据显示，这些照片都是在那起抢劫案发生后拍摄的。这让塔蒂亚娜产生了一个不同寻常的想法：如果苏安也拍过她的钱的照片，那会怎样呢？如果她在劫案发生之前拍过，而且所拍的那些照片与巴姆手机中发现的这些钞票的照片相匹配，那将是确凿的证据。

尽管这是一个可能性极其渺茫的假设，塔蒂亚娜还是问了苏安在被抢之前有没有拍过那些钱的照片。在执法过程中，总有一些事情是完全出乎你的意料的。她说她当然拍过。为什么？她给出的解释在很大程度上展现了这名女性的特点：苏安是独自工作的，并通过网络进行自我营销。最近，有一名男子突然冒了出来，表示愿意给她提供帮助，并声称如果两人联手，他会帮她赚很多钱。苏安有很多特点，其中之一就是相当高傲。她对自己说，我是自己最好的皮条客。她想证明给那个抱负满满的皮条客看，正如她所说："我不需要皮条客帮我牵线，我自己就能把钱赚了。"真是走运，在劫案发生前不久，苏安把她最近一段时间赚的钱铺在了床上，然后拍照发给了那个皮条客，以此表明自己财务独立。

她仍保存着那些照片，这种运气让检察官都感到难以置信。他们花了几小时，仔细对比巴姆拍的照片和苏安拍的照片，迫切地寻找其中的一致性。塔蒂亚娜仔细研究了每一张画质清晰的钞票上的序列号和标记。在苏安拍的照片中，一张100美元的钞票的左上角有手写的"MAY"字样，但在巴姆拍的照片中，却没有与之相匹配的。她一直找到两眼昏花，可不管她有多努力，也没有发现一张互相匹配的钞票。

时间快进至审判前夕。在挑选陪审员之前的那个周五，办案团队正全力准备开庭工作。突然，有人回想起一件事情：在逮捕巴姆的时候，他们扣留的并不仅仅是他的手机。他们还扣留了他的钱包。钱包里有什么呢？1177美元现金；除此之外，别无其他。

当时，作为证据的那个钱包就静静地躺在靠近曼哈顿金融区附近美国烟酒枪械及爆炸物管理局（ATF）总部的保险柜里。检察官们相互对视起来。逮捕行动发生在抢劫案之后，所以该被告从苏安那里偷来的钱很可能仍在这个钱包里。特工凯尔塔尔·穆伊（Keltar Mui）赶忙去取钱包。在他返回后，检察官们把钱包里的1177美元现金摆在了卡恩4楼的办公桌上。

塔蒂亚娜此前曾仔细研究过苏安所拍的照片中那些钞票的标记和序列号，相关信息可以说是深深地印在了她的脑海里。甚至在卡恩从电脑中调出苏安的照片之前，塔蒂亚娜就感到自己的心快要从嗓子眼里跳出来了。从巴姆钱包里取出来的钞票中，她看到有一张的左上角写有"MAY"字样。她还认出了它的序列号：L12440340A。"快打开那些照片。"她大声喊着。

确认过程很快，是同一张钞票，跟印在上面的本杰明·富兰克林（Benjamin Franklin）的鼻子一样清楚。巴姆钱包里这张钞票的序列号和"MAY"字样同苏安在劫案发生之前所拍的一沓钱中最下面的那张一模一样。而且，还有其他三张钞票匹配成功。谁能想到会有这么好的运气，在抢劫案发生两个月之后，巴姆仍带着四张抢来的百元美钞在大街上游荡。简直像中了头奖！

审判会在接下来的那个周一进行。第一个问题是：应不应该告知辩护方这一强有力的证据？此前，辩护律师已经拿到了所有的照片，而我们也在第一时间通知了辩护律师，表示我们会将巴姆钱包里的钱用作证据，亦已邀请他们检视了证据。此外，我们还提供了钱包里钱的照片。所有相关证据都已在辩护方手中，我们既没有道德义务，也没有其他任何理由为他们做功课。

但我们仍需考量一个因素。向辩护方提供该证据有可能促使被告做有罪答辩，从而避开审判，也就无须苏安出庭做证。可事情并没有朝着那个方向发展。不同于许多与她处境相似的人，苏安非常迫切地要求出庭做证。她没有畏惧；有的只是怒火，甚至是暴怒。尽管她知道辩护方已经表明他们会拿她的性格、信誉和生活方式做文章——这一点令人生厌，但她还是想出庭做证。她想讲述自己的故事。她希望真相大白。她要在法庭上为自己辩护。她要让那个侮辱、攻击和抢劫她的人不得不面对她。要知道，在布朗克斯地方检察官拒绝起诉的时候，这个人差点就逍遥法外了，她不敢相信这是真的。

塔蒂亚娜和卡恩也认为这个案子应该进行审判。为什么？因为苏安值得拥有这样一场审判。正如塔蒂亚娜所说："苏安是一个有毒瘾、患癫痫的性工作者，她这一生饱受虐待。没有人相信她。她是一个被社会抛弃的人。她希望可以在法庭上为自己辩护，而我们也希望她这样做。我们希望她有表达自己信念的权利。我们想向她表明，在美国，像她这样的人也能够得到公正的对待。"

于是，案子进行了审判。

在开庭陈述中，塔蒂亚娜对案情做了说明，取得了令人震撼的效果。在辩护方的陈述中，联邦辩护律师珍妮弗·布朗（Jennifer Brown）并没有回应钞票匹配的问题。相反，正如检察官所说的那样，辩护方在法庭上用"荡妇"一词羞辱苏安，试图对她进行二次伤害。

辩护律师把重点放在了苏安的生活方式上，包括她所交往的人和她生活的环境等。每一个聚焦于苏安的犯罪前科、她的工作性质或她吸食毒品的问题，都表明了辩护方试图通过再次伤害苏安来赢得该案。在一次询问中，布朗女士详细问起了苏安所从事的工作及其客户，而这严重偏离了案情。她的问题是："你很擅长你所从事的工作，对吗？你有很多客户，对吗？而为了做好你的工作，你必须让客户满意，对吗？……你会跟他们说那些他们爱听的话，对吗？有些男人就是喜欢听奉承话，对吗？"

说辩护方带着和巴姆一样的心态接触苏安并不过分：人们怎么可能会相信她这样的人是受害者呢？卡恩在向陪审团解释时说："她很容易成为被告的猎物。她是一名在假释中的性工作者。谁会相信她呢？她很容易成为被攻击的目标。抢她的钱来得轻松一些。"

尽管受害者遭到了辩护方的人格攻击、轻视嘲弄和傲慢诽谤，但陪审团会相信谁呢？他们相信的是苏安。

在一个充满偏见的体制内，拥有苏安这种背景和职业的人是很难赢得他人的信任的。在宣判被告有罪之后，苏安跪倒在地上哭了起来。在对起诉团队表示感谢时，她说："这之前从来都没有人把我当回事。"

在纽约南区，卡恩和塔蒂亚娜起诉了很多大案要案。塔蒂亚娜起诉的人包括纽约州参议院多数党领袖迪安·斯凯洛斯，他在一审时就被定罪；还有纽约州众议院议长谢尔登·西尔弗，他在二审时被定罪。尽管在法庭上取得了很多成功，塔蒂亚娜却告诉我说，在某种程度上她最满意的判决之一就是拉蒙特·罗尔，即巴姆案，因为这次定罪对一个人的生活产生了重大的影响。

在查看这个案子的细节时，我感觉它同我们起诉的其他任何案子一样，都有着非同一般的意义。顺便说一句，起初我对这些细节几乎一无所知，因为这样的案子通常并不由联邦检察官办公室负责。该案对受害者意义重大，对审判团队意义重大，对加强人们的司法信心同样意义重大。另外，我也认识到，如果没有像塔蒂亚娜、卡恩和侦探巴特勒这样的斗士，正义是不可能实现的。

痛苦和戏剧性不断上演的行当总潜伏着一种危险：遭受伤害的普通人得不到应有的重视；他们成为自己职业工作的一部分，而不再是有血有肉的人。对于他们所承受的特别的痛苦，那些负责帮助他们的专业人士会习以为常，变得麻木不仁，这是非常危险的。我想，只有那些特别的肿瘤医生才会像对待第一个癌症患者那样对待第一千个癌症患者——富有同理心且体贴入微。我想随着时间的推移，医生对患者的怜悯、应有的关怀及和善的态度或被置之脑后，或被认为是麻烦事。即便是优秀的医生，也可能会把重点放到疾病这个抽象事物上，而不是受疾病困扰的真实患者身上。

在著名神经病学家奥利弗·萨克斯（Oliver Sacks）医生的著作《错把妻子当帽子》(*The Man Who Mistook His Wife for a Hat*)的前言中，他说自己对"疾病和人保持着同等的兴趣"。他描述了希波克拉底（Hippocrates）给医学提供的工具——病历——的局限性。病历是从临床角度对疾病病程所做的说明。萨克斯说，病历固然很好，但也存在不足之处，因为"它不会告诉我们个人及其历史；它无法传递一个人的信息，也无法传递一个人面对疾病时为生存而挣扎的经历"。

萨克斯恳切地表示，我们绝不能把疾病同疾病所侵袭的那个真实又独特的人脱离开来。

> 从狭义上讲，病历是没有"主体"的，现代的病历在谈及主体时往往会一笔带过（"21-三体白化病女患者"）。这既可以用在人身上，也可以用来形容老鼠。要恢复人——承受痛苦、遭受折磨、与疾病抗争的人——作为主体的中心地位，我们必须通过叙事或以讲故事的形式来深挖病历。唯有如此，我们才能同时看到"病人"和"病症"，看到一个真实的人，一个与身体疾病联系在一起的患者。

对检察官来说，他们也面临着同样的问题，应对犯罪活动和人保持同等的兴趣。当然，很多犯罪活动并没有明确的受害者。但在有受害者的时候，他们就需要，而且也应该采取不同的策略。即便是优秀的检察官，在运用其超强的法律和调查技能办案时，也可能会沉迷于证明犯罪的构成要件，进而忽略了照顾犯罪受害者的"更柔软"的工作。当检察官或执法特工忙于梳理通话记录、审查监控录像或通宵达旦地起草烦琐的文件以申请搜查令和窃听令时,那些有血有肉的犯罪受害者往往就会被置之脑后。这种疏忽有可能引发恶果。

当然,平心而论,一定程度的超然是必要的。在多年历练之后,如果肿瘤医生或凶杀案侦探仍不能应对极其严重的病情诊断或冷酷的谋杀,那说明他们既无法胜任该任务,也不适合这样的工作岗位。无论是医生还是警察,都应具备处理流血和死亡事件的能力,而不是一看到这样的场合就哭叫或昏倒。

与此同时,过于强调专业主义会损及正义事业,扭曲公正的决策。如果你不把受害者——承受痛苦、遭受折磨、与不公抗争的人——记在心里,那么在他们能否出庭为自己辩护这一问题上,你可能就会做出妥协。你必须想着要为受害者而战,因为就一个案子而言,你很容易看到其中的问题所在,从而找到不这样去做的借口。

让我们面对现实吧!如果没有强大的受害者——尤其是那些易受伤害、无权无势、身陷困境或不被同情的受害者——导向,那么规避风险的倾向就会压过人们伸张正义的冲动。同其他人一样,受害者也各有各的问题。他们可能不讨人喜欢或难以相处,也可能愚蠢、不诚实、固执、夸张、易激动、浮夸、反复无常、报复心强或复杂。他们可能极不情愿出庭,也可能迫切希望出庭。不管怎样,这两种情况都存在问题。他们可能会犯错,就像苏安错认了巴姆的同谋一样。这可能会影响案子的决策和起诉,就像布朗克斯地方检察官办公室所做的那样。

对有的人来说,获得正义的判决会更难吗?当然是的。这听起来可能很糟糕——人们也不希望情况是这样,但无可否认,犯罪受害者中存在某种等级制度。提出问题,得出推论。当一个默默无闻的人起诉一个有权有势的人时，她会被相信吗？当一个穷人起诉一个享有特权的人时，他会被相信吗？即便检察官相信这名证人，陪审团会相信吗？这么说可不是空穴来风。有时候，受害者会带来非常多的问题，以至于检察官在接受挑战时会变得犹豫不决，或认为在发起指控之前，应全面核实与受害者相关的证据，无论该受害者遭受的是性侵、强奸还是抢劫。

鉴于诸多方面的原因，许多检察官都有一种植根于内心的风险规避意识；但他们还有一种特别的紧张感，这种感觉源于脆弱又不完美的受害者兼证人。因此，对于那些难以获得正义或成为权势之人猎物的弱势受害者，检察官有必要给予特别的关怀。相比于富有、体面和不存在任何问题的受害者，上面所说的那些受害者可能希望、需要，也应当获得更多一点的正义。给予这些受害者一些特别的关怀和同情也许会点燃你的激情、战斗精神和怒火，从而促使你在办案时更努力一些，更深入地挖掘真相以辨明是非。这种全身心的投入可能会改变分析结果，并推动你奋力前行，即便障碍重重。

我们这个国家存在着一种激烈的争议：那些遭到有权有势的男人性虐待或性侵的女性，她们的声音在多大程度上被置若罔闻。我们很难评估任何一个特定的案子，但有一种感觉是真实的，那就是某一类人——有权有势有名望的人——可以逃脱一切责任，因为他们有能力让受害者保持沉默，也可以通过恐吓受害者而免受惩罚。无数女性被骚扰、被虐待、被侵犯，更糟糕的是，即便是那些提出了可信依据的案子，也极少有受害者能得到公平公正的对待。检察官可能会考虑要相信谁这一难题（是相信他说的还是她说的），也可能会考虑起诉这样一个权势人物的艰巨任务以及该案所需的堪称无底洞的法定预算。此外，如果陪审团最终判被告无罪，那么诉讼行动将会对被起诉的名人以及提起诉讼的检察官办公室造成持续性的声誉损害。

因此，对于那些已经结案的有效案件，具有风险规避意识的执法者可能不会去冒险重新提起，特别是之前有过失败经历的那些人。正义的实现乃至为实现正义所做的善意尝试并不仅仅取决于法律或事实，因为那些做决定的人并不是完美的，他们有时候也怀有恐惧心理。

思维模式很重要。

问题如下：你有多想立案？你愿意为该案付出多大的努力？你愿意承担多大的风险？为证明你信任的受害者无罪，你愿意忍受何种程度的批评？

2017年在美国发起的反性骚扰运动"#MeToo（我也是）"导致许多权倾一时的大人物身败名裂。一场广泛却不是很彻底的清算也由此拉开序幕。这场运动还产生了另外一个显著效果。它非常明显地改变了检察官心中的计算模式——起诉风险与为真正的受害者进行辩护的重要性之间的微妙平衡。众所周知，在第一回合，曼哈顿地方检察官办公室并没有以性侵罪名对好莱坞大亨哈维·温斯坦发起指控。要知道，在2015年的一次诱捕行动中，警方已经获取了可信证据：温斯坦在录音中明确承认他未经那名受害者的同意就碰了她。但随着"#MeToo"运动的到来，又有多名女性站出来表示自己曾遭温斯坦性侵。之后，温斯坦被所在公司解雇，职业生涯出现断崖式下跌。类似的故事不断上演，总共有超过80名权势人物因暴力和性骚扰而在职业上遭受重创。另外，在公众的严厉抨击之下，曼哈顿地方检察官办公室重启温斯坦一案，并依据3名女性的遭遇，于2018年以强奸和性侵的严重罪名对温斯坦发起指控。情况有什么改变吗？是有了更多的证据吗？显然，这两个问题的答案都是肯定的。但真正改变了的是追求正义的意志。在美国，正义的怒火虽姗姗来迟，却熊熊燃烧，改变了检察官办公室的优先事项、风险评估和工作重点。所以说，追求正义的意志很重要。

有时候，我们忘记了受害者。有时候，我们怀疑他们。有时候，我们论断他们。但最终，这个体系应该为他们服务，并按照司法的要求，让他们在法庭上有为自己辩护的机会。这适用于完全无辜、躺在床上的3岁孩童，适用于像苏安那样患有疾病、内心忧郁的人，也适用于遭权势之人性虐待的年轻女性。

法官

有一次，我跟一位著名电影导演谈起了工作职能的问题。起初他并不认识我，但经人介绍后，他知道我是一名检察官。这位导演体贴又好奇，他问道："你们这个领域有什么新鲜事吗？"

聊着聊着，我们就聊到了法官的问题上——至于为何谈到这个问题，我已经记不得了。他想知道的是："刑事案中的法官是如何挑选的？"

我告诉他是通过轮盘决定的。我说有一个轮盘，里面装着法官的名片。一名地方法官转动老旧的木轮把手，将卡片混到一起，再从中抽出一张，被抽中的就是主审法官。这对我来说并不是什么稀罕事，但这位导演却是满脸惊喜："真的有那么一个轮盘吗？"我能感觉到他在努力想象那个场景。

我说："是的，真有。"

他笑了起来，陷入沉思。或许，他是对这种离奇古怪又不合潮流的事物感兴趣。或许，他是被这种戏剧化的方式吸引了。他说他想拍一部名叫《轮盘》(*The Wheel*)的电视剧或电影，故事就围绕着这个决定命运的抽选时刻展开。

我密切关注这方面的信息，但据我所知，目前还没有出过类似的剧集。在这位导演提及这个话题之前，我从未以局外人的身份认真思考过法官分派的问题。他的这个发现很重要。法官是不能互换的。经济学家可能会说，他们是不可替代的。主审法官的身份至关重要，有时候会带来截然不同的两个世界，尤其是在处罚方面。法官的行为、风度和决定可以以无数种方式塑造公正或不公正的结果，并会影响参与者对过程公平性的信任。

但首先，让我们回到轮盘的话题上。纽约南区实际上有三个轮盘，而不是一个；每个轮盘上面都有一把锁。它们就被摆放在珍珠街500号现代法院大楼5层那间天花板低矮的主审法官法庭。这三个轮盘分别被标记为A、B、C，区别在于审判时长。当然，并不是每一名法官都参与每一轮的抽选。就轮盘本身而言，它们是八角形的，由深色木材制成，并被永久摆放在那儿。装有法官名字的信封通常会被封得严严实实，需要开信刀才能打开。起诉书被提交之后，当值地方法官会缓慢转动把手，抽选主审法官，这是一个特别的时刻，因为它决定了很多事情。我们虽然不迷信，但有时也会派一名"好运气"的检察官到现场观看。

有趣的事情就在于，这些实体轮盘根本没有必要存在，随机抽选法官的任务完全可以交给计算机。同样是在纽约南区，当我们办公室提交民事起诉状时，主审法官就是由计算机程序随机抽选的。这种情况已经持续多年了。然而，在刑事案中，这些实实在在的司法轮盘仍在发挥作用。诚然，按照规则，大陪审团裁定发起指控的案子，即引起分派法官需求的案子必须在公开的法庭上进行审判。但为什么采用轮盘呢？这就像是一种古老的仪式，一种遥远过去的残余，它进一步强化了抽选的庄严性和正义的公开性，也彰显了刑事案件的紧迫性，因为在这类案子中，自由岌岌可危。

法官是身着长袍的神使，是上帝的声音；如果你的命运掌握在法官手中，那么他很可能拿着权杖当木槌。但重要的是，你要知道，任何法官都是像你我一样的人；与大多数人相比，他们或许只是有一个更好的职业生涯而已。法官有心情好的时候也有心情不好的时候。他们有自己的观点。他们有自己的秉性。他们有自己的弱点。他们也只是人。

从另一方面来讲，在知道了谁是法官之后，你就会知道接下来等待你的是不是愉快的经历了。你会知道哪些审判会让你熬到凌晨两点，哪些法官会让你觉得无地自容、当众抨击你，以及哪些法官不会这样做。你可以相当准确地预测审判所需要的时间。如果法官的特性可以决定结果，那么从现实层面而言，这意味着什么呢？

你可能不是一个执业的诉讼律师，可你这一生都会跟法官或法官式的人物打交道。如果你违反了交通规则、要离婚或有一笔小额索赔，那你可能会和真正的法官打交道。如果你被逮捕、被起诉或起诉了别人，那你就得接受法官的审判。

但法官式的人物随处可见。比如学校里掌握着处罚权的老师，裁定人事事项的老板，决定晋升人员的管理者，以及解决子女纠纷的父母。再比如足球和棒球比赛中的裁判。所有这些人都可以被称为法官。如果你参加过比赛、工作或体育活动，你一定遇到过某种形式的法官。我们所有人都被论断，而我们也论断其他所有人。

想一想你对日常生活中这些法官的中立性、判断力和智慧的看法。在看待他们所做的评判时，你可能会依赖于他们给你带来的感觉公正与否（人们往往认为站在他们对立面的那些人是不公正的，这是一种自然偏见）。

同样重要的是，你会采取什么策略来应对这些重要的法官式人物？顶嘴？还击？顺从？忍受？屈服？

在法庭上，律师怎样才能找到更好的方法以应对法官呢？通常来讲，这更多地要取决于常识和人性，而不是专门的法律知识。这一点与我们的日常生活颇为相似。法官的职责是允许真相的发掘，且在此过程中不带任何偏见，不偏袒任何一方，保持不偏不倚的公正立场，同时给予控辩双方以尊严和尊重。大多数情况下，法官是这样做的。但有些时候，审判过程可能需要检察官和辩护律师来引导法庭，以确保这些观念得到践行。唯有如此，才能实现真正意义上的正义。

纽约南区拥有全美最富有思想、最聪明和最具有道德情操的一些法官，我觉得能在这个区执业是一件非常荣幸的事情。早前在美国参议院工作时，我的职责之一就是甄别和审查纽约最有成就的律师，并引导他们出任联邦法官。我非常关心法庭的质量问题，并帮助确保它的质量。纽约南区联邦法院一向有着"法庭之母"（Mother Court）的美誉。这既表明了它的卓越，也彰显了它的自重。对这个具有传奇意义的法院来说，这样的赞誉当之无愧。当然，这并不意味着其中每一个人都是完美的。

有时候，法官的行为方式看起来更像是自我保护而不是追求正义。你或许对此感到奇怪，因为你通常不会把法官当成有血有肉的人来看待。毕竟，法官的名字不会出现在控辩双方的任何一侧。法官希望在其职业生涯中取得成功，无论那对他们来说意味着什么。有一些法官认为，判决结果被上诉法庭推翻是他们职业上的失败；如此一来，他们可能就会做些什么来避免这种情况的发生。

我们曾经办理过一起备受关注的国家安全案。开庭前，在被告律师提出动议后，主审法官排除了某一特定证据；被告在他国被捕后向联邦特工所做的一些有罪供述也未被采纳。那份证据虽然充分，但并不是关键的，因为该案还有很多其他证据。更糟糕的是，为支持自己的主张，该法官就可信度对负责该案的两名重要的联邦特工做了负面的判定；她认为他们否认自己威胁过被告的言论是不可信的。同我们团队一样，我认为这一判定毫无依据，而对当事特工来说也极其不利。他们的职业生涯会因此受损。她的判定无疑会引发工作伦理调查，亦让他们更难在之后的庭审中做证。也就是说，这名法官把针对这两名特工的惊人的质证材料拱手交给了被告的辩护律师。

证据被排除不用对我们来说并没有问题，因为那并不是关键的证据。

但可信度的判定是令人沮丧的，也让人难以接受。该法官在做裁决时，原本犯不上损害当事特工的职业声誉。碰巧的是，这两名特工我都非常熟悉，早前我作为一线检察官办案时与他们有过密切合作。相对于被告基于自身利益的控诉，我更相信两名特工的职业操守。我们整个团队都为此感到恼火。我更是气愤不已。

从业内来讲，这种排除证据的裁决难以上诉，因而也是谨慎做出的。主审法官做出的可信度判定会被给予极大的尊重，上诉法庭的法官一般不愿对此提出质疑。对于该法官做出的排除证据的裁决，我们坚定地认为她有自己的合理原因，但之后为了进一步强化这一裁决，她又做出了针对两名特工的负面的可信度判定。我们强烈怀疑她并不坚信自己的第一判断。

一怒之下，我做了一个不同寻常的举动，而这也是我先前从未做过之后也再未做过的。我发表了一份公开声明，表示我们将考虑就这一决定提起上诉。此举引起了该法官的注意。

就在第二天，该法官通知各方，表示要召开一次临时会议。那天下午，在我的办公室，我们跟以往一样，围坐在咖啡桌前讨论应对策略。参与该案的两名庭审检察官是我共事过的最优秀和最聪明的检察官——安坚·萨尼（Anjan Sahni）和布伦丹·麦圭尔（Brendan McGuire）。他们两人均被我提拔过两次，后都担任领导职务。理奇·扎贝尔和博伊德·约翰逊也参加了讨论，主旨就是安坚和布伦丹应以何种方式应对此次多方会议。我们的策略是对该法官做出的不公平的可信度判定，他们应表明自己感到十分困扰；如果被施压的话，他们则应明确表示如果她撤回该判定，我们将不会寻求上诉。对于这样唐突的要求，她可能不会接受。对大多数法官来说，这样的方法都是难以想象的，因为它带有一些交易的性质。

她拒绝了吗？没有，她并没有拒绝。在我们明确表示不会提起上诉之后，该法官很快就表示她会撤回之前的裁决以及针对两名联邦特工的负面的可信度判定。她在一天之内就兑现了承诺。后来，另一名法官发现可能需要对其中一名特工进行质证，以了解他对政府的潜在偏见，因为早前是我们出面支持，那名法官才撤销了针对该特工的可信度判定。所以说，这种伤害并不是一时的。

对于这件事，我们是怎么看的呢？一方面，无论是从案子、事实还是从特工的角度讲，我们的做法都是对的。我们很高兴看到那名法官撤回了她做出的判定。另一方面，她愿意以多快的速度消除这两名特工的职业污点，也就意味着她最初所做的那个决定多有影响，多以目的为导向。法官清楚，这样的判定对资深特工的职业生涯来讲极具破坏力。因此，你可能会认为她的这个决定是深思熟虑的，是必要的，是不会轻易撤回的。如果你这么想，那就错了。

全美各地都有"试水"的法官：如果我这样判，各方会上诉吗？这是一种事前预演。当然，这样考虑未必就是坏事，它实际上是在以一种磋商的方式兼顾各方的利益。但不可否认，在某种程度上，这是高度成功的专业人士的一种自我保护本能。同样，这也未必就是坏事。

在上述案例中，我们以放弃上诉为条件，换取法官撤回不利于特工的可信度判定，这看起来并不是很有原则，对吧？确实如此。但问题就摆在那里，我们必须去解决它。我们珍视自己的声誉；在我们看来，如果有人准备中伤我们，那这人一定是做了充分考虑的，而如此轻易地撤回之前的判定则说明她一开始就没有坚持深思熟虑。

我并不是说这种自私场景司空见惯。我希望不是。但它的确会发生，而且我敢肯定，这种情况并不仅仅存在于纽约南区法庭，其他不那么受尊崇的地方也一样。

问题在于：法官并不总是一个完全公正无私的人；他只是以法律来衡量事实，判断对错。法官并不总是超然于一切之上。我们每个人都有自己的战术和策略，法官也不例外。他们并不总是排斥所谓的交易。如果检察官发现某个法官特别在意审判结果会因某一方的上诉而被推翻，那他就有应对的办法了。这里的教训就是认知；就如同我们每天在家中、在学校里或在职场上遇到的法官式人物一样，我们首先得对他们有一个基本的判断，知道他们的动机是什么，以及怎样做才能消除他们潜在的自私心理、自负或偏见。

在我看来，要想全力推动正义的实现，推动看得见的正义的实现，你就需要时刻保持警觉，同时还要不断自我发展与自我完善。出于某种特殊的体制原因，法官在这方面存在不足。

就我个人经验而言，法官通常都很聪明且充满好奇心。他们处事严谨，注重细节。他们都是追求卓越、训练有素的法律人士，深知自己对某一条款或逗号的解释会影响到案件的判决。但我认为，就审判的本质而言，有一个特性妨碍了长袍法官这个群体的进步，使得他们不能像其他专业人士那样随着时间的推移而不断提升自我。当然，工作年限越长，他们的经验就越丰富。可这种法律知识上的扩展只是源于他们看了更多的案情摘要，审判了更多的案子。

但几乎所有主审法官都无法通过另外一种学习和训练方式来提升自己，那就是至关重要的观察学习法，即通过观摩同行的工作来实现自我进步。在法庭上，出庭律师会观察同行的辩护工作。他们会看到怎么做奏效以及怎么做无效。他们可能会模仿同行的语调、语速或策略。在担任联邦检察官期间，我常鼓励我们办公室的年轻检察官去法庭旁听：一是观摩同事的工作，二是观摩最优秀的辩护律师的工作。当然，你可以从实践中学习。但同样，你也可以通过观察来学习和提升自我。这个原则并不仅仅局限于律师业，运动员也会研究其他运动员，包括他们在比赛现场及重要比赛录像中的表现等。拳击手、橄榄球四分卫、棒球投手和高尔夫球手也不例外：通过观察最优秀的同行，实现自我提升的目的。企业领导人、记者和演员亦是如此。

主审法官略有不同。

诚然，很多人已经在以往的职业生涯中见过许多有着不同风格和能力的法官。很多人从法学院毕业后将担任法官的书记员，所以对如何适应这一角色，他们会有自己的一些想法。然而，一旦转换身份成为法官之后，这种学习方式就宣告终结。他们是自己所执掌法庭的"国王"，但同时也是法庭的"囚徒"。他们不会再出现在其他法官面前，因而也就无法看到其他同行如何处理复杂的异议、难缠的证人、无礼的律师或内心困惑的陪审员。自宣誓就职的那一刻起，他们基本就无法再靠观察来获取经验了。这当然是意料之中的。要知道，国王和王后很少会到其他君主的城堡里逗留。但我认为，有些东西会就此失去，比如在继续教育方面，有时候他们将无法看到有人在某些方面比他们更优秀，从而感到惭愧。这不是他们自己的错，但被置于一间与外界隔绝的房子里，那些不良习惯或无益的举止往往会一直伴随着他们。这可能会损害人们对正义的理解，甚或损害正义的实现。

我在这里讲的是主审法官——他们独自主持审判，无须担心"宫墙之外"发生的事情。他们可以为自己的法庭设立古怪而离奇的规则。有些法官要求你任何时候都不能偏离审判席。有些法官要求你不能喝瓶子里的水。有些法官要求你在询问证人时必须先征得他们的同意。有些法官不允许你感谢法庭（严肃地）。有时候，你很难将这些规则同具体的法官对应起来。（同最高法院的法官一样，上诉法院的法官也是以合议庭的形式开展审判工作的，所以他们可以观摩同事的工作，并向同事学习。）

我无意夸大这个问题。法官的职责之一是撰写法律意见书；除此之外，他们还会阅读其他人撰写的无数法律意见书，所以这是一个持续学习的过程。但法庭上的行为也很重要。

正如我所说的，法官是法庭的主人和指挥官。自被告第一次出庭起，他们就定下了基调。每个人都仰望法官。这是实话，因为在法庭上，身着黑袍、手持小木槌的法官所坐的位置更高一些。在法官进入和离开法庭的时候，全体都要起立。审判区向来是为尊重和遵从设置的，而每个法官在这个权威舞台上的表现各有不同。

有些法官并不懂得他们所拥有的这种赋予诉讼合法性的独特权力。

我们来看一个例子。

很多法官在开庭时只会向律师致以衷心的问候——"检察官女士，早上好。辩护律师先生，早上好"。非常友好，也充满尊重。然后，法官不再把目光投向某个特定的人，而只是说"我注意到被告已经到场"。这是对被告依法享有的辩护权和其他重要的诉讼权的正式确认，也是为了让法庭速记员将这一确认记录在案。对法官来说，被告就仿佛是一棵仙人掌。这看起来可能是一件小事，但实际上是对被告尊严的一种极大的损害。要知道，我们所有人都是因该被告而出庭的。被告是法庭上唯一承担自由风险的人，是法庭上唯一被审判的人，也是法庭上唯一面临生命和生存危险的人。

我所在区的前首席法官洛蕾塔·A. 普雷斯卡（Loretta A. Preska）以及其他一些法官在开庭时则采取了另外一种问候方式。普雷斯卡法官从来都是一副干净整洁的模样，头发也精心梳好，给人一种帝王般的权威感。我曾出入过她的法庭很多很多次。她的审判一直都正式又友好。在开庭时，她总是面带微笑地说"检察官女士，早上好"和"辩护律师先生，早上好"。然后，她会转向被告（我们皆因被告而出庭），同样面带微笑地说"被告先生，早上好"。她把被告当作一个值得尊重且有尊严的人来看待。在这一点上，检察官可能会忘记，法官也可能会忘记。但是，要想全面建立起公众对司法体系的信心，要想让每个人都能得到公平公正的对待，我们不仅需要良好的规则，人与人之间也要相互尊重，以一种人性化的方式维护他人的尊严。

这种问候或打招呼的方式只是一种客套，但我认为这种客套所反映的是更重要的事情。我常常想，当被告连主审法官的一句简单的"早上好"都无法得到时，他会如何看待自己在司法体系中所处的位置以及这个体系的公平性。他会不会觉得自己被无视了？他会相信这场诉讼的公平公正性吗？疏远是没有必要的，这种小小的贬低行为只会削弱人们对司法的信心。

法庭上有很多变形术。我们颂扬法官，贬损被告。但法官是人，被告也是人，这个事实是手铐或长袍所无法改变的。

有些法官会过多地介入诉讼，发表过多精彩的评论，看起来更像是播音员而不是裁判员。

2018 年夏末，全美都在密切关注保罗·马纳福特——2016 年任特朗普总统的竞选团队主席——的联邦刑事审判。公众之所以对此感兴趣，原因有很多，其中之一就是该被告与现任总统关系密切。但值得注意的是，该案法官也受到了广泛的关注。一时间，他成了这出"戏剧"里引人注目的话题人物。当然，作为法官，他享有这样的权利，就好比电影导演有权在自己制作的电影中出演重要角色一样。不过，一般来说，这种自负往往会酿成错误；当然也有例外，比如奥逊·威尔斯（Orson Welles）执导并担任主演的巨制影片《公民凯恩》（*Citizen Kane*）。

马纳福特一案的主审法官是 78 岁的 T. S. 埃利斯三世（T. S. Ellis Ⅲ）。他是里根总统任命的法官，持有普林斯顿大学、哈佛大学和牛津大学的学位，以及"脾气乖戾"方面的高等学位。正如《纽约时报》在庭审中所观察到的，埃利斯法官"经常打断律师的问话，限制证据的可采性，并催促律师加快诉讼进程，而与此同时，他还不忘娱乐一下旁听席上的观众——他拿自己的年龄开涮，并以幽默的方式讲述他妻子的故事、他在海军的服役经历、他没有电子邮箱的事实、陪审团的午餐菜单、分裂不定式，以及利用机器发出噪声防止审判庭进行讨论时被人偷听到"。

在有些人看来，法官在庭审中不宜"高调"，尽管他们顶着审判人员的头衔，从事着审判工作。然而，那些拥有智慧的人，包括法官在内，往往喜欢运用他们的智慧，以"俘获"观众。

对于那些想成为众人关注的焦点，在审判过程中表现过度的法官，我们该如何应对呢？

值得称赞的是，埃利斯法官还是有一些自知之明的。他曾经说过"在我的领地，我就是罗马的凯撒"，但同时不失分寸且谦卑地指出"这是一个非常小的罗马"。跟其他一些法官一样，他就像巨人般统治着自己的小小世界。司法体系中弥漫着某种特有的气息。法官说这是我的法庭。法庭分配遵循严格的年资制。初级法官排队等待，期盼分得更好的法庭。在纽约南区，终身制法官在竞争高等法庭方面，与律师事务所律师或公司雇员争抢更开阔的办公空间并无二致。事实证明，舒适性和身份对每个人都很重要。

甚至在马纳福特一案开审之前，埃利斯法官就表现出了愤怒。马纳福特的支持者兴奋地抓起一篇激烈的长篇演说，认定埃利斯法官很快就会推翻整个案子。在这一演说中，对于特别检察官的权限范围，埃利斯提出了质疑。在法官席上，他缓慢而庄重地说道："在我们这个国家，我们不希望任何人拥有任何不受约束的权力。所以，你不太可能说服我特别检察官可以享有无限的权力，去做他想做的任何事情。"特别检察官并未就此给出反驳。一番表达之后，埃利斯法官驳回了辩护方提起的撤销指控的动议。案子很快进入审判阶段。

埃利斯与律师争执，贬低他人，发脾气，还高声自言自语。这都不是一个优秀裁判员的作为。隐于幕后，法官会做得更好。若一名法官因其正在审理的案件而变得出名，这通常是一个不好的征兆，比如 O. J. 辛普森案的法官兰斯·伊藤（Lance Ito）。那些最优秀的法官都不是抢戏大王，因为抢镜头会让人觉得他们是在支持某一方。不同于检察官和辩护律师，法官是中立的，从来都不是任何一方的支持者。

埃利斯法官对公诉团队尤为挑剔，包括提醒检察官在回答时要说"yes"

（是的），而不能用口语化的"yeah"或"yup"。这倒在理。

但颇具争议的是关于面部表情开展的拉锯战。在开庭第一周，他告诉检察官要"控制面部表情"。

埃利斯法官：　　　在你讲话的时候要看着我。
安德烈斯检察官：对不起，法官。我是在看着你。
埃利斯法官：　　　不，你没有。你是往下看的。
安德烈斯检察官：我不想因为面部表情而惹上麻烦。我只是在办案，什么也没有做错，我不想因为某些面部表情被你在法庭上再次吼叫。

诡异的是，埃利斯法官一度指责坚忍、老练的检察官格雷格·安德烈斯（Greg Andres）在法庭上流泪。

埃利斯法官：　　　好吧，我理解你的这种沮丧。事实上，我现在已经看到你眼中含泪了。
安德烈斯检察官：法官，我没有流泪。
埃利斯法官：　　　好吧，但你的眼睛湿润了。听着，我希望你能够把重点放到犯罪行为的证明上。我不明白这些问题与证明有什么关系。

安德烈斯早前将博南诺犯罪家族的头号人物文森特·巴夏诺投入监狱，也曾因受到可信的死亡威胁而得到过安保特遣队的保护。这并不是他第一次，也不是他第十次作为检察官上庭。他不是一个轻易流泪的人。

与此同时，埃利斯也确实展现出了自知之明，想要消除敌意。他对庭审各方表示："法官应该保持耐心。如果一味迎合我，他们就犯了错误。"

这种古怪的行为有时会受到陪审员和记者等人的热捧：法官的这一努力打破了一成不变的形式，刺破了沉闷的气氛，推动了事件的发展，缓解了人们一天的疲惫。观众喜欢法官在审判时"纠缠"律师和证人。当然，律师是非常反感这一点的。这让他们面临更多的障碍、压力和不可预测性。律师就像是金融市场，他们喜欢稳定性，憎恶不确定性。法官会如何裁决这项证据？这要看他的心情吗？还是看他的突发奇想呢？他会不会忘记昨天说过的话，进而推翻对我们有利的裁决？

审判到了最后还出了一个大问题。检察官传唤了一名专家证人；庭审第一天，在得到法官的许可之后，该证人全程出席了之后的庭审。一般来说，法官会让出庭做证的证人在庭外等候，以免他们根据庭审情况调整证词。出于这一原因，检察官明确向法官提出给予该证人豁免权的请求。但在意识到该专家证人没有在庭外等待后，埃利斯勃然大怒。

检察官提醒他说，这位证人出席庭审是他第一天就批准了的，可以"查阅庭审记录"。

尽管如此，作为政府代表的检察官还是被他当着陪审团的面严厉训斥。

此次事件之后，该案检察官提出一项动议，要求法官向陪审团解释他们并没有做错任何事情，并指出法官的这一行为使得米勒团队给人留下了"不良的印象"。这是一种误导行为："法官于8月8日在陪审团面前对政府律师的严厉训斥是……错误的。在庭审过程中，虽然错误不可避免，但该错误对政府造成了损害。"

在经过一番反思并查阅庭审记录之后，埃利斯同意了检察官提出的要求。他后悔了。他告诉陪审团："把所有批评都暂放一边。"

此外，心生悔意的埃利斯法官还在公开法庭上表示："就算穿上这件长袍，我也跟大家一样，都是人。"这或许是他最真诚的一句话。刚愎自用的法官也有谦卑的时候。

在令人痛苦的折磨和埃利斯法官的情绪爆发中，检察官坚持立场，据理力争，勇敢地指出他的错误，力求把案子办好。就那名专家证人的问题而言，通过庭审记录，他们赢得了埃利斯法官罕见的道歉，而更罕见的是，他还承认了自己的错误。

保罗·马纳福特被判8项罪名成立。按照计划，这之后不久，他会在华盛顿哥伦比亚特区接受第二次审判。但在第二次审判前，面对其他多项指控罪名，他选择了认罪。检察官很好地完成了他们的工作。即便一名法官行为不当、记忆有错或表述有误，如果律师能低调行事，做好本职工作，恪守规则，那么最终结果仍将是公正和正义的。这就是我们司法体系的力量。

有时候，即便你和法官处于最紧张的对峙状态，只要时机合适，你就可以通过敏捷（和幽默）的反应来化解这种状态，进而推动诉讼工作的进展。

下面我们来看两个小例子。这都发生在纽约南区，不过那时我还没有就任。

凯文·达菲（Kevin Duffy）在非常年轻的时候就被任命为法官，那时他只有39岁。但随着时间的推移，几十年过去了，他可能已心生厌倦，逐渐成为全美脾气最坏的法官之一。他在法庭上对待律师的态度就像猫玩弄惊恐万分的老鼠一样。一天，一名助理检察官正在向证人提问时，突然就抛出了一连串达菲法官认为违反其裁决之一的问题。法官马上就火了。在公开法庭上，他厉声说道："如果你再这样做，我就打出你的蛋来！"整个屋子陷入沉寂。这是一种罕见的威胁，而且该检察官还是一名女性。这名助理检察官回过头来看着法官，回应说："您知道的，法官，如果您能找到的话，那请便。"就这样，紧张气氛一下子被化解了。法官也笑了起来。在那一刻，她成为达菲法官最喜欢的人之一。

再看另外一个例子。安德鲁·麦卡锡（Andrew McCarthy）是一名固执的检察官，后来成为《国家评论》（*National Review*）的一名犀利的专栏作家。有一天，他在庭审中与法官惠特曼·纳普（Whitman Knapp）发生了激烈的争执。当时陪审团并不在场。纳普法官一度厉声说道："麦卡锡先生，大致说来，你这个职位就是搞你自己的。"

"不，"安德鲁迅速纠正道，"法官阁下，我这个职位是搞您的。"

纳普法官笑了起来。

就这两个例子来看，关键一点在于检察官把人逗笑了。谢天谢地。但在某些环境下，欢声和玩笑话就可能是非常不当、不宜和失礼的，比如在利害攸关的庭审中、手术室中或军事任务中。我希望这些环境并非总是如此。原因呢？每一个高压锅都需要一个排气阀。

法庭有一种戏剧效果。人们把庭审比作戏剧或电影，检察官则认为自己是导演和主演。但还有另外一种人为性，而这种人为性或许是必要的。尽管法庭上会出现上述一些轻浮的时刻，但就法官而言，他们大多数时候都是极其严肃的。优秀的法官会感受到某种不做自己的自然压力，不会表现得过于随意，不会表现得过于放松，因为每一场诉讼都有其重量。在某种程度上，每一场诉讼都是庄重严肃的。他们身穿长袍，手持木槌，坐在高高的审判席上。你可以忘记他们是跟你我一样的人。但有时候，我倒是觉得他们自己忘记了这个事实。

在我还是一名年轻检察官的时候，我曾到过纽约南区的怀特普莱恩斯办公室，那里有一个特别爱摆官架子的地方法官——马克·D. 福克斯（Mark D. Fox）。他对检察官咆哮。他严格遵守法庭后面那个时钟上的时间，而那个时钟通常比标准时间快几分钟。这意味着如果你按时出庭，就会迟到。

那是我刚担任检察官的第二年，在3月的某个周一前往怀特普莱恩斯是因为我有一起毒品案要在那里开庭。此前的那个周五，我起草完开庭陈述时已是晚上，需要休息一下。我决定带达利娅到联合广场附近的一家餐厅吃饭。那是一家非常不错的餐厅，离我们家也不远。吃完饭已是夜里11点半左右。回家途中，在走到第14大街和第5大道的交叉路口时，我们在大通银行的自动取款机那儿停下来取钱。那里离我们家只有两个街区。当时，达利娅已经怀孕7个半月。走到第15大街时，我们突然被两名男子从后面抓住，当时我们距家门口只有几米之遥。沿着水泥台阶，他们把我们往下推了几级，来到另一栋建筑物内。他们刚刚看到我从自动取款机里取过钱，所以拿刀逼我交出钱。在这次抢劫中，我遭受了脑震荡、颅骨骨折，而达利娅则出现了宫缩反应。好在最后没有出什么大问题。达利娅没事。我的身体也恢复了。6周后，漂亮的马娅出生了，身体健康，而我只是错过了一周的工作。

就在那周的某一天，达利娅去取信件。在拿回来的一沓信中，有一封是我在整场磨难期间收到的最让我感动的。这封信是手写的，用的是私人信纸，看了让人觉得温暖又亲切。写信人正是福克斯法官。我认识很多法官，但没有谁亲自给我寄过这样一封诚挚的信。我把它放到我的公文包里，放了很长时间。这是一个纪念物，一个时刻提醒我又充满小小善意的纪念物。但同时，我认为它跟其他很多纪念物一样，提醒我们无论是谁，他都是一个人，法官也不例外。

有一次，在办理一起棘手的白领犯罪案件时，我被一名法官搞得非常沮丧。我觉得我们没有得到公平的对待，法官的很多裁决是错误的、不公正的。如果陪审团未能就该案做出一致裁决、案件需要重审的话，我们考虑过采取行动，要求撤换该法官。但最终，被告被无罪释放。不久之后，在我们办公室举行的一次非公开的聚餐活动中，我不顾自己的良好判断，就这名法官的能力开了一个恶劣的玩笑。这原本只是一个私下里开的玩笑，无意外传，目的也是鼓励在该案中付出艰苦努力却备受挫折的起诉团队。不想，我的这番言论最终登上了媒体。为此，我感到非常羞愧，于是给该法官写了一封道歉信。此外，我还向其他一些法官寻求建议，看怎样才能弥补过错。

我去拜见了纽约南区最受人尊敬的法官之一。那是一个下午，地点是她的办公室。她若有所思，而后坦诚地给出了自己的意见。她并没有过多地批评我，但明确表示，我犯了一个巨大的错误，给人造成了伤害。她当时说的话我至今记忆犹新。她说，虽然法官在法庭上有着非常大的权力，但他们在另外一个方面却是相当无力的。在面对公众批评时——无论这种批评公正与否，他们无力反驳。我拜访的这名法官最近就多次遭到某报纸社论版的抨击，而且是非常严厉的抨击。但依照传统和伦理道德，联邦法官对法庭之外的事情基本上是以沉默应对。

"你是如何处理的？"我问道。

她笑了起来，说："跟你说吧，普里特。我的做法就是打电话约几个好朋友来家里，坐在沙发上一起喝上一大瓶白葡萄酒。然后，第二天我照常上班，就跟以往一样。"

法官让我敬畏，也令我失望，但让我敬畏的时候无疑更多一些。我们对他们有很多要求。我们要求他们伸张正义，尽管有时候连我们自己都不知道最公正的结果是什么，比如审判量刑。我们要求他们判决其他人。我们要求他们决定他人的命运，剥夺他人的自由，毁掉他人的生计。我们要求他们把情绪留在家里，任何时候都不露声色，摆出一张"扑克脸"，要有堪称完美的模范行为，要默默忍受公众的批评，还不能在工作中出丝毫差错。

我们以超人的标准要求他们，但他们只是和你我一样的人。

审判

公共话语和政治辩论中弥漫着一场危机，一场粗劣、恶毒和不辨是非的危机。真相成为利己主义和极端部落主义的牺牲品，礼仪和尊重亦是如此。文明的概念乃至文明的必要性成为人们激烈辩论的话题。与此同时，政治部落在自我隔绝方面超过了以往任何时候。人们越来越追逐志同道合的声音，追逐令人舒适的观点，也越来越规避挑战，规避辩论，规避棘手的事实。他们无视证据，只看立场。愿意改变想法的开放性思维不仅越来越罕见，有时还会被视为软弱和不忠的表现。坚守"克伦威尔式警告"——反思自己是不是错了——的人越来越少。在辩论中，无论是在有线电视网络上还是在互联网上，谩骂、影射和人身攻击成为比逻辑和推理更受欢迎的策略。

或许你很难相信，但刑事审判的确可以教给我们一些东西。为什么？因为它们是关于说服、真相乃至文明的实物教学课。

刑事审判是非同寻常的，理应让人敬畏。不过，从另一方面讲，它们也很有趣。我们说公开审判是为寻求真相，这没错，但这一过程也存在一些悖论。比如，刑事审判中充斥着各种精心设计的隐瞒。我们对陪审团隐瞒了很多。我们隐瞒了被告的犯罪史，我们隐瞒了潜在的处罚，我们隐瞒了某些证据。如果被告是危险的，且处于监禁状态，我们也会对陪审团隐瞒；在被带入法庭之前，被告的镣铐会被解除，所以陪审团无法看到被告受到的束缚。

我们隐瞒律师关于被告有罪或无罪的观点及其关于证人可信或不可信的观点，尽管这些通常都显而易见。我们不会让陪审团听到法官和律师之间的讨论内容，也不会告诉他们被告聘请律师所花的费用。

我们不会告诉陪审团，法官是由民主党人还是共和党人任命的，因为这与案件无关。我们也不会告诉陪审团，检察官是为共和党人还是民主党人捐过款，即便是在公共腐败案中，因为这同样与案件无关。我们不会说法官的判决结果经常被上诉法院推翻或从未被上诉法院推翻。我们告诉陪审员不要以任何方式进行自我培训，也不要对案件或当事人进行任何外部研究。这是为了确保他们的思想不被那些与被告或证人相关的各种未经证实的观点、虚假信息或带有偏见的事实所影响。

除此之外，还有更微妙的隐瞒，即法庭的参与者会诉诸某种表演，在出现不利证词或不利判决时不动声色，保持一张"扑克脸"。影片《大话王》（*Liar Liar*）中就有这一幕，用诙谐的方式阐明了这一点。在影片中，金·凯瑞（Jim Carrey）饰演了一名谎话连篇的出庭律师，但他的儿子许了一个愿，希望他24小时不能说谎。哪曾料到，愿望成真。在漫长的一天里，凯瑞被残酷的诚实所束缚。他一度在法庭上反对某一证词，法官问他反对的理由。由于不能撒谎，凯瑞回答说："因为它会毁掉我的案子！"

"反对无效。"法官说。

凯瑞更加诚实地回答道："干得好！"

最后，善意的隐瞒是为了实现正义，为了找到真相。想一想密封考卷：学生的姓名被密封起来，避免教授带着潜在的偏见去阅卷；考卷评分完全基于作答内容。再想一想药物试验，也是盲测的；这样做同样是为了防止偏见和错判影响人们找出真相。这一类的间接隐瞒是为实现公平这一首要目标而服务的。坚持证据一定要有相关性以及某些论断必须被禁止探讨对于公正结果的实现至关重要。我们把无关事物隐藏起来，就是为了让你更好地去发掘真相。

在很大程度上，法庭受严格的规则支配。记住，是规则而不是规范。证据规则、程序规则、职业道德规则，这就好比是拳击或橄榄球等竞技体育运动，它们都有明确的规则，比如不能打腰带以下的部位或不能拦截外接手等。在法庭上，这些规则是由法官强制执行的，而违反规则者则会受到相应的处罚，比如被处以藐视法庭罪、被制裁或被做出不利裁决等。在庭审中，律师故意说谎的后果是可怕的，如果问题足够严重，那将直接影响到律师的生存，因为其执业资格会被取消。当然，在违规处罚方面，法官拥有相当大的自由裁量权，特别是在那些结束了的案件中，这一点同体育比赛中的裁判颇为相似。但规则很重要，公然的违规行为很少会被容忍；严重违反规则和条例不仅会受到法庭参与者的挑战，还会受到外部观察人士的谴责。这跟日常生活中的辩论是截然不同的。

还有一点，法庭规则为结案而设计。案件审判是有终点的：判决或裁决（当然也有庭外和解的情况）。审判中有裁决，有结局。其他类型的程序——即使也受木槌或程序规则的支配——就无法通过这样的方式解决问题。以美国国会为例，国会就非立法事项（有些立法事项最终会以投票的方式决定结果）召开的听证会往往无果而终，很难令人满意。与会成员可以漫谈，可以偏题，可以进行人身攻击，可以发表演讲；证人也可以阻挠议案通过，避而不答，拖延时间。

所有成功的检察官都是讲故事的高手，都是有说服力的游说者。你手上有事实、数据和统计资料，但如果不把它们编织成令人信服的叙事或易于理解的故事，它们就无法发挥效力。优秀的检察官知道，案子不能以核查清单的方式呈现。审判并不是一一对照的核查工作。

人们可能会惊奇地发现，犯罪动机——有时候书、电影和刑侦剧会沉迷于此——通常并不是犯罪的构成要件。正如我之前所讲，意图是与罪行相关的，一般难以证明，但意图和动机是两个完全不同的概念。意图指的是你打算做某件事，比如扣动扳机、杀死受害人，这不是意外，也不是错误；动机是指你为什么要做某件事。

从法律上讲，为什么某人要抢银行、杀人或做假账通常与罪行无关，但与陪审团密切相关，因为他们要裁决罪行。如果不强调动机，故事就不完整，而不完整的故事，说服力就会稍逊一筹。检察官之所以会谈及贪婪、权力、嫉妒和复仇，并不是因为法律要求他们这么做，而是因为陪审员需要从感性和理性两方面了解案件，以履行自己的重大职责：就被告是否有罪做出裁决。优秀的检察官会讲趣闻逸事，会做类比，偶尔还会打比方，原因也在这里。而且自始至终，他们都使用简单易懂的语言。

有时候，你要提醒年轻检察官这样去做。

同样的原则也适用于辩护方。辩护方的故事可以简化成：热情的政府抓错人了。

或者：污点证人撒谎，诬陷我的当事人以保全自己。

再或者（正如我们将看到的）：这只是一个帮助儿子的父亲。

这并不是说你要把逻辑扔进垃圾桶里；故事是有内在逻辑的，而且也需要逻辑。故事起推动和教导的作用。如果辩护方有一个好且易懂的故事，那么检察官就需要一个更好的。

在法庭上，起诉方的诀窍之一就是依照相关约束条件，找到可阐明个人观点的最佳方法。在案件的调查和指控阶段，你主要是证明给自己看，希望办理的案子经得起严格、开放和公正的内部审查。彼时，想必你已经确定被告是有罪的。你已经说服了自己，这就是你要找的人，你有合适的指控罪名，并掌握了合适的证据。

但现在，你还有一件小事要做：向其他人证明被告的罪行。这里的其他人是指陪审员。当然，你也需要说服法官，让他受理你的案子。

这就需要你站到其他人的立场去看问题，同时需要你预测其他人的论据。证据的强度、调查的全面性和审前动议的说服力，所有这些都会影响判决结果，但以何种方式在法庭上呈现案子也非常重要，特别是那些已结束的案子或因情绪问题而复杂化的案子。

对于反对观点，你不能只做粗略的了解；你必须站到对方的立场上去考虑。你必须从对方的角度、信仰体系，以及对方的偏见、兴趣和目标去看世界。要像了解自己的观点和假设一样去了解对方的，甚至要好过你对自己观点和假设的了解。最高法院大法官费利克斯·法兰克福特（Felix Frankfurter）曾在纽约南区担任助理检察官，在回忆他的上司、联邦检察官亨利·史汀生时，他说："史汀生很早就向我灌输，你在准备对方的案子时，至少要和对方做得一样好，通常还要做得更好，这样才不会有意外，才不会无果而终。"

你在准备对方的案子时，至少要和对方做得一样好。这种准备工作可能会很复杂。你该以何种方式应对对方的情感故事线是很难弄清的。

2015 年，纽约州二十多年来最严重的两起公共腐败案即将在纽约南区开庭审理。其中一起针对的是纽约州众议院议长谢尔登·西尔弗，被控多项违反联邦法律的罪名。另外一起针对的是纽约州参议院多数党领袖迪安·斯凯洛斯，罪名类似，被控未能忠实履行对选民的义务。这两起案件都在2015年年底开庭审理，而且几乎在同一时间进行。那年夏天，当我们考虑如何有效地陈述这两起案件时，我开始担心起来。当然，我担心的并不是证据的充分性或相关的法律问题。我们的前期工作都很扎实（至少在最高法院修改法律之前是可以这么讲的——相关法律于第一轮庭审定罪之后进行了修改）。案子的复杂性就在于，我们指控迪安·斯凯洛斯与他儿子合谋犯罪。

简而言之，我们指控迪安·斯凯洛斯——纽约州最有权势的三巨头之一——敲诈勒索各企业，迫使他们聘用自己的儿子亚当，为他安排只领薪水不做事的工作或向他支付不应得的酬劳。我们不仅有书面证据，有令人信服的证词，还有通过窃听手段获取的录音证据，其中有一份电话录音尤为有用。随着腐败案调查的公开，亚当·斯凯洛斯对这一切感到越来越紧张。在打给父亲的电话中，他抱怨说："那个该死的普里特·巴拉拉好像监听了我所有的电话，真他妈的令人沮丧。"事实上，我们并没有监听他所有的电话，但这一通的确被我们听到了。我们认为，这是关于犯罪意识的强有力的证据。

一方面，证据非常确凿。另一方面，辩护方会称该案是小题大做——迪安·斯凯洛斯无非是个好父亲，想帮助儿子而已。所以，辩护方讲的故事是这样的：作为纽约州参议院最有权势的人物，迪安·斯凯洛斯是一个好父亲。我认为这是无稽之谈，但这或许与我自己的成长经历有关；作为印度移民，我父亲对我的要求非常严格，我想他宁愿跟我断绝关系，也不会让别人以不适当的方式来帮助我。

但正如一些人所担心的那样，这样的陈词会引起共鸣吗？或者如我料想的那样，这会适得其反吗？虽然事实和法律站在我们这一边，但审判并不仅仅止于此。它还关乎常识性正义，关乎叙事——一种让普通人感到有足够说服力，可以投票定一个人罪的叙事。检察官特别依赖陪审员的常识以及他们的日常实用主义和人性理念。但鉴于斯凯洛斯一案的反常性及其所涉及的父子关系，陪审员的个人经验可能对我们不利。天下父母都有帮助子女的本能——即便他们不争气。因此，在我的办公室，围坐在咖啡桌旁的办案人员并没有像往常那样去讨论贿赂法、"官方行动"的定义或特定证据的可采性等法律内容，而是就养育子女的不同观念展开了辩论。对子女是纵容溺爱、捧在手心，还是严加管教、让他们走自立之路？对有些父母来说，孩子要什么，他们就给什么，而另外一些父母则让孩子自己去挣。在现实世界中，如何教育子女是父母的自由，但在本案中，我们担心陪审团会把重点放到一个无可否认的好父亲教育子女的问题上，而不是放到事实、法律和权力的滥用上。

在某种程度上，审判就是说服别人接受你的观点，而这就需要你切实站到他人的立场上，预测他们对你所陈述的事实和论据的理智反应和情绪反应。可能是我没有那么做，也可能是我在看这个问题时太关注自己的立场和背景。从我自己的成长经历来看，迪安·斯凯洛斯是一个好父亲的观点很荒谬。

我记得那是我第一次觉得我们可能没有找好叙事主线，没有掌握好讲故事的节奏。然后，一个想法突然从我脑中迸发出来。我请埃德·蒂勒尔（Ed Tyrrell）来我办公室一趟。埃德长期担任我们办公室的主任，但他所做的工作却远不止于此。他是我们整个办公室的"黏合剂"。他负责处理人员、预算以及不计其数的杂务，确保我们这个机构完成自己的使命。在纽约南区检察官办公室，埃德是我们的朋友、知己、教练，可能还是我们最敬爱的人。他留着灰白胡子，永远都是一副快乐的面孔，还是一位跑步爱好者，静息心率低。如果你问他最近如何，他从不说"不错"或"很好"。他会非常大声地说"太棒了"。埃德是一个不屈不挠的人,但更多时候,他是一个团队士气的强心针。

我跟埃德解释说,我们现在正在讨论斯凯洛斯的案子,并问他我们有没有必要聘请陪审团顾问,帮助我们打赢这场官司。我觉得这样问多少有些不得体,而且我也不知道我们能不能付得起这笔费用。埃德提醒我说,我们办公室上次这么做还是因为玛莎·斯图尔特(Martha Stewart)的案子,很多年前的事情了。他还表示目前预算充足,我们可以放手去做。

那年夏天,一个周五的上午,我们很多人进入曼哈顿中城的一座不起眼的建筑内,然后乘坐电梯抵达一个无外窗的办公区。那里的多个房间被改造成模拟法庭或模拟陪审团议事室,各房间内配有麦克风,装有内窗,但玻璃是单向透视的。一名助理检察官简要地陈述了检方的案子,而另一名助理检察官则代表迪安·斯凯洛斯父子发表了开庭陈词,出示了证据,并做了总结陈词。一场模拟下来要耗费半天时间。顺便说一句,我当时就想,尽管我们做了很多额外的工作,但让检察官准备辩护方的法庭陈述可能对每一个案子都有用。也就是说,你在准备对方的案子时,至少要和对方做得一样好。

检方总结了斯凯洛斯为帮助亚当做的种种腐败行为:他如何插手三家企业;如何帮亚当在一家保险公司谋得年薪7.8万美元(外加健康福利)的工作,尽管亚当没有卖出该公司的任何一份保险,甚至连从业资格证都没有;亚当如何敢于在其主管质疑为什么他只工作了一小时却自称工作了35小时后,威胁说要"敲烂他的脑袋";以及迪安如何勒索一家房地产公司,迫使它向亚当支付两万美元,等等。

模拟辩护方的团队攻击检方的各种指控,并声称该案涉及的无非就是一个尽心尽力帮助儿子的父亲。

在模拟审判结束后，我们坐在皮椅上，通过单向透视玻璃偷听焦点小组对案情的"讨论"。对于迪安只是一个好父亲的说法，的确有人表示赞同，但也有人表示强烈反对。一部分"陪审员"提醒其他"陪审员"说，亚当并不是一个青少年或受抚养的孩子，而是一名33岁的成年男子，既有工作也有体面的收入。所以，他们认为迪安的行为更多的是权力的滥用，而不单纯是一种父爱。这是令人鼓舞的。一名年长且谈吐得体的"陪审员"——在交通运输部门担任领导职务——站了出来，平静又尖锐地指出："即便我拥有这样的权力，也绝不会让人给我儿子安排工作，因为那原本就不是你该做的。"从他身上，我能感觉到这不仅仅是个人道德问题，还是实实在在的关于子女教育的原则问题。

这次模拟审判并没有给我们带来重大启示或顿悟，只是进一步确认了确实会有人拿父爱来说事，以此侵蚀本无可辩驳的犯罪逻辑。因此，在真正的审判中，检察官特别表明亚当是一名成年男子，一名"健全又成年的儿子"并非偶然。他们提醒陪审团，迪安并不是一个普通的父亲，而是一个拥有巨大权力的父亲；如果他想以他的个人能力而非他手中的权力去帮助儿子，那很好。他们还特意承认并尊重迪安对他儿子的这种明显的爱，而不是去反驳、诋毁或怀疑。正如贾森·马西莫尔在辩词中所说："没有人质疑父亲对儿子的爱，也没有人质疑这名父亲对他儿子的爱。但爱你的儿子并不是犯罪的借口。"可能是为了引导焦点小组中某些人的反应，他接着说："这个论点本身就带有冒犯性。"

在两次审判中，迪安和亚当·斯凯洛斯均被判所有罪名成立（在第一次审判后，美国最高法院修改了有关公共腐败行为的法律条款，所以该案有必要进行重审）。在审判和判刑方面，重复强调父爱这个点并没有起到作用，反而适得其反。最终，迪安和亚当分别被判入狱51个月和48个月。

正如我在前面所说，相比于其他专业人士，出庭律师可能更需要了解他人的内心和想法。你不能逃避现实，不能使用诡辩术，不能运用错误的逻辑，不能对人进行侮辱和讥讽，也不能做不合理的推论。你还不得不担心你在非己方团队成员心中的可信度，比如法官和陪审团等。

这听起来都是基本的，也很明显，不是吗？但仔细想一想，这与现代社交，特别是当下的辩论相比，还是存在极大不同的。在日常生活中，你可以把与你相反的观点拒之门外。你可以一直畅游在没有争议的泳道里。你可以避开那些与你所持观点不同、与你背景不同或与你经历不同的人。你没有必要去听他们讲，也没有必要去了解他们、观察他们或接触他们。你只需更换频道。我想太多的人都利用了这种自我隔绝的权利，生活在自己小小的回声室里，习惯于待在与自己志趣相投的小圈子里；他们从不花时间搜寻查证、进行激烈辩论、展开公开对话，以测试和强化其所持信念的正确性。

刑事审判则不会有如此奢侈的权利。你不能退回到自己安全的堡垒中；如果你是一名检察官，那就更不能了。在法庭上辩论，你是有报酬的，是宣过誓的，是受宪法保护的。要做什么呢？你要以极大的热情抨击所有陈词及论据的漏洞。所以，在那个世界里，你必须与你的批评者交锋。你必须运用事实、真相和逻辑与对方辩论。你不能只说"我相信这一点"或"这是我的另类事实"。诚实对弈是这项工作的本质所在。

而这也是世界上最令人兴奋的事情。

我们公开表示律师是喜欢争讼的，是好斗的，这通常来说并没有错。但比起当今社会很多领域内人们的孤芳自赏或自我肯定，我还是更喜欢这种交锋与战斗所具有的相互尊重精神，因为前者不会带来挑战，不会产生异议，也不会形成真正意义上相互尊重的辩论。

现在，为了赢得论战，你必须考虑自己论点中的漏洞。这意味着有时候你得就某些事情做出让步。哦，让步给你带来快感。你还记得上次见到政界人士或电视辩论人士在面对表述缜密的反对意见时做出让步，于匆忙间完善自己的论点这种情况吗？

在法庭上，重要的是什么？准备工作、主动权、雄辩才能。是的，所有这些都很重要，但最关键的是可信性。只有建立起这种可信性，你讲的故事才会有人信。让步是力量的象征，而不是软弱的表现，因为它会提升你的可信性。坦承自己的弱点总比被对手指出你的弱点要好。我的建议一直是这样的：如果你有被告的谈话罪证，却没有录音，照实说；如果你证人的证词与事实存在出入，照实说；如果你的污点证人可能表现得像个浑蛋，照实说。

辩护律师知道这一点。著名刑事辩护律师本·布拉夫曼（Ben Brafman）最近代理了马丁·什克雷利（Martin Shkreli）的案子，后者是近一段时期最令人厌恶的被告之一。什克雷利被控欺诈其投资者，但他之所以赢得"美国最遭人恨的人"这一特殊称号，是因为他让达拉匹林（Daraprim）——原本是一种用于治疗艾滋病病毒且艾滋病患者负担得起的药物——的价格上涨了50多倍，从而使得很多人无力承担这一"救命药"的费用。更糟糕的是，自称"药界一哥"的什克雷利对任何批评都不屑一顾，他骚扰女记者，并在社交媒体上夸口说只要他可以，就会提高更多药物的价格。他是一个彻头彻尾的可憎之人。

布拉夫曼做出让步，特别强调说，他当事人的性格存在问题。他在量刑时表示，他有时真想挥拳打他当事人的脸。他所表现出的这种愤怒为他赢得了可信性，拉开了他与当事人之间的距离，让他跟法庭建立起了一种联系，也让他有了更大的辩护空间。很多辩护律师会对每一个点、每一项指控进行辩护，即便这些辩护点无可辩驳、毫不相关、模棱两可或会适得其反。这并不是力量的表现；相反，这是软弱的表现。

在审判中，那些不顾及他人的律师会有何表现？我认为最主要的一点是沟通不当。

我过去常跟年轻的律师说，很多时候，你作为律师最重要的工作不是说而是听。你想成为一名优秀的律师吗？练习如何讲演。你想成为一名伟大的律师吗？练习如何倾听。在这两个问句中，你完全可以把"律师"替换为"领导者"，以表达一种更为普遍的真理。你知道关于实现有效的直接询问，我们给出的最重要的建议是什么吗？听你的证人讲。交叉询问呢？同样是听你的证人讲。

当我还是哥伦比亚大学法学院三年级的学生时，我修过一门审判实务课，授课教授是纽约南区的法官迈克尔·穆卡西（Michael Mukasey）和助理检察官丹·纳尔代洛（Dan Nardello）。四分之一个世纪之后，我依然记得他们讲的一个寓意深刻（尽管粗俗）的真实故事，而这个故事要表明的就是无论你前期做了多少准备工作，听证人讲述都是至关重要的。故事大致是这样的。

这是针对被告的一次量刑听证会；该被告开有一家小旅馆，并在旅馆内对年轻男孩实施了性虐待。负责办理该案的助理检察官尽心尽责，帮助受害者做好了出庭做证的准备工作，并强调如实向法庭陈述被告所做所言的重要性，即使粗俗又下流。他还告诉受害者，不要净化任何信息。在出庭之前，他们一次又一次地重温证词，因为证人对在公开法庭上做证感到焦虑，这是可以理解的。

听证会当天，每个人都身着正装，法官穿着长袍。那名年轻的受害者兼证人紧张地站在证人席上。检察官问证人发生了什么。证人描述了他所受到的虐待，以及他是如何与被告单独在一起的，被告是如何拉开他裤子的拉链的。然后，检察官问："接下来发生了什么？"

在那一刻，证人说："被告让我给他口交。"这是一个经他自己净化的信息，并不是他们先前准备的回答。

检察官不再听证人讲述，而是机械地问起下一个事先准备好的问题："被告告诉你给他口交之后发生了什么？"

不认真倾听是致命的，而在法庭上，其结果并不仅仅是让你感到尴尬而已。

毫不掩饰地说，我对审判及其所代表的意义是由衷赞美的。在我看来，美国的公开审判不仅让从业者感到欢欣鼓舞，而且对公众来说，也是民主的重要表现和保证。毕竟，审判是我们的法律体系和法治建设展示的时刻。它满足了这样一个要求：正义不仅必须得到实现，还要以看得见的方式实现。在很多方面，审判是我们民主的试金石，最直接也最能让人感受到。如果审判消失，那么公民权也会受到损害。正是审判让普通人在一段时间内为我们这个国家提供了非凡的服务。

对此，法学教授保罗·巴特勒（Paul Butler）是这样说的："没有谁像美国人那样开展审判活动。我们把它变成了一种艺术形式。它在我们文化中的重要地位几乎不亚于爵士乐或摇滚乐。"我认为这么说是对的。我是个超级影迷，如果好莱坞的编剧和导演不把美国法庭上的典型冲突置于众多影片的核心位置，那我们的电影遗产会是怎样的呢？对于这个问题，我想都不敢想。如果有一部影片叫《十二愤怒调解人》（*12 Angry Mediators*）[①]，想必不会有很多人去看，而名为《纽伦堡仲裁》（*Arbitration at Nuremberg*）的影片听起

[①] 指影片《十二怒汉》（*12 Angry Men*），下文的《纽伦堡仲裁》指影片《纽伦堡审判》（*Judgment at Nuremberg*）。

来也不像是大片。

另外，审判及审判方式还蕴含着其他重要意义。当下，没有人把律师或律师行业当作榜样来看，但我认为，通过美国的刑事审判，我们可以学到更多的东西——关于辩论和争执，关于真相和正义。

在一个固执地相信己方总是正确而对方总是错误的时代，法庭为我们提供了一条寻求真相和实现正义的重要又理想的路径。

在法庭上，对真相的寻求几乎完全依赖于证据和事实。它依赖于询问和交叉询问，它厌恶假设和暗示。

它依赖于双方提出论点及质疑论点的权利。

任何一方都可以提出论点或质疑另一方的论点，而无须担心被喊停或被驱逐，但前提是你的陈述要公正，在陈述过程中要保持尊重和礼貌，且不要带有不当的偏见和情绪或渲染恐惧。任何一方都不被允许说谎或做错误陈述，不得暗示真相不是真相，否则就会被逐出法庭。你不能称对方"智商低"，也不能辱骂对方；你不能称起诉方带有政治色彩；你不能以偏概全，发表带有偏见性的言论，比如暗示墨西哥人都是强奸犯或有的证人来自"烂国家"（shithole countries）。法庭规则要求真相，禁绝废话。

在审判的每一个阶段，陪审团成员都会被不断告诫要保持开放性思维。每天，法官都会提醒陪审团要保持开放性思维，要牢记无罪推定原则——直到所有的声音都被听到，所有的事实都被摆出，所有公允的论点都被表达。

在我们的司法体系中，陪审员可以持有令人反感的观点。他们可以对检察官的相貌或穿着表示厌恶。他们可以做笔记，也可以不做笔记。当然，如果陪审员存在各种违规行为，那也是会被排除出陪审团的，比如经常迟到，或在互联网上搜索与案件相关的事实等。但需要注意的是，陪审员被解任的一个重要原因是其拒绝与其他陪审员就案件问题进行审议。

也就是说，这个体系——或许我们这个社会也应该这样——认为你有权发表自己的观点，但前提是你已经花时间与其他人就此观点进行了沟通，听取了反对意见，在某种意义上解决了问题，至少展现了开放性思维，并表达了对其他人观点的尊重；否则，你就会出局。

如果你在审议之前就宣布了自己的决定，如果你对所有的辩论视而不见、充耳不闻，如果你拒绝参与讨论活动，那么你就不配做一个决策者。你的观点不会被考虑，你本人会被逐出陪审团。

这是我们的法律所决定的发现真相和实现正义的最佳方式，即人人以尊重和开放的心态进行辩论并全身心参与。

其中也有某种特别之处。你或许会想，在寻求真相和实现正义方面，这可不可以为我们的社会提供某些指导呢？

如果社会以这种方式运行，我们会不会有更好的法律和政策，而不只是嫌隙和不和呢？

正如我在前面所说，审判实际上与讲有效的故事有关，与说服别人相信你已经相信的事情有关。对于决策者也就是陪审团，你要给予足够的同理心，懂得如何以一种最令人信服、最易于理解和最具说服力的方式表达你的观点。有时候，你担心辩护方会利用一个恼人的弱点，因为他们讲的故事表面上还是很有吸引力的。

我们来看下面这个例子：在我们起诉的首起内幕交易案中，我记得我们曾为如何有效应对辩护方可能讲述的一个肤浅故事而苦苦思索。在拉杰·拉贾拉特南及其对冲基金帆船集团的案子中，我们掌握的大量证据表明，许多股票交易都是基于重大非公开信息和非法信息开展的。但与此同时，帆船集团另外的众多交易确实完全合法和正当，是基于真正的市场研究达成的。我们预计，辩护方会在陪审团面前出示那些与合法交易有关的研究成果，以表明他们的分析多么准确透彻。"看看所有这些研究！"辩护方会高声说道。成批的成果。海量的成果。所有这些都来自他们的研究。

当然，仔细去看的话，你会发现这个论点站不住脚，比如你经常在限速内行驶并不能证明你就不会有超速的情况。不过话说回来，这个故事倒还不算糟。好的故事胜过好的论点，理想的状况就是既有好的论点又有好的故事。2011年春天，在办公楼5层的无窗会议室里，我们和审判团队围坐在办公桌前，试图就这条故事线给出简洁有力的反驳。那个时候，审判已经临近，而我们无计可施。

然后有一天，审判团队找到了一个重要的污点证人。该团队负责人是助理检察官乔纳森·斯特里特（Jonathan Streeter）。乔纳森是一名有着一头鬈发、思维敏锐的律师，碰巧还是一名技艺精湛的滑水爱好者。他先是安排证人进行了一次模拟交叉询问，为其可能在证人席上面临的猛烈攻击做好准备。还有一个颇具讽刺意味的小插曲：在这起金融市场案中，证人恰恰被称为亚当·斯密（Adam Smith）。乔纳森热情洋溢地将话题引到辩护方所讲述的与研究相关的这条故事线："但你做了研究，不是吗？所有的研究都是这样做的，不是吗？"最终，斯密被激怒了，但他头脑清晰，说道："不错，在帆船集团，我们是做了研究，但我们也作假了。"

要的就是这句话。乔纳森立刻意识到，这将是开庭陈词中的制胜法宝。他可以明确而简洁地向陪审团表示："他们做了自己的研究，但他们也作假了。"短短一句话，却强而有力。这句话既承认了什么事，即很多交易是合法的，是建立在研究成果基础之上的，也假设了什么事，即有些交易是违反法律的，与英伟达（Nvidia）、英特尔（Intel）和英特锡尔（Intersil）等公司颇为相似。这既是矛又是盾,澄清了问题。我们希望,每当辩护方大谈研究时,陪审员的耳中都会响起这句话。正如检察官所说的那样:"他们做了自己的研究,但他们也作假了。"

当你仔细思考时,经验会告诉你,很多备受瞩目的骗子做的许多事情都是合法的。他们搞欺诈活动是为获得额外利益。即便不服用任何兴奋剂,棒球明星巴里·邦兹(Barry Bonds)也是他那个时代最伟大的球员之一。兰斯·阿姆斯特朗也一样。他们都极有天赋。他们进行练习,接受训练,而且付出了艰辛的努力。他们做了自己的研究,但他们也作假了。拉杰·拉贾拉特南和帆船集团就是这样的。

最终,这句话奏效了。

我们再回顾一下迪安和亚当·斯凯洛斯的案子。除了父爱这条故事线,我们还面对另外一个表面上看起来颇具说服力的辩护故事。提醒一下,迪安·斯凯洛斯一案的主要被控罪名是敲诈勒索;迪安敲诈勒索那些依仗其立法权的人,让他们为自己的儿子谋取福利。但对非专业人员来说,一听到敲诈勒索,他们首先想到的是黑帮成员所实施的那种威胁行为——挥舞着棒球棒等进行恐吓。然而,在公共腐败案中,这种罪行实际上表现为"以权力之名进行敲诈勒索"。也就是说,你利用自己手中所掌握的政府权力,让他人屈服于你的意志。从历史上看,公共腐败案中极少涉及直接威胁。你没有必要那么做。为什么?因为这是由原始政治权力的本质决定的,这种政治权力就像屋子里的大象一样,始终存在于任何旨在寻求利益的谈话中。

在就斯凯洛斯案进行辩论总结前的那个周末,我和金俊贤、琼·洛克南(Joan Loughnane)、丹·斯坦(Dan Stein),以及审判团队聚在办公楼8层的图书室里。由于这起案子的审判十分顺利,我迫切地想知道辩论总结会如何进行。在该案中,负责辩驳的是贾森·马西莫尔。我坐在桌子一头,看到他脸上露出了难为情的笑容。我想知道这是为什么。他说他正在考虑在辩驳的时候引用一首诗。

我用怀疑的眼光看着他。政府方的总结陈词可不是吟诵诗歌的"舞台"。然后，贾森说他准备引用的那首诗来自一本儿童读物。这不是一本普通的童书，而是谢尔·希尔弗斯坦写的名作《人行道的尽头》(Where the Sidewalk Ends)。我曾经给我的孩子读过这本书。我皱起眉头。在那一刻，我敢肯定贾森是怕我阻止他。他把为辩驳写的草稿递给我。我在看草稿的时候，他也盯着我看。我回看了他一眼，笑了。

最终，我说："我喜欢。"其实，这样做并不是因为标新立异，而是因为它可以让陪审团快速又清楚地了解到，为什么迪安·斯凯洛斯从没有必要进行赤裸裸的威胁。所以，我们都热情地对他竖起了大拇指。在我看来，这表明他有一种精湛的理解力，即为了立刻理解辩护方论点的虚假性，他人需要知道些什么。这是一个比辩护方的故事更好的故事，而且也更符合事实。

贾森在法庭上是这样说的："这本书的最后有一首特别的诗，页面一侧是一幅插图。就是这个小家伙，这个快乐的小家伙，他正骑在一只巨大的大猩猩上面。"

贾森对那只威猛的动物进行了描述："这个东西非常庞大，是只巨兽，让人恐惧。它四肢着地。在书中，那个小家伙笑嘻嘻地骑在大猩猩上面。他是快乐的。"他骑在大猩猩的背上，兴高采烈地去上学。贾森继续说："但这里的要点是，当然是从孩子的角度讲，要点是——嘿，自从我把大猩猩带到学校后，所有人都对我很好。自从我把大猩猩带到学校后，每个孩子都送我礼物。我的老师也允许我在课堂上嚼口香糖。他们夸赞我。我可以在考试中作弊。自从我把大猩猩带到学校后，我所有的成绩都是 A。"

贾森先是反问："为什么会出现这种情况呢？"然后，他给出回答："他们所有人都怕大猩猩撕掉自己的胳膊，这就是他得A的原因，也是他得到所有那些厚待的原因。他们害怕的是这只大猩猩，因为它原本不该待在学校里。"紧接着，贾森转回正题："这就像诸位在本案中所听到的那样，本案中的大猩猩就是纽约州参议院多数党领袖办公室的权力。"就是这位多数党领袖的权力使其可以随心所欲地运用自己的影响力，决定他人生意的成败。

陪审团被说服了。这个聪明又简洁的比喻，再加上富有魅力的陈述，其所达成的效果超过了一段段的论证。

对于这起案子，我去旁听了很多天。当然，我都是坐在法庭后面不起眼的位置上。就在贾森讲完这些精彩的话之后，坐在我前面的一名记者抬起头，转过身来望着我。我们四目相对，他冲我点头，仿佛在说"就是一回事"。是的，就是一回事。

这种辩词连9岁的孩子都能轻松理解。

纽约三巨头

联邦检察官的公开演讲之所以重要，背后有很多原因。就联邦检察官而言，他们要做的并不仅仅是让罪犯承担罪责，还要防止犯罪。几乎没有人能拥有联邦检察官那样的话语权、授权和平台，而所有这些都可以被用来消除人们的疑虑，发挥解释和教育的作用。人们对政府机构普遍缺少一种信任（现在更是如此），所以我觉得遵守那条古老的格言非常重要：正义不仅必须得到实现，还要以看得见的方式实现。公众关心的是警察有没有在巡逻，犯下严重罪行的人有没有被追责，以及整个追责过程是否公开、透明。有时候，这种关心意味着检察官要就与犯罪和公共安全相关的问题发言，以及那些真正影响到人们生活的问题。

在宣布刑事指控的新闻发布会上，我的态度一向是强硬的。我认为这样做可能会起到震慑作用，使其他人不再去犯同样的罪行，特别是由既聪明又有特权的白领犯下的罪行，他们更应该了解这种震慑性，而且在我看来，这种公开指控能够影响到他们的成本效益分析。尽管偶尔我会临时发挥几句，但尽量以我们所公开的事实为准绳，不做即兴演讲。另外，就已准备好的发言稿而言，上面的每一个词都经过了我的助理、公共事务办公室，以及发起指控的一线职业检察官的审查；事实上，办案律师通常是第一稿的起草人。

除了一般的逮捕通知，我也经常讲一些题外话。我会谈及阿片类药物危机，因为这的确是危机。我会谈及黑帮危机，因为这的确是危机。我还会谈及公共腐败。为什么？因为这也的确是危机。当检察官痛斥谋杀、抢劫、贩毒或公司欺诈时，没有人会抱怨。相比于其他罪行，我认为在奥尔巴尼盛行的腐败不应被低调处理，或受到更少的关注。奥尔巴尼的腐败是无处不在的，是丑陋怪诞的，所以我会讲到——我在会议上讲，在学术机构里讲。

我认为，讲述这些腐败行为——不只是起诉它们——是促使纽约州州长安德鲁·科莫（Andrew Cuomo）成立名为莫兰委员会（Moreland Commission）的反腐败小组的原因所在；按照宗旨，该委员会应致力于腐败行为的调查和预防。后来，在令人生疑的情况下，科莫州长过早地解散了莫兰委员会。彼时，我再次讲起奥尔巴尼的腐败行为。再后来，我们拿到了与该委员会有关的文件，继续开展它未竟的事业，并就该委员会的解散展开调查。在拿到文件的第二天，我参加了一档很受欢迎的公共广播节目——纽约公共广播电台旗下的《布赖恩·莱雷尔秀》(*The Brian Lehrer Show*)。在节目中，我毫不留情地表示："一个显而易见的事实是，它被过早地解散了。对生孩子来说，9个月可能是一个比较合适又自然的周期，但就我们的经验来看，这样一个时段并不足以完成一起公共腐败案的起诉工作。"

我不会为自己的直言不讳而道歉，因为我认为我的发言会引起公众对阿片类药物、黑帮、内幕交易或公共腐败等问题的关注。我一向循规蹈矩，从不多此一举。但有时，我是不是言辞锋利、夸夸其谈、尖酸刻薄？可能是吧。也许还是安静一些比较好。我明白这一点，它取决于你如何看待这份工作以及它潜在的影响。是纯粹以起诉为目的还是兼顾预防犯罪？或者兼顾教育？兼顾警示？兼顾威慑？重要的一点是不要影响任何特定的被告获得公平审判的权利——我确信我从未这样干过。

在对纽约州众议院议长谢尔登·西尔弗发起指控后的当天上午，我发表过一个演讲。这个演讲引起了广泛关注，但也让我受到了激烈的抨击。

纽约法学院（New York Law School）2015年"城市法早餐"（CityLaw Breakfast）演讲会定于2015年1月23日举行。这个时间是早就定下的，那之后很久，我才知道我们对西尔弗发起指控的确切日期。对于这次演讲，我就某个题目做了准备，具体是什么已经记不得了。但出现在那种演讲会上却只字不提前一天我们逮捕了纽约州最有权势的人物之一，似乎会给人一种怪异的感觉。

在演讲前一天，我和金俊贤去了我们办公室附近一家名为奥德翁（Odeon）的餐厅，点了一些吃的、喝的，然后聊了起来。那是意义重大的一天。我们不但谈到了与众议院议长一案相关的一些特定事实，而且谈到了导致这种深层次腐败的政治和权力方面的影响，即所谓的"屋内三人"。众所周知，他们代表纽约民众做出所有的重大决策，而这些决策大都是闭门商定的结果。"屋内三人"指纽约州州长安德鲁·科莫、纽约州参议院多数党领袖迪安·斯凯洛斯（几周后，我们以腐败罪将其逮捕）和纽约州众议院议长谢尔登·西尔弗。我们谈到了这种影响的荒诞性、变态性和滑稽性。我草草记下了和金俊贤交谈的一些要点，戏谑了纽约州这种做人的生意的荒谬方式。

同很多人一样，我对这种事也是愤怒的。纽约州参议院道德委员会从未召开过听证会。立法机构缺乏自我监督。事实上，参议院的一名首席顾问还一度恬不知耻地建议立法议员当面递交他们的财务披露表，以免违反《联邦邮件欺诈法》。正如我在前面提到的，纽约州参议员被指控的可能性高于其在民调中败北的可能性。这就是现状。纽约州的政界人士不仅不积极解决问题，大多数还攻击同为公务员的检察官。对于纽约州的这三巨头，很多人愤愤不平。当然，我跟他们有一些不同。我是联邦检察官，24小时之前才对其中一人发起了指控。于是，我决定讲一讲这件事情。

第二天上午8点，我踱步走进位于曼哈顿下城纽约法学院2层巨大的镶木大厅里。那里挤满了人，只有站立的地方。纽约法学院不得不另设一个外厅，提供视频直播服务。我从未见过场面如此火爆的早餐演讲会。要知道，这通常是一些令人昏昏欲睡的活动。

我走上讲坛，对纽约州的政治生态做了严厉的抨击。我在演讲中说："政界人士应该在人们的工资名单上，而不是秘密依附于他们所庇护的富有的特殊利益集团……金钱似乎常常是问题的核心所在。"我做了一个评论，可以引用一部分："据我们所知，纽约州的权力过度集中在少数人手中。有人说……只有三个人。我数过，州立法机构共有213人，但众所周知，所有权力都掌握在三个人手中。"我又补充说："2000万纽约人什么时候同意被类似于罗马时代的三头政治所统治？"

之后，我开玩笑说："对于'屋内三人'这个概念，我有点理解不了。可能只有我自己吧。我是印度移民，印度是一个人口超多的国家，所以我觉得一个屋子里得有10亿人……为什么一定是三个人呢？有女性吗？他们总是白人吗？能容纳三个人的屋子得有多小？是衣柜里的三个人吗？有雪茄吗？他们现在能抽古巴雪茄吗？过一会儿会不会满屋子烟味？"

待听众消化之后，我进一步讲道："如果你是这屋子里的三人之一，你掌握着且一直掌握着所有权力，而且所有人都知道这一点，那么你是不会容忍异议的，因为没有必要。你是不允许辩论的，因为没有必要。你是不会支持变革或推进改革的，因为没有必要，也因为现状总是有利于你。但正如硬币有两面，如果你是这屋子里的三人之一，那么人们就被你置于黑暗之中……因为你有这样的能力。你惩罚独立思考……因为你有这样的能力。你要求死心塌地的忠诚……因为你有这样的能力。你被权力以及圈套裹挟，因为你再也不会受到挑战，因为你很容易就忘记最初是谁把你选举到那个位置上的。"

我现在已经清楚地知道，我的这次演讲并没有影响到西尔弗获得公正审判的权利；审判是很久之后的事情了，而且预先审查也确保了陪审员的公正性——任何可能受影响的人都被筛选程序排除在外了。但或许，我应该挑一个更好的时机来发表我的演说。或许，我应该沿用已经准备好的演讲稿，而不是在发起重磅指控的第二天发表这样一篇颇煽动情绪的演讲。或许，我不该表现得那么慷慨激昂。三年多后的今天，回过头去看那次演讲，我可以感受到它听起来有多像政治演说，像战斗檄文。这不是我的本意。我讲那番话，是因为政治这一污水坑让我深感沮丧，而我所表达的也是每一个纽约人想要表达的。但检察官可以沮丧吗？可以发泄这种沮丧情绪吗？演讲中有什么东西让人感到满意，让人感觉不错。这本应当是一个警示：如果你感觉不错，那可能不是一个好兆头。

之所以要保持谨慎，原因之一可能就是，我要确保我不会以任何方式影响这个案子。审判工作最终被分给了瓦莱丽·卡普罗尼（Valerie Caproni）法官。卡普罗尼曾担任过联邦调查局局长罗伯特·米勒的法律总顾问，可能也是美国最厌恶媒体的在任法官。西尔弗的律师做了一件不值得称颂的事情，他以审前宣传为由，要求撤销对其当事人的指控，而我的公开演讲自然也就成了最佳攻击目标。法官无论如何也不会撤销该案，但我们办公室的人必须在案情摘要中为我的言论进行辩护。卡普罗尼法官最终驳回了辩护方的要求，不过在此之前，她对我严加训斥，并多次严厉批评我发动的"媒体战"。

我是在飞机上获知法庭意见的。她的裁决对我们有利，但她的措辞非常强硬。我当时的感觉就像是胸口遭受一记重击，不过，那也正是我想要的效果。在那之后，我越加谨慎起来，正如后来有篇新闻报道所描述的那样，我变得"更加克制"。

2018年，西尔弗案迎来了最终判决。讽刺的是，虽然卡普罗尼法官只惩罚了西尔弗一人，她抨击的却不只是这一人。她说："腐败案直接或间接地牵涉屋内那三个声名狼藉的人。正是这三人合谋解散了莫兰委员会……这是必须制止的。纽约州必须团结起来，从制度上采取行动，防止腐败行为的发生。"我觉得她说得比我好。

公共腐败案让人愤怒，而愤怒程度之强烈，是我未曾在其他起诉领域见过的。这不难理解。因此，在利用这种情绪时，你需要小心，防止引发暴民心理。但也应该注意，这些涉案人员并不是贫穷、受压迫和处于弱势的群体中的成员，被人毫不客气地当成恶意起诉的受害者。相反，他们是纽约州最有权势的民选领导者；他们经常违背誓言，背叛选民，以权谋私。他们没有理由被纵容。

裁决

时间是 2011 年 5 月，我们正忙于对冲基金首席执行官、亿万富豪拉杰·拉贾拉特南的案子。我们已经以内幕交易的罪名对他发起指控，并指称他所执掌的基金的整个业务模式都存在腐败问题。这是近一代最引人注目的内幕交易案，也是首起采用窃听手段的案子。我们一直采取积极进取的策略，而且取得了丰硕的成果。我们办理的内幕交易案已经极大地冲击了整个对冲基金业。

但这是我们的首次大考。

法庭每天都挤满了人；在各大媒体的商业版和财经新闻网络上，关于该案的报道铺天盖地。这是一场激烈的战争，拉贾拉特南的律师约翰·多德（John Dowd）——是的，就是唐纳德·特朗普的前律师约翰·多德——咄咄逼人，不仅在法庭上攻击政府方的这个案子，还在整个诉讼过程中对我进行人身攻击。

不过我们团队的表现非常出色，案子进展顺利。我们都希望快点裁决。

可运气并没有一直持续。连续几天，我们都屏息以待。每天，陪审团成员按时来到理查德·霍尔韦尔（Richard Holwell）法官的法庭，看起来神神秘秘，有时还会查看证据或要求复述证词。第二天上午再回法庭时，他们还是跟前一天一样犹豫不决。偶尔，我也会去审判庭，看看我们团队是否还能坚持下去。他们假装一切正常，但每个人都承受着沉重的压力，我也一样。周末到来，决定仍没有出来。为什么会花这么长时间呢？

在陪审团评议进入第10天（第10天！）的时候，我要飞往华盛顿哥伦比亚特区，参加哥伦比亚大学法学院的校友会活动并发表演讲。说实话，我不想离开，因为这可能会错过案子的裁决，但取消活动已经太迟了。在华盛顿哥伦比亚特区，我住在宾夕法尼亚大道的JW万豪酒店（JW Marriott）。周三早上醒来后，我便准备返程。即将走出房间门口的时候，我接到了博伊德的电话。裁决已经做出。

我对自己的紧张程度感到惊讶，想起多年前，在等陪审团对我的一个案子做出裁决时，我的领导告诉我说："记住，不管最终结果是什么，你都回得了家。想一想被告的感受吧。"

我打开酒店房间里的电视，然后调到美国消费者新闻与商业频道（CNBC）。主持人正在屏息播报案件裁决的突发新闻。他们大胆推测了检方起诉失败会对我们打击内幕交易的"圣战"以及我个人造成何种毁灭性的后果。我已经做好了被告无罪获释的心理准备，对于随之而来的失望以及指责，我也会坦然面对。

最终，博伊德从法庭给我发来信息："所有罪名成立。"一分钟后，美国消费者新闻与商业频道主持人播报了这一裁决，证实了这一点。

第二天，《纽约时报》在报道该案判决的同时，还刊发了一篇题为《联邦检察官向华尔街发出警告》（"U.S. Attorney Sends a Message to Wall Street"）的文章，颇带恭维色彩。那天晚上下班后，我可能多带了一份或四份报纸回家。

到家时，我女儿正坐在家庭活动室里。我想可能是要吃晚饭了。马娅 10 岁，但心智发育较早，这当然是有证据的，而不只是做父母的自夸。我手中拿着一份《纽约时报》。那篇关于我的文章写得很直白，没有什么太专业的东西，所以我想也许应该让女儿读一读。

于是，人生第一次，我让女儿读一篇关于她父亲的文章。我心想，有这样一个爸爸，或许能让她感到自豪。再说，文章的配图也很不错。我问她愿不愿意读。

"当然了，爸爸。"她说。

我打开报纸，翻到商业版，然后交到她手里。她戴着眼镜，一脸稚气，接过报纸后开始认真读起来。我看着她。在阅读过程中，她没有露出任何表情。读到文章最后时，她停留了片刻。那是文章的结语，引用了我在某场新闻发布会上抨击猖獗的内幕交易时说的一句话："我希望我可以说我们就要完成了，但很遗憾，事实并非如此。"

我那美丽的 10 岁小女儿终于读完了整篇文章，然后把报纸放下。我等待她的反应，就像等待小型陪审团的裁决时那样。她直视着我，歪着头，语气平静地问："爸爸，为什么你的反应那么夸张？"

在刑事案中，等待陪审团裁决结果的过程是极其痛苦的。对被告来说是如此，对检察官来说亦是如此，但后者所承受的后果明显要轻得多。内心焦虑的并不仅仅是辩护律师，还有检方律师。后者的焦虑可能会让人感到奇怪，因为从传统上讲，检察官的胜诉率是非常高的。以我先前所在的办公室为例，起诉成功率近乎百分之百，略差几个百分点而已。

尽管如此，政府律师还是会感到紧张，因为他们知道一个基本的真理：

案子一旦交到12个普通美国人的手中，任何事情都有可能发生。虽然有法院的法律指示，但这12个神秘莫测的决策者——你对他们只有一个大概的了解——会依据他们自己的想法做出判断。你无法保证会出现某种特定结果，每个人都有让人意想不到的故事。我深知这一点。

有时候，陪审团会发现你的案子中存在致命的缺陷。或者，他们不相信或只是鄙视你的污点证人。或者，他们厌恶你的这个案子。或者，他们对被告抱有同情心。或者，他们被辩护律师的魅力所征服。然后，他们做出被告无罪的裁决。再或者，支持定罪的陪审员可能比反对定罪的陪审员要软弱一些，而随着时间的推移，前者渐渐失去耐心，只想尽快离开那儿，所以选择了屈服。被告由此被判无罪。

再或者，所有陪审员都坚持自己的立场，毫不让步，这样陪审团就会陷入僵局。结果呢？审判无效。如此一来，你就需要再经历一次这个令人备受折磨的审判过程，只不过在下一次的时候，辩护律师全面掌握了你证人的强项和弱点，也全面掌握了你最佳和最糟的论点。一般来说，重审不会让政府获得更好的结果。很多检察官都会在心中祈祷——且不论结果是否正义：上帝啊，最重要的是不要让陪审团陷入僵局，不要让我再起诉一次。

考虑到利害关系、证据标准以及一致性要求，我一直都很好奇怎么还会有人被定罪。试着让12个人就点哪种比萨达成一致，看会发生什么。在那种情况下，要求全体一致是会引发骚乱的。

所以，随着裁决的临近，检察官也会感到紧张，也会觉得没有把握。诚然，有些案子的证据非常扎实，但没有什么事情是百分之百确定的。

以下是一个真相马上见分晓的时刻。法官通过法庭助理或书记员发出通知：陪审团已做出裁决。这是一个庄重的公告，因为判决在即。如果你当时就在法庭，你会屏息以待。如果你是在办公室接到的电话，你会挂断电话赶紧出门。如果你正在吃午饭，你也会停下来，第一时间赶到法庭。

人们聚到一起，包括政府方的律师、辩护方的律师，以及法庭助理和书记员等法庭工作人员，大家都对最终判决结果翘首以待，但一般来说，书记员享有优先权。如果是有新闻报道价值的案子，手里拿着小本子的记者也会在旁听席等待；他们很可能已经按照有罪或无罪的裁决概率预先写好了稿子。到场支持被告的人一般会有很多，包括配偶、子女、父母、兄弟姐妹、朋友、牧师、同事和邻居等。有时候，被告及其律师会孤零零地坐在被告席上，没有支持者为他们加油助威；他们假装淡定，直到首席陪审员发言为止。通常情况下，美国联邦法院副执行官会在法庭里靠墙而站，当个沉默的哨兵守卫着法庭。他们全副武装，以应对可能出现的暴力事件；当然，这种情况是非常罕见的。

最终，一名联邦法院副执行官在评议室内用拳头重击房门三次。"陪审团入场！"

在陪审团列队走进镶木法庭时，全场起立。这个时刻充满期盼、恐惧和祈祷。所有人的眼睛都盯着那些走向陪审席的普通男女，他们身着便装——毛衣、牛仔裤、宽松长裤、平底鞋和运动鞋。大多数时候，他们一脸漠然地望向前方，就像在坐电梯一样。律师席上的利益相关方紧盯着他们，试图从他们的目光或表情中捕捉到关于裁决结果的些许信息，却只能看到席前的茶叶。有时候，陪审员会哭；在这种时刻，很少会有陪审员表现得兴高采烈。

就检察官而言，他们不露声色，故意摆出一张"扑克脸"。我第一次坐在律师席等待首席陪审员宣布裁决结果时，我的庭审合作伙伴靠过来，以强有力的语气在我耳边低语道："记住，无论是什么结果，都不要有任何表情，也不要有任何反应。"不管案子被判无罪还是有罪，保持"扑克脸"是必须的。这是一种礼节，我认为也是对他人的一种尊重，是谦卑的表现。

你认为你的案子办得很好，你认为被告有罪，但你不知道陪审团的裁决结果是什么，也不知道陪审团是不是喜欢你。这可能是你最好的时刻，也可能是你最坏的时刻，你要做好两手准备。我起诉的第一个案子，陪审团判被告有罪，这让我感到震惊，而我起诉的第五个案子，陪审团判被告无罪，这同样让我感到震惊。在艾哈迈德·哈勒凡·盖拉尼一案中，对于陪审团的裁决，用震惊一词都不足以形容我在法庭上的感受；盖拉尼是"基地组织"成员，也是从关塔那摩湾监狱被转移到美国接受民事审判的最后一人。他被控制造了美国驻肯尼亚和坦桑尼亚大使馆的爆炸案——这两起恐怖的爆炸案共造成了224人死亡。在我们指控的285项罪名中，陪审团仅判了1项罪名成立，即第5项罪名——合谋破坏美国的财产和建筑物，其他284项罪名均不成立。简直荒谬到了极点。直到今天，我们也没有找到合乎逻辑的解释，但有一点是肯定的，那就是陪审员在陪审团席进行评议时肯定做出了偏向一方的妥协。

因此，每个人都焦急地等待裁决结果——一致裁决的结果；这个不同寻常的任务并不是由身着长袍的法官宣布的，而是由一个从当地社区抽选出来的普通人宣布的。最终，首席陪审员从陪审团席上站起来，在鸦雀无声的法庭上宣布裁决结果。

然后，一切就结束了。

在判被告"有罪"的那个时刻，充满正义的检察官并不会表现出喜悦之情，这没什么好奇怪的。但几小时后他们会有庆祝活动，有发自内心的满足感，会被鼓励，被表扬工作干得好。这无损检察官的职业声誉。定罪的那一刻是一个人人生中最昏暗也最清醒的一刻。这是其他任何事情都无法与之相比的。我曾出席过美国参议院确认最高法院法官的仪式，以对两位提名法官进行唱名表决，或赞成或反对。你可以在有线卫星公共事务网（C-SPAN）上搜索并观看。那时我的心情与刑事案中陪审团进行裁决时截然不同。陪审团的裁决是庄严的、悲哀的，即便结果是正义的。

在纽约南区的很多法庭，辩护人席位于公诉人席后面，所以彼此都无法看到利益最攸关方的反应。除了自己的心跳，你最多能听到叹息声或喘息声，更常见的是你什么声音也听不到。

旁听席的情况并不总是如此。配偶可能哭，孩子可能哭。现在被告已经知道了自己的命运。无罪推定不复存在。有时候，检察官会当场提议还押候审；戴着手铐的被告会从法庭侧门离开，直接被移送到拘留所。

对于有些证据非常充分或证据非常有限的案子，陪审团的裁决结果是可以预测的。事实很重要；当然，从律师的角度看，还是存在某种可能性。但可能性并不是确定性，而不确定性通常可以被感知。这种不确定性表明事情并不是一成不变的，也不是被人以不正当手段操纵的。这会提升审判的可信性，正如选举的不确定性会提升民主的可信性一样。

2016年美国总统选举前夕，著名的国际象棋世界冠军、人权活动家、俄罗斯自我流亡人士加里·卡斯帕罗夫（Garry Kasparov）在社交媒体上发了这样一段话："美国人，你们对明天感到紧张了吗？这就是民主的作用。不可预测的选举，多么奢侈！"第二天，在特朗普突破重重困难、赢得总统大选后，卡斯帕罗夫给出了一条乐观的评论："特朗普的当选是民主的最佳证明。你事先并不会知道结果！"

在刑事案的审判中，陪审团的裁决也可以说是这样的。检察官们，在陪审团出来的时候，你们感到紧张了吗？这就是正义在起作用。不可预测的裁决，多么奢侈！

第四部分

处罚

引言

就正义而言，最扑朔迷离和最重要的问题或许与处罚有关。对一个公平公正的社会来说，什么样的判决是充分但又不超出必要限度的——既能达到惩戒的目的又能给人改过自新的机会，既能消除一个人的犯罪能力又能起到震慑的作用？如何平衡处罚一致性与个人正义之间的关系？我们只应关注犯罪行为吗？或者，我们应该考虑违法者的特殊环境，如家庭和成长环境及犯罪动机等因素吗？最后，为了正义而剥夺一个人人身自由的确切期限是几周、几个月还是几年？没有人可以真正知道。

因此，正义的最后阶段——处罚阶段体现了深层次的道德、情感乃至宗教方面的内容，尽管现代人已经努力将这个问题简化为数学计算。就处罚而言，最广为人知的理论来自《圣经》：以眼还眼。在我们的法律体系中，这个理论早就被废弃了。外行人可能不了解窃听的技术性细则、共谋法、大陪审团的职责或审判的神秘程序。这些工具和规则的公平性对普通人来说是混沌的。但对于处罚，人们自认为了解。他们对某一特定处罚的反应是发自内心的，不管这种处罚是过轻还是过重。因为我们所有人都处罚过别人，也都受过别人的处罚，比如罚孩子不准出门、训诫下属或不理睬别人等。无论是个人还是社群，都能从内心感受到这种处罚。

在过去很长的一段时间里，处罚都是一种公共事件，被公民当作奇观来消费。当然，在某些地方，这种情况依然存在。围栏、绞刑架、断头台、十字架，对异教徒施以石刑或对窃贼施以鞭刑。这都是国家愤怒的象征，也是人们涤荡和净化心灵的场合。对未来的作奸犯科者来说，这些处罚是一种强有力的警示。

现在，处罚越来越多地被藏了起来，有一种消失了的感觉。我们已经废除了在公共场所施刑示众的做法。我们的监狱在看不见的地方，也被人们忘却了。曾几何时，我们都是在市中心建监狱。美国的第一座现代化监狱是于1829年建成的东方州立监狱（Eastern State Penitentiary），就坐落在费城。如今，被定罪的重刑犯被用船移送到偏远地区服刑，远离了平民生活区，而遥远的路途也使得亲属探监不再那么容易。

虽然处罚已经不再公开，处罚的宣布却仍是法官在法庭上通过公开的法律程序进行的，他们依照联邦量刑指南宣布刑期，但有时候这一处罚结果会经历显而易见的斗争。现行的量刑体系试图将所有处罚转化为数学运算，综合考虑不同的罪行、损失金额、犯罪史、加重情节和减轻情节。这是一种粗糙又冰冷的计算方法，具体的呈现方式就是一张正式的图表，看起来更像是宾果卡，而不是一剂深思熟虑后为真正的人伸张正义的良方。

人的存在是问题的关键所在，也是大多数评议所带来的痛苦的根源。当程序中涉及活生生的人时，如何运用公式和良知去实现正义？犯罪的受害者是人，实施犯罪的也是人，而从中分清什么是公平和公正的，什么是符合原则又合乎比例的却不是任何一个法官乐意做的事情，因为他们也是人。因此，在一个又一个案子中，一旦罪名成立，那法官就将面临最后一个折磨：给予适当的处罚。缓刑还是入狱？几个月还是几年？终身监禁还是死刑？

有时候，检察官会援引规定了强制最低刑的法律，在处罚的天平上加码，成为实际意义上的量刑法官。接下来，在一起令人痛心、长期悬而未决的婴儿盗窃案中，你会看到我们就陷入了这样一种困境。喧嚣的情绪，悲剧性的遗失，一个年轻的受害者在审判过程中可能再次坠入地狱……这种情况下，适当的处罚远不是一个公式所能确定的。你可以自己判断我们是否做出了正确的决定。

　　量刑会给人一种终局的感觉，让人觉得一切都结束了。我过去认为，检察官负责的事情到此止步，不应再进入监狱的藩篱。公平的调查，适当的指控，合理的判决，然后是明智而审慎的处罚。对检察官来说，接下来要做的就是办理另一个案子！但事实上，这并不是终点；至少在你关心整体正义时不是，因为拘留所和监狱淡出公民视野的另一个后果就是我们看不到那里弥漫着的种种腐烂，包括灵魂与肉体。这也是正义的一个特性。如何对待那些我们认为危险或卑劣到足以入狱的人对每个人来说都是一种道德律令，检察官也不例外。

　　在政策层面上，我们必须对刑期、强制最低刑、指控的自由裁量权，以及现金保释等诸多问题进行反思。重大的刑事司法改革最近已经通过了。

　　但我们也需要人性化的监禁环境。被称为赖克斯岛的纽约市监狱一向暴力横行。我们办公室曾对那里的暴力行为进行了深入的调查，并追究了当事人的责任。我们也试图减少这种情况的发生。赖克斯岛监狱让我们客观地看到了监禁环境的残酷以及道德败坏的狱警的堕落，并了解了即便是最黑暗的地方，也需要人性和希望。吸取这些教训是必要的，这不仅是对监禁在那里的人的救赎，还是对我们所有其他人的救赎。

婴儿卡利娜

什么是公平而有效的处罚？这是一个道德难题，而面临这一难题的并不仅仅是主持审理刑事案的终身法官。很多人都熟悉并厌烦这个难题：必须惩处违规公司的监管者，必须处理行为不端的雇员的主管，乃至必须教训不守规矩的孩子的父母。什么样的比例是合适的？怎样做是有效的？怎样做才能震慑可能违规者以及其他所有人？什么样的行动是充分但又不超出必要限度的？

我在前面讲过，这些问题并没有严格或确定的答案。但每天，有秩序的社会都要求人们回答这些问题。每天，每一个人都竭尽所能地去应对挑战，试图给出答案。

1987年一个温和的仲夏日，卡利娜·雷妮·怀特（Carlina Renae White）在纽约哈莱姆医院（Harlem Hospital）出生。她体重约为8磅[①]，健康又漂亮，

[①] 1磅约合0.45千克。

有着浅棕色皮肤和一头鬈发，右臂有一块胎记。她年轻的未婚父母虽然原本没有做好怀孕的准备，但他们相亲相爱，决定一起把女儿抚养长大。卡利娜的妈妈乔伊·怀特（Joy White）当时只有16岁，还在读高中；她的爸爸卡尔·泰森（Carl Tyson）22岁，同时干两份工作，白天开卡车，晚上在停车场打工。虽然生活并不富裕，但小卡利娜深受母亲乔伊和外祖母伊丽莎白（Elizabeth）的欢迎，得到了无微不至的关心和宠爱。

在19天大的时候，卡利娜发烧了。这对夫妇不敢大意，在8月4日夜晚带她去哈莱姆医院看病。医生们非常担心孩子的病情，让她住院观察，并在她脚部进行了静脉注射。将卡利娜委托给医院照看之后，乔伊在零点30分左右跑回家取东西，这样她就可以在医院过夜了。

乔伊再也无从得知女儿病情的医学诊断结果，因为在8月5日拂晓时分，卡利娜被人从哈莱姆医院17层的儿科病房抱走了。那个盗窃者拔下她的静脉输液管，灵巧地抱起她，然后消失在夜色中。正如后来新闻报道的那样，整个过程无人觉察，就像"入店行窃一样简单"。

卡利娜年轻的父母遭受了沉重的打击。他们一直抱有希望，认为自己的孩子会回来。卡尔后来说："我总觉得我女儿是会回来的。"但几天变成了几周，几周又变成了几个月，警方还是一无所获。

乔伊陷入悲痛之中。她幸运地有了一个孩子，但只陪了这个孩子19天，"给她洗澡、洗头发，给她喂奶，摇她入睡"。备受打击的乔伊变得抑郁起来，开始服用安定药物并接受治疗。后来，乔伊辍学，失去孩子的痛苦最终使她选择与卡尔分手。

小卡利娜·怀特那天遭遇了什么？那个把她抱走的残忍的小偷是谁？

直到23年之后，这个谜团才得以解开。在卡利娜失踪的那个夜晚，一个有过轻微犯罪前科、名为安·佩特威（Ann Pettway）的女性偷偷潜入哈莱姆医院。据媒体报道，她当时穿着护士服，但她并不是一名护士。有一段时间，佩特威一直想有一个自己的孩子，不过多次流产之后她就绝望了。

在乔伊带孩子到医院去看病时，佩特威就在儿科病房那一楼层。她甚至还假惺惺地安慰乔伊，告诉这名新妈妈一切都会好起来的。过了一会儿，发现卡利娜无人照看之后，她便把孩子抱走了。这期间，没有人阻止她。尽管后来卡尔和乔伊就这种疏忽对纽约市发起了诉讼，但警方和其他执法部门为寻找卡利娜及其盗窃者所做的种种努力均徒劳无功。

佩特威带着卡利娜离开纽约市，回了她康涅狄格州的老家，给卡利娜改了名字，叫内德拉（Nejdra），并称这是她自己的孩子。现在叫妮蒂（Netty）的卡利娜由佩特威抚养长大；她们先是居住在康涅狄格州，后来又搬到了佐治亚州。

几十年来，卡利娜盗窃案一直困扰着警方调查人员。23年前因发高烧而被安·佩特威偷走的卡利娜，最终还是靠自己破获了这起案子。卡利娜长大之后，人们说她看起来并不像她妈妈。虽然都是非洲裔血统，可从外表上看，她们两人并无相似之处，而且卡利娜是浅肤色，佩特威是深肤色。起初，卡利娜并没有想太多，但在16岁怀孕后，她需要自己的出生证明来做产前检查。由于佩特威拿不出出生证明，所以卡利娜深感怀疑。后来，佩特威号啕大哭，坦白了一些实情：她承认卡利娜不是自己的亲生女儿，但坚称是一个陌生人把当时尚是婴儿的卡利娜交到了自己手里，而这个陌生人之后再也没有出现过。这是一个含糊其词、缺乏可信细节的故事，但也是佩特威能向卡利娜讲的全部。

在接下来的几年里，卡利娜的疑心越来越重；她想搞清楚自己到底是谁。于是，她开始在互联网上搜索20世纪80年代失踪儿童的信息。最终，在2010年圣诞节前夕，她联系了美国全国失踪与受虐儿童服务中心

(NCMEC)。基于她的年龄、自述胎记及其他细节性的信息，全国失踪与受虐儿童服务中心很快就将搜索范围缩小到两起婴儿盗窃案上，其中之一就是卡利娜·怀特案。通过对比新生儿卡利娜的照片和"妮蒂"婴儿时期的照片，一个事实浮出水面：这名一直以为自己是妮蒂的女子，实际上就是被偷走的卡利娜·怀特。

与此同时，在过去的20多年里，乔伊无时无刻不在思念自己失踪的女儿。虽然她后来结了婚，也有了其他孩子，但她还是为那个在半夜被人偷走的女儿感到悲伤。她梳妆台上的相框里仍摆放着女儿婴儿时期的照片，她甚至还用卡利娜的名字作为她电子邮箱的地址。她从没有想过有一天会接到全国失踪与受虐儿童服务中心打来的电话，告诉她说她女儿还活着，而且活得很好。

甚至在DNA检测的结果出来之前，身在亚特兰大的卡利娜就开始联系乔伊。很快，她们两人在纽约再次相聚。她们的团圆让人感动，也让人难受。卡利娜见到了她的亲生母亲、亲生父亲、外祖母、未曾谋面的弟弟妹妹，以及很多姨妈、姑妈和同辈的其他兄弟姐妹。

就在这个时候，即2011年1月，这起尘封已久的婴儿失踪案被移交给了我们位于曼哈顿的办公室。这是一个悲剧、曲折的故事。负责办理该案的检察官是安德烈亚·萨拉特（Andrea Surratt），她也是我们办公室一颗冉冉升起的新星。安德烈亚做事公平、性格坚韧；除拥有出色的办案能力外，她还持有飞行执照，而且枪法极准，是当之无愧的神枪手。

婴儿卡利娜一案的谜团已经解开，现在该是安·佩特威面对司法审判的时候了。曼哈顿地方检察官办公室曾短暂接手这个案子，但由于该案已经超出了相关的州法律规定的诉讼时效，所以只能交由联邦起诉。于是，我们接手该案。

在看到自己上了电视之后，佩特威终于向联邦调查局的一家地区办公室投案。在那里，她向联邦调查局特工玛丽亚·约翰逊（Maria Johnson）供述说，20世纪80年代她多次流产，但想要一个孩子，就从哈莱姆医院把卡利娜偷走了。在一份书面陈述中，她对自己的所作所为感到"由衷的抱歉"。

就佩特威的这起刑事案来看，案情非常明确。她违反了联邦政府的绑架法令，我们认为这一点是无可否认的。但佩特威的辩护律师罗伯特·鲍姆（Robert Baum）故作姿态，表示佩特威的故事可以反转，她可以收回自己的供词；而且，在佩特威从医院偷走卡利娜的那天晚上，没有任何可靠的证人可以证实自己确实将卡利娜交到了佩特威手中。但综合各方面因素来看，败诉的可能性微乎其微，而在定罪这个问题上可以说是十拿九稳，结案也会很快。

该案的罪名是比较容易确定的部分，但佩特威的这种可憎行为该给予何种处罚才公平则是一个完全不同的法律（和道德）问题。在这方面，我们思考并讨论了一段时间。

就我认识的检察官而言，他们大多数更擅长定罪，而不是提量刑建议。对检察官来说，罪名往往比较容易确定，而且通常具有道德明确性。也就是说，检方指控的每一项罪名都代表着一个二元选择——有罪或无罪，绝不能模棱两可。被告有没有罪，就像一名女性有没有怀孕一样，容不得半点马虎。事实上，司法体系是拒绝灰色地带的。陪审团定罪时，针对被告的罪名必须相当确定，而且排除了所有的合理怀疑。因此，在确定罪名方面，正义似乎可以保证，也可以实现。即便一个明显有罪的人被判无罪，如果陪审团已经尽职尽责，法官保持公允中立，而律师也在法律框架内切实履责，我们就会认为陪审团做出了裁决，正义已经得到实现，然后继续前行。

量刑则不同。当问题从定罪转为处罚时，答案就变得模糊起来。二元选择不复存在，取而代之的是数不清的处罚方式和不尽相同的处罚力度。如果没有强制最低刑，罪行又足够严重，那么处罚选项是非常多的。在有期徒刑和终身监禁之间，任何一个刑期都有可能。再有就是赔偿、经济处罚、监禁条件和判决后的限制措施等，都考虑进来的话，处罚会变得更加复杂。

在就特殊处罚给出量刑建议的问题上，我认为很多检察官不够专注，也缺乏自信。当然，这并不是因为他们不在乎，而是因为这项工作太难了。同时也是因为他们知道，最终的担子会落到法官身上——真是万幸。他们已经通过有罪答辩或审判完成了定罪的工作，他们乐于把剥夺自由的具体期限这一神圣的任务留给别人去做。这就是我从未想过要做法官的原因之一。在这一点上，我从来都不想扮演这样一个角色。怎样才能准确知道合理的处罚是70个月还是80个月？怎样才能知道罪犯多在监狱关一天或一周，以及少在监狱关一天或一周的惩教效果？

法官的重大职责之一就是在需要给出处罚的时候，给出公正的处罚。联邦法官会以各种各样的计分方式为指导，基于犯罪史、犯罪性质、加重情节和减轻情节等因素给出一个数字，但最终，按照法律规定，法官的判决必须是"充分但又不超出必要限度"的。如果你觉得这是一项很难标定的任务，那你就想对了。几乎所有的法官都坦率地表示，最难的工作就是按照"充分但又不超出必要限度"的标准计算处罚结果。对很多法官来说，当他们的选项受到强制最低刑的限制时，他们自然会感到恼火，但就另一个人的生命和自由行使不受限制的自由裁量权也不是一件轻松的事。

公正的判决是可以"计算"出来的，这样的理念实际上是人们长期以来对罪与罚的崇拜之一。这种数学上的崇拜对正义来说可能很重要，因为公平的实现需要有超越种族、地区以及其他差异的标准和一致性，但我们绝不应抱有任何不切实际的幻想，认为容易犯错的人类可以在处罚上实现完美的正义。"充分但又不超出必要限度"是一种金发姑娘原则[1]，也是一个原本就不可能实现的标准。

那么，对于安·佩特威，我们该怎么办呢？

碰巧的是，早前做出的一项指控决定为日后围绕佩特威的命运展开多日的讨论和辩论打下了基础。按照相关法律条款的规定，绑架罪是有强制最低刑的：如果被绑架者是未成年人，且与绑架者之间不存在亲属关系，起刑点为 20 年。佩特威案符合这些要求，于是我们据此对她发起指控。这就意味着，如果佩特威被定罪，法官在行使自由裁量权时会受到限制：被告的刑期不能低于 20 年。如此一来，佩特威至少要在监狱里服刑 20 年，且不得假释。

无论从哪一方面讲，这样的处罚似乎都不奇怪，也没有什么不公平或不合理的地方。就强制最低刑而言，虽然关于其公平性和适当性的辩论有很多，但像本案这样的案子很难让人觉得惋惜。佩特威带给乔伊和卡尔的人生剧痛似乎也为这种处罚提供了正当性，他们至今仍处于痛苦和愤怒之中。再加上震慑犯罪等其他传统方面的考虑，这样的处罚结果应该说是公平的，所以我们一开始也照此办理。

问题出在后面。佩特威的律师最终表示，他的当事人准备认罪，但 20 年的强制最低刑是她不能接受的。不过，她可以依照另一个法律条款认罪；每个人都可以向法官提出自己的主张，法官有权自由判决，可以判她 20 年，

---

[1] 源自《金发姑娘和三只熊》的童话故事，指凡事都必须有度，而不能超越极限。

也可以判她20年以下或以上。

在我的记忆中，这个决定比其他很多决定都要难做。一方面是卡利娜的亲生父母乔伊和卡尔所遭受的痛苦。他们两人明确表示要让佩特威受到严厉的处罚——23年的刑期，因为她把他们女儿带走了23年。以眼还眼。但另一方面，该案还有另外一个受害者，那就是深受伤害的卡利娜，不过她的立场与亲生父母不同。可以想象，她自己的处境也是一团糟，而在任何审判中，她都是不可缺席的证人。受害者需要得到辩护，但在整个事件中，他们被认为是最具偏见性和冲突性的人物。不同的受害者有着不同的利益诉求，如何平衡这些利益则非常棘手。卡利娜的诉求和她父母的诉求是不同的。

卡利娜同佩特威一起经历了生活的酸甜苦辣。在学校里，卡利娜是一个受人喜爱、性格开朗的学生，梦想有一天成为著名的表演家。不过她后来表示，佩特威常常吸毒，看起来就像个"怪兽"。卡利娜还见过武器。有时候，佩特威会打她，可卡利娜坚称她没有受到虐待："我不会说她是这个世界上最好的妈妈，但她做了自己该做的，让我成为今天的我。"

同佩特威生活在一起远谈不上完美，可在发现自己的真实身世之后，卡利娜仍爱着这个把她抚养长大的女人。她可能到死都不愿意作为污点证人，把佩特威送入监狱。再者，她还有一个弟弟，佩特威的另一个孩子，尚未成年，只有14岁。如果开动司法机器，这个弟弟将不可避免地受到伤害。

2011年春天，在圣安德鲁广场1号办公楼8层我的那间办公室里，我们就这个案子开了很多次会。问题很明确，答案却并非如此：其一，我们可以严格遵守法律条文，按照显然适用的强制最低刑条款提出量刑建议，违背法庭做出的裁决，从而破坏正义，并给被抱走的受害者带去更多的痛苦；其二，我们可以允许被告按照另一法律条款认罪，给出过轻的处罚，从而破坏正义。

在我办公室的咖啡桌旁，我们的每一次讨论都是不设限的，每个人都可以自由表达自己的观点。这期间，有件事情让我深受触动，我至今还记忆深刻。且不论对错，我在讨论中总会想到我自己年幼的孩子，那时他们分别是10岁、8岁和6岁；我也总会想到他们的出生，是在哥伦比亚长老会医院，而他们出生的日子无疑是我生命中最快乐的3天。我想到了我和他们一起度过的日子以及我们未来的生活。然后，我把我作为父亲的这种快乐同卡利娜的亲生父母所遭受的痛苦和失落做对比；要知道，这所有的一切都是安·佩特威一手造成的。如果你沿着这条思路想下去，即便只是短短的5分钟，你也会产生共鸣，感受到一种极大的痛楚，内心充满愤怒。这显然会影响到一个人对正义的看法。

有人可能会问：对受害者抱有同理心是自然和合适的吗？或者，这是偏见和危险情绪的根源吗？我们希望我们的检察官也这样去想、这样去感受吗？对正义充满热情，但对特定的案子要保持冷静、力求公平指的是什么呢？有一次，我提议投票表决，并轮流发言，给出自己的理由。当时在场的大约有8人，包括一线检察官、部门主管以及我所有的高级助理。这个案子应该如何处理才合适？我们在这个问题上花了很多时间，所有人都面临着压力。

这场辩论中还有一个潜在的争议点：佩特威抚养卡利娜的方式与该案有没有关系？她的养育方式重不重要？绑架者提供给被绑架者的成长环境可不可以作为量刑依据？如果佩特威是一名模范母亲，并让卡利娜成长为一名罗德学者（Rhodes Scholar），那她的量刑会不会受影响？

投票结果是一边倒的。大多数人支持20年的强制最低刑，而其他人则赞同她获得有罪答辩的机会，让她有可能获轻判，尽管这样的结果令人难以接受。我花了一分钟的时间才意识到这一分歧背后可能的原因。这与年资和性别没有关系，与强硬或温和的办案风格也没有关系。我的发现是：家里有孩子的检察官都投了 20 年的强制最低刑，而尚未育有孩子的检察官则投了另一个选项。那么接下来要怎么做呢？你要做的就是晚上回家抱紧你的孩子，然后把问题留到第二天解决。

在经过一番思考后，我最后决定走温和路线。受害者的幸福占了上风。我们不想让卡利娜再次受到伤害，因为如果我们选择 20 年强制最低刑的话，她必须出庭做证。不过，坦白地讲，这也是一个战术问题：卡利娜不再是一个友好的证人。她一度停止了与联邦调查局的合作，也停止了与我们办公室的检察官的合作。如果要开庭审理的话，我们就需要传票才能传唤她出庭做证，这样一来，她就容易情绪不稳定，行为完全不可预测。这并不是我们想看到的，会不可避免地给她造成二次伤害。我们仍坚持争取 20 年的刑期，我们认为这样的处罚是公正的。就该案而言，我们只是要求就强制最低刑进行抗辩，从而放弃必须判被告 20 年或 20 年以上的权利而已。现在，决定权交到了法官手中。有人可能会说，事情原本就该这样。所以，我们决定结案，不再让卡利娜为难。

佩特威选择认罪。乔伊和卡尔对我们的决定感到失望。在宣判时，他们温和又不失尊严地讲述了他们内心的痛苦。先说话的是卡尔："安，我必须说的是，你让我在这 23 年里饱受痛苦，在我的心上留下一道疤。你夺走了我心爱的女儿。我从没有机会给她过一岁的生日。我从没有机会看着她去上学。我甚至从没有机会把她送上校车。你给我造成了深深的伤害。我错过了我女儿的第一个生日，错过了她 16 岁的生日。你伤害了我……他们应该判你 23 年，因为你把她从我身边带走了 23 年。"他的这个逻辑是难以辩驳的。

这类婴儿盗窃案虽然罕见，但的确会发生。甚至在我写这本书的时候，还有新闻报道了 1998 年杰克逊维尔某医院发生的一起女婴被盗案。时隔 18

年，这个女孩才与自己的亲生父母团聚。在该案中，受害者的父母要求判处被告死刑。

这是不可弥补的损失，而且受伤害的并不仅仅是卡利娜的亲生父母。正如乔伊所说："这场悲剧影响了我的生活，影响了我女儿的生活，影响了我的家庭，影响了她的外祖母、她的姨妈和姑妈，以及她所有的弟弟妹妹。自卡利娜失踪的那一天起，我们的生活就被永远地改变了……我的女儿已经找到了我，但我还没有找到我的女儿。"有些东西失去了就是永远失去了，那是一个永远也无法填补的洞。

凯文·卡斯特尔（Kevin Castel）法官在宣判时指出，他拥有宽泛的自由裁量权，在处罚方面存在各种可能性。他说："本庭有权给出被告已服刑期的判决，也就是从收押入监到现在为止的刑期，也可以给予终身监禁且不得假释的判决。"

那他的决定是什么呢？他给了佩特威12年的刑期。对于这个判决结果，乔伊和卡尔感到非常痛心，我们办公室的检察官也深感失望。卡利娜没有出席宣判会，卡斯特尔法官就该起绑架案的种种令人烦心的细节做了讲述。但同时，他也讲到了佩特威不幸的童年，包括遭受性虐待、吸毒史、精神病，以及多次流产等。他还谈到了卡利娜的亲生父母因这起绑架案所承受的巨大痛苦，并表示这是一场"持续性的犯罪"，偷走了23年的亲子关系，偷走了23年的家人团聚，也偷走了卡利娜23年的身份。

但或许最能说明问题的是下面这几句话："我考虑了公正处罚的必要性。这不是因贪婪犯下的罪行，也不是因复仇犯下的罪行。但这是一种自私的行为，一种因自私犯下的罪行。"对于我们的司法体系，我要说的是它已经有意摒弃了以眼还眼这一过时的《圣经》理念。且不论法官在这起特别的案子中所做的判决是否完美，公正的处罚需要同理心，既是对受害者，也是对犯罪者——这两者只是方式和程度不同而已，而犯罪原因（包括加重情节和减轻情节）以及作为被告的个体也必须被考虑在内，并在量刑时加以平衡。我认为，要想在各方之间达成真正意义上的平衡是不可能的，但那就是法官的职责。

　　这是一个正确的结果吗？正义得到伸张了吗？我没有确定的答案，永远也不会有确定的答案，尽管我现在依然记得这起令人揪心的婴儿盗窃案。

蝇王

史蒂夫·马丁（Steve Martin）是我最喜欢的人之一。不过，我说的并不是那位喜剧演员，尽管我也是他作品的超级粉丝。我说的这位史蒂夫·马丁是我在纽约南区工作的最后几年里认识的，我对他非常了解。他在监狱机构工作了46年，最先是在得克萨斯州监狱系统担任狱警，后来出任得克萨斯惩教所（Texas Department of Corrections）的总法律顾问。作为一位聪明又深思熟虑的改革者，他最近正在帮各监狱解决其内部的暴力泛滥和过度使用武力的问题。

马丁身材瘦长，脸上布满皱纹，留着灰色胡须，说话时有着南方口音，拖着长腔，看起来就像是和善版的萨姆·埃利奥特（Sam Elliott），后者以在影片中饰演作风强悍的牛仔和农场主而闻名。马丁是法庭任命的监察员，负责帮助改革纽约市监狱系统中的赖克斯岛监狱。

我不是监狱或监狱改革方面的专家。大多数检察官也都不是。他们不遗余力地去证明犯罪行为，并按照犯罪行为的严重程度提出量刑建议，之后便把工作重点转移到下一个案子上。在被告被移送到偏远的监狱之后，他们很少会再去考虑那些被起诉者的生活。

在之前的工作中，我仅有过一次维护犯人权利的经历。那是20多年前的事情了。当时我还很年轻，是一家私人律师事务所的律师；我和我们事务所的其他律师一起为一名叫保罗·乔利（Paul Jolly）的男子提供免费的法律服务。乔利因谋杀罪被判终身监禁，关押在阿提卡。他当着受害人5个孩子的面，当场射杀了受害人。我们代理的并不是乔利的刑事案，而是要在宗教信仰方面为他提供法律援助。要知道，即便是在监狱里，他也有信奉拉斯特法里教（Rastafarian religion）的权利，这是宪法和法律所规定的。出于宗教原因，他拒绝接受非决定性的潜伏性结核测试，所以被关进"医疗隔离室"，即单独囚禁，每周仅允许外出冲一次澡，时间为10分钟。

在我们接手这个案子的时候，我在事务所的秘书问我这个当事人为什么被关进阿提卡。我告诉她是因为谋杀。她拒绝参与这个案子，所以所有零零碎碎的工作都是我自己做的——复印、打印以及通信等。我尊重她如此明确的立场，但她这种立场的强烈程度却是我未曾料到的。对我来说，乔利犯下的残暴又难以名状的罪行与他在监狱所享有的权利是两码事。他有权得到体面的对待，他仍享有宪法所赋予的各种权利。我觉得这两者不难区分。我做了大量工作，包括口头取证（我的第一次）、发起动议、申请初步禁令，以及出席相关案件的最终审判，所有这些在我看来都是重要的经历。最终，我们打赢了官司，乔利被从禁闭室里释放出来。

20年后，美国司法部民事司（U. S. Department of Justice Civil Division）的两名助理检察官——埃米莉·多特里（Emily Daughtry）和杰夫·鲍威尔（Jeff Powell）率先就赖克斯岛监狱中青少年的处境问题进行了突破性的调查。调查结果触目惊心，也让我看到了纽约这座最臭名昭著的监狱所存在的严重问题，以及美国监狱普遍存在的问题。当然，两名检察官的调查只针对赖克斯岛监狱，但全美所有的监狱以及其他所有剥夺人的自由的地方都应该引以为戒。待我到纽约南区任职后，我们对赖克斯岛监狱进行的调查促使我去思考犯人的监禁条件，让我相信我们有道德责任去关注惩教所存在的问题。一个公平公正的社会应该是什么样子的理应是我们一直都要关注的问题。在一个公平公正的社会里，健康的人应该关心生病的人，富人应该关心穷人，强大的人应该关心弱小的人，检察官也应该关心犯人。赖克斯岛监狱就是一堂实物教学课。

在读大学一年级的时候，我修了一门关于种族灭绝现象的课程，内容令人震惊。有一种观点认为，这应当成为人人必修的一门课，因为你从中可以看到人对同类的极端残忍性。这门课的教学大纲中包含三部迄今为止我仍认为是我读过的最重要的作品：斯坦利·米尔格拉姆（Stanley Milgram）的《对权威的服从》（*Obedience to Authority*）、约瑟夫·康拉德（Joseph Conrad）的《黑暗的心》（*Heart of Darkness*），以及关于菲利普·津巴多（Philip Zimbardo）教授开展的恶名昭彰的斯坦福监狱实验的评述报告。此外，我们还读汉娜·阿伦特（Hannah Arendt）的作品，跟其他很多学生一样研究她的"平庸之恶"（banality of evil）理论。这些作品——就像前面讲的杰茜卡父母的朋友死于他们自己的儿子之手一样——打破了我原有的一些信念，特别是《对权威的服从》。自上大学后，这本书我就读过很多次，而在担任联邦检察官期间，我也读过不止一次。跟不熟悉这本书的人介绍一下，米尔格拉姆在20世纪60年代开展了一系列实验，测试人在受命去伤害他人时的边界。测试结果连米尔格拉姆本人也感到惊讶，在学术实验这种简单的条件下，普通人会给他人施加他们所认为的高压电击，对他人因此而承受的巨大痛苦毫不在意。为什么？因为一个身着实验服的人告诉他们要这样做。

米尔格拉姆教授在近 50 年前写道："这或许是我们这项研究得到的最根本的启示：那些只做着自己的分内事、内心不带有任何特别敌意的普通人，可能会在可怕的毁灭性活动中充当帮凶。"

几十年后，在我自己的工作场所，我从史蒂夫·马丁口中再一次听到了阿伦特那个有名的术语——"平庸之恶"。他用这个词解释说，在监狱这种缺乏人性又密闭的高压环境中，即便是好人，也可能对他人做出残忍的举动。

在20世纪最著名的心理学实验之一——斯坦福监狱实验中，菲利普·津巴多和他的助理挑选了 24 名表面看起来沉稳的斯坦福男学生，然后通过投掷硬币的方式随机安排他们扮演狱警或犯人的角色。这项实验原本要持续两周。但仅过了 6 天，实验就被取消了。为什么？因为狱警变得越来越残暴，比如对犯人施加心理压力，在凌晨两点叫醒犯人，把犯人单独囚禁，以及让犯人做有辱自身人格的动作等。津巴多后来在国会做证时说，他之所以终止该实验，是因为他意识到自己很容易就会变成"最残暴的狱警"或"最懦弱的犯人"。多年来，一直有文章质疑这项研究的结果，因为有证据表明狱警的行为是受到过鼓励或指导的，但让人不安的是，那些体面的斯坦福学生很快就开始虐待和羞辱其他参与实验的学生。

且不论实验结果是否有所夸大或实验是否存在缺陷，有一点是毋庸置疑的，那就是近 50 年来，斯坦福监狱实验一直存留在公众的意识中，因为它的结果既令人震惊又让人觉得可信。正如入狱 10 多年的俄罗斯亿万富豪米哈伊尔·霍多尔科夫斯基（Mikhail Khodorkovsky）在其著作《我的狱友》（*My Fellow Prisoners*）中所说："监狱这个场所会给大多数的犯人和狱警造成可怕的影响，但到底对哪个群体的影响更大一些，事实上人们仍无从得知。对于这一人类悲剧，社会必须行动起来。而首先，人们需要知道这件事情。"

史蒂夫·马丁想为这一人类悲剧出一份力。在他看来，监狱是可以采取人道的关押方式的，没有必要成为充斥着暴力和腐败的致命粪坑。他的整个职业生涯都致力于实现这一愿景。

什么样的环境会滋生野蛮主义和残暴行为？答案既跟文化有关，又跟个人有关。从定义上讲，各监狱的环境都是让人难以忍受的：被拘押者被控有罪或已定罪；他们中的很多人都患有精神疾病；在法庭的一纸判决后，他们的自由被剥夺。就地位而言，他们已经属于非人类。当然，从概念上讲，这并不是说监狱不人道或没有必要。如果一个人因受到公平公正的处罚而被剥夺自由，那么对其实施监禁是必要的；如果一个人因会给社区带来危险或有逃匿的可能性而被剥夺自由，那对其实施监禁同样是必要的。

关键的一点在于，你面对的是一个火药桶。监狱和拘留所是毁灭人性的熔炉。正如津巴多的实验所显示的那样，监狱的运作方式为服从找到了合理的解释并奖励服从。用以提升效率和安全的政策及做法很容易使人丧失人性。史蒂夫说，监狱里有很多毁灭人性的方法，有各种各样的方法可以像对待牲口一样对待犯人。在监狱里，犯人的隐私被完全剥夺；他们身着统一而单调的囚服；他们的身份被编号取代；他们成群结队，集中用餐。犯人会从内心产生一种无力感，并感知到狱警的无所不能。

再有一点就是解决问题的容易性。通往地狱的道路是由懒惰铺成的，惩罚并不需要脑力。使用强力很容易，克制却很难。反抗者会被拳头重击头部。违规者会被单独监禁。大多数问题都可以通过强力轻松解决。在很多文化中，使用强力是有奖励的。22岁时，史蒂夫成为得克萨斯州的一名狱警。据他讲述，他觉得自己正从滑坡上滑下来，仅仅几个月的时间，他就更加倾向于使用暴力。到24岁时，他觉得自己变了，变得越来越暴力，跟斯坦福监狱实验中的"狱警"并无二致，只不过他身处的是一个现实环境。他决定离开现有的工作岗位，但仍致力于推进监狱的人性化管理这一使命。有一次他对我说："如果我毫不克制地使用强力，那么我可能会升至高职。"

不是每一个人都有故意伤害他人的意愿，也不是每一家机构都支持雇员以残忍手段伤害其所管教之人。人们的所作所为并不全是蓄谋的，也不全是心存恶意的。以东方州立监狱为例，这是美国第一家真正的监狱，由贵格会教徒于 1829 年建立。在那里，所有犯人都被单独收监，十分残忍。但从该监狱的建立初衷来看，单独收监并不仅仅是为了惩罚犯人，还为了让他们改过自新。作为支持者之一，本杰明·拉什（Benjamin Rush）医生提议设立"忏悔屋"（house of repentance），希望犯人可以闭门思过，达到真正忏悔的目的。这种改造方式旨在"治疗"，被认为是人道的。从理论上讲，犯人在独立的空间里可以更好地进行反思和忏悔，该监狱的本意也在于此。这就是社会实验。最终，单独收监的弊病开始一一显现出来。到了 1913 年，东方州立监狱认识到单独收监的残酷性和非人道性后废止了这种处罚形式。虽然这项实验被废弃，但它的出发点是好的。

同其他很多可怕的故事一样，无能和浅薄的思维起了推波助澜的作用。在我们办公楼 8 层图书室召开的一次例会上，史蒂夫讲了另一个我至今仍记忆深刻的故事。那是 21 世纪初，史蒂夫受俄亥俄州青年服务部（Ohio Department of Youth Services）的委托，前往该州的赛欧托，就当地一家少管所对所关押女孩滥用强力的情况展开调查。赛欧托只是一个小城镇，要说名气，著名高尔夫球手杰克·尼克劳斯（Jack Nicklaus）最初就是在这里学习打比赛的。

在调查过程中，史蒂夫发现被关押者手臂受伤的比例高得惊人，包括腕部、肘部和肩部，骨折和挫伤比比皆是。尽管他有多年的从业经验，但这种情况还是头一次见。正如他所说："只要深挖，你总能找到一种解释。"于是，史蒂夫去了现场进行实地调查。很快，他就找到了原因：这些伤是狱警把犯人从一个地点押解到另一个地点时造成的。他看到狱警采用了令人难以理解的 C 形约束方法：让犯人把手臂伸直，锁住她们的肘部，然后把一个坚硬的 C 形钳固定在她们的肘部。这样一来，手臂上的每一个关节都承受着巨大的张力。我让史蒂夫演示给我看。他紧紧地抓着我，锁住我的肘部。在这种姿势下，我想不出来如何走路，更不用说走远路了；在心烦意乱的情况下则是难上加难。犯人稍有不慎，就会造成骨折。在被问及这种做法时，负责人说："这就是我们押解犯人的方式。"

对于这个回答，史蒂夫哑口无言。你们怎么可以用这种方式来长途押解那些女孩？这实际上是一种"疼痛顺从"法。要知道，即便是马也无法这样走道。更诡异的是，这种惯用的约束方法并不是为了防止犯人打架，也不是为了防止她们不服从。在提交调查报告之前，史蒂夫就去找了监狱长，建议改正锁具的约束方法：不要锁住肘部；在押解过程中，紧紧束住腕部就可以了。就这么简单。一夜之间，骨折和挫伤便消失了。

当然，有些时候，问题并不在于这种原本并无恶意的失职。有些时候，恶人是罪魁祸首，再加上让人难以容忍的环境、脆弱的体系和腐败的文化，共同造成严重的后果。

赖克斯岛监狱是一座目无法纪的地狱。作为纽约市的主要监狱和全美最大的监狱之一，赖克斯岛监狱位于布朗克斯区和皇后区之间，占地约 400 英亩[①]，共有 10 座设施，不仅关押着成年犯，还关押着未成年犯。在押人员

[①] 1 英亩约合 4046.86 平方米。

大多处于审前羁押状态，尚未被定罪，其中尤以有色人种男性居多；近40%患有精神疾病（我们的调查结果显示，在被关押的未成年人中，这一比例达到51%）。自20世纪30年代启用以来，赖克斯岛监狱就以其根深蒂固的暴力文化而闻名，是全世界最臭名昭著的监狱之一，长期存在侵犯犯人宪法权利的现象。我们发现，赖克斯岛监狱是一个完全无视规则的地方，强力是第一诉诸手段，而不是最后的手段；如果犯人对狱警进行言语侮辱，则会遭受身体伤害；犯人被殴打是家常便饭，但鲜有人被追责；纵然缄默法则盛行，暴力文化却依然不断。2014年，当我们准备公布调查结果时，理奇·扎贝尔建议采用一个适当的文学典故来描述赖克斯岛监狱的情况：它就像《蝇王》（Lord of the Flies）。

2015年，一起与赖克斯岛监狱相关的悲剧恰巧引起了公众的广泛关注。16岁的男孩卡列夫·布劳德（Kalief Browder）因被控盗窃背包而被关进赖克斯岛监狱，但从未被定罪。在他被羁押的三年里，有两年是在令人难以忍受的单人禁闭室里度过的。这期间，他还受到狱警和其他囚犯的攻击与骚扰。后来，针对他的指控被撤销，布劳德尝试重新开始生活，并通过讲述自己的故事，提升公众对虐囚现象的关注。获释两年后，他选择了自杀。在赖克斯岛监狱的遭遇无疑是他自杀的原因之一。这是一个令人心碎的故事。另外，赖克斯岛监狱还发生了其他可怕的死亡事件——囚犯被殴打致死或被谋杀。

2014年，我们办公室发布了一份很长的谴责性报告，详细描述了赖克斯岛监狱的暴力文化，辅之以令人震惊的发现、事实和统计结果。最终，根据发现的问题，我们以司法同意令的方式与监狱方达成一致。按照该法令，监狱方需要出台新的政策，减少滥用暴力的现象，保护犯人的安全和权利；就强力使用问题展开调查；到2018年安装7800个摄像头；开展新的执法记录仪试点项目；制定新方案和新的招聘策略，对工作人员进行培训；对19岁以下的犯人采用新的政策，包括不再进行单独监禁以及寻找赖克斯岛监狱之外新的关押场所等。这些改革将由外部监督员进行追踪，监狱方需要定期提交进度报告。

然而，故事比统计数据更有震撼力。下面这两个故事值得我们具体展开讲一讲。其中有一人是被殴打致死的，但关于该事件的简报却没有给死者一个公正的交代。这两个故事中各有一个再也没能离开赖克斯岛监狱的犯人，让我们看看他们人生中最后的痛苦时刻。

在就赖克斯岛监狱的狱警特伦斯·彭德格拉斯（Terrence Pendergrass）一案进行刑事审判时，助理检察官拉腊·埃什凯纳齐（Lara Eshkenazi）做开庭陈词时说的第一句便是："贾森·埃切瓦里亚（Jason Echevarria）孤独地死在赖克斯岛监狱的一间狭小的牢房里，而在死前的几小时里，他经历了痛苦的折磨，不断喘着粗气，不断呕吐，不断求救。"

对一个不安的灵魂来说，这是一个凄惨的结局。25岁的埃切瓦里亚来自布朗克斯区，此前被控犯有抢劫罪和入室盗窃罪；2011年9月被捕，然后被送入赖克斯岛监狱候审。

埃切瓦里亚患有双相情感障碍。在赖克斯岛监狱，精神疾病在犯人中颇为常见。正如《纽约时报》2014年所报道的，赖克斯岛监狱关押的精神病犯人的数量超过了"纽约州全部24家精神病医院患者数量的总和"。埃切瓦里亚死的时候，正被囚禁在违规犯人精神健康评估组（MHAUII）的单人禁闭室中。由于不断在另一个关押区从事破坏活动，他便被转送到了违规犯人精神健康评估组的11A区。此前，他多次自杀未遂。

2012年8月18日，11A区的厕所堵了，未经处理的污水涌入牢房。赖克斯岛监狱条件的恶劣程度由此可见一斑。一名缺乏经验的狱警将"肥皂球"分发给犯人，让他们清扫各自的牢房。这并不是一种非处方产品，而是高浓度的有毒洗涤剂；在分发之前，这名狱警本应先用水进行稀释，但他并没有这样做。

因被单独关押，精神原本就不正常的埃切瓦里亚早已焦躁不已。他希望重新回到监狱的医务室，于是吞掉了整颗肥皂球。这是实打实的漂白剂。他故意服毒。时间是8月18日下午4点30分。

在接下来的18小时里，埃切瓦里亚成了玩忽职守的牺牲品，过程令人震惊。在吞食了该化学品之后，他很快就出现了明显的发病症状。化学品灼烧了他的嘴巴、喉咙和胃，继而引发剧烈的呕吐。

他大声喊着雷蒙德·卡斯特罗（Raymond Castro）的名字；卡斯特罗是一名年轻的狱警，当天负责巡查11A区。埃切瓦里亚处于一种狂乱状态，喘着粗气，声嘶力竭地喊着说他吞食了一颗肥皂球，已经无法呼吸，急需看医生。卡斯特罗于2012年1月入职，事发时仅在赖克斯岛监狱工作了几个月。他没有处理此类紧急事件的经验，于是把这一令人惊恐的情况上报给了当值队长。

当值队长是脾气暴躁、已在赖克斯岛监狱工作了16年的老狱警特伦斯·彭德格拉斯。他有能力、有责任和义务救助埃切瓦里亚。但他并没有这样做。对于卡斯特罗上报的情况，彭德格拉斯的回应是："只要人还活着就不要来找我。如果出现了暴力流血事件或人已经死了的情况，你再来找我。"

于是，狱警卡斯特罗返回到埃切瓦里亚的牢房里，却看到他仍在不断呕吐。他再次将这一情况报告给了彭德格拉斯，后者仍无动于衷，并称埃切瓦里亚是"自作自受"。

下午5点35分，一名药剂师和一名狱警安杰尔·拉萨尔特（Angel Lazarte）来到关押埃切瓦里亚的牢房。他们也看到埃切瓦里亚在不断呕吐。他脸色发红，弓着腰缩成一团，声音短促，还夹杂着呼吸声。"救命"是他唯一能说出来的话。"他会死掉的。"那名药剂师对拉萨尔特说。

拉萨尔特和卡斯特罗一同来到彭德格拉斯的办公室，就埃切瓦里亚的状况做了汇报。这是第三次上报。对于他们两人的担忧，彭德格拉斯仍未放在心上，只是让拉萨尔特填一份报告表。最后，彭德格拉斯缓缓走向关押埃切瓦里亚的牢房，这也是他第一次去看这名犯人。他从牢房窗户那儿瞥了一眼之后就走开了。他告诉拉萨尔特不用再填那份报告，还让他挂断电话，当时拉萨尔特正打算为埃切瓦里亚寻求医疗救助。

第二天上午 8 点 35 分，埃切瓦里亚被发现死在了满是污物的牢房里，嘴边混杂着白沫和血，颈部青紫，马桶里充满呕吐物。他的床单、背心及脚踝处也沾满血迹。他的身体已经冰冷，口、舌、喉咙后面、肠道和呼吸道被严重灼伤，液体进入肺部。埃切瓦里亚试图排出体内的化学物，但不间断的接触让他在极度痛苦中慢慢死去，这原本是可以避免的。验尸官后来宣称埃切瓦里亚死于他杀，原因是医疗"疏忽"。

2014 年 3 月，我们逮捕了彭德格拉斯，而这也是赖克斯岛监狱十几年来第一次被控侵犯民权的警官。拉腊和她的庭审搭档丹·赖兴塔尔（Dan Richenthal）指控彭德格拉斯故意漠视埃切瓦里亚的医疗需求，并成功说服陪审团。

在审判之后，我见过贾森·埃切瓦里亚的父亲拉蒙·埃切瓦里亚（Ramon Echevarria）。在每周一次的新闻电视节目《60 分钟》（*60 Minutes*）中，我们一起谈论了这起案子以及赖克斯岛监狱的腐败现象。拉蒙身材瘦小，健谈，声音很轻，但语速很快。他说贾森一直都不是一个让人省心的孩子。他坐在我办公室里咖啡桌对面的一张大高背椅上时不断摇着头，还对我讲了他在接受媒体采访时所说的一段话："为什么就不能给他叫一辆救护车呢？没错，他是一个囚犯，他是一个犯人。但他也是一个人。他是一个人。"

我们再来看看第二个故事。

前面讲过，在切斯特港的一家餐厅，调查员史蒂夫·布拉奇尼成功说服赖克斯岛监狱的狱警安东尼·托里斯担任污点证人。下面是这个故事的其余部分。

布赖恩·科尔是一名中年狱警，在医务室北区值夜班，而这个医务区照护的是患有慢性疾病或严重疾病的被羁押者。2012年12月18日，也就是圣诞节前一周，科尔的值班时间是从晚上11点到次日早上7点。

罗纳德·斯皮尔是科尔辖区内的犯人之一，因入室盗窃罪被关入赖克斯岛监狱，处于羁押候审状态。同埃切瓦里亚一样，52岁的斯皮尔也深受各种疾病的折磨，包括糖尿病、心脏病和终末期肾病，需要定期透析。他需要眼镜和拐杖。他戴着一个手环，上面标有"谨防跌倒"的字样。

斯皮尔已经在赖克斯岛监狱被关押了近3个月，他一直抱怨自己没有得到足够的医疗照护。关于这一点，监狱工作人员和同监犯人都非常清楚。他难以忍受痛苦，以至于自己发起诉讼，声称监狱拒绝为他提供降血压的药物。在这样一个完全无视公民权的地方，他要求重获权利的努力反而让他成了一个靶子。在赖克斯岛监狱这样的地方，所有的麻烦制造者都是靶子。

2012年12月18日，斯皮尔找到正在值班的科尔，试图申请就医。自他上次透析以来，至少已经过去6天了。科尔告诉斯皮尔晚一点再过来。他们的这次交流很激烈，而斯皮尔也展现出了好斗的一面。不过，斯皮尔还是转身走开了。"这家伙真是个蠢蛋。"科尔对旁边的一名狱警说。这是他对年老体弱的罗纳德·斯皮尔的评价。

12月19日凌晨5点钟前，斯皮尔再次找到科尔请求就医，但后者再一次阻止了他。迫切需要药物的斯皮尔试图推开科尔，闯入医生办公室。科尔被这种无礼的举动激怒了。他连续用拳猛击斯皮尔的面部和腹部。托里斯听到争执之后来到走廊里，伸出一只手臂勒住斯皮尔，面朝下把他摔倒在地上。狱警拜伦·泰勒（Byron Taylor）也赶了过来，帮忙约束已经倒在地上的斯皮尔。狱警南希·迪普莱西（Nancy Duplessy）则去安抚围观整个过程的犯人。犯人大声喊道："他们打死他了，他们打死他了。"斯皮尔俯卧在坚硬的地面上，已经没有了反抗的力气。托里斯压在他身上。

然后，布赖恩·科尔打死了罗纳德·斯皮尔。

在该事件过去近两年后，助理检察官珍妮特·瓦尔加斯（Jeannette Vargas）在联邦法院的开庭陈词中，就斯皮尔停止反抗并被完全约束之后所发生的情况做了如下描述。

在12月的那个上午，两名狱警将斯皮尔面朝下摔倒在地。被告就站在斯皮尔先生身旁，穿着沉重的工作靴。他收回脚，踢向斯皮尔先生。他踢他的头，一次又一次地踢。他出脚很重，斯皮尔先生的头开始出血。然后，被告蹲下身来，从地上抓起罗纳德·斯皮尔的头，对他说："这就是你惹我的下场。记住，这是我干的。"随后他把斯皮尔先生的头丢到坚硬的瓷砖地板上。罗纳德·斯皮尔就这样死在了监狱里。

被踢打的斯皮尔并没有反抗。他战栗的身体挨了一脚又一脚；他的头部也屡屡被踢，每被用力踢一次，他就闷哼一声。他就这样被活活踢死了，而且死了之后，他那毫无生气的手腕还被戴上了手铐。

他还尸骨未寒呢，掩盖行动就开始了。在场的狱警串通一气，很快就编造出了一个虚假的故事。在这个故事中，科尔遭到了斯皮尔的暴力攻击——斯皮尔用拐杖袭击科尔，科尔只是出于自卫。为了圆这个谎言，他们在斯皮尔死了五小时后专门从储物间里找了一根备用拐杖用作证据。

这几名狱警对赖克斯岛监狱的主管人员撒了谎，对布朗克斯地方检察官办公室撒了谎，对大陪审团撒了谎。布朗克斯地方检察官办公室并没有对他们发起指控，因为这些狱警结成了开脱罪责的统一战线，检方无法以排除合理怀疑的标准证明被告人有罪。

科尔认为他不会因该事件被追责，之后也可能是如此。他认为或许他还可以继续殴打和虐待自己辖区内的弱者，还可以打死其他犯人。正如我在前面所说，史蒂夫·布拉奇尼在切斯特港的一家餐厅约见托里斯警官之后事情起了变化。托里斯同意担任污点证人，讲出了 2012 年 12 月 19 日斯皮尔之死的整个故事——真实的故事。在法庭上，被问及科尔如何踢斯皮尔的头时，托里斯做证说："他就像踢点球一样踢他的头。"

负责起诉的检察官珍妮特·瓦尔加斯、布鲁克·库奇内拉和马丁·贝尔（Martin Bell）将案子交给了陪审团。在经过两天的评议之后，陪审团裁定科尔谋杀罪名和妨碍司法罪名——掩盖罪行——成立。谋杀罗纳德·斯皮尔的科尔最终被判 30 年监禁。

为什么宣誓忠于宪法的执法人员会有如此野蛮和残暴的行为呢？文化是一个重要原因，一个机构的文化是会滋生邪恶的。在检察官心中，特伦斯·彭德格拉斯未必就是一个坏人，被判犯有故意漠视罪的彭德格拉斯未必就是不能救赎的。此前工作的那 16 年里从未有过关于他过度使用强力的报告。他对埃切瓦里亚并没有特别不满。埃切瓦里亚不是他赤手空拳杀死的，但他也没有尽举手之劳，挽救他的生命。在多年的工作之后，彭德格拉斯可能形成了一种可怕又冷酷的漠视心理。在赖克斯岛监狱工作的 16 年里，他每天都应对各种冲突、创伤、精神疾病和敌意，这让他变得麻木不仁，什么也不在乎。他之所以漠视犯人的求救信号，是因为他不再把他们当人看待，不再把他们当自己的同类看待。

当埃切瓦里亚躺在牢房里奄奄一息时，彭德格拉斯都懒得搭理。甚至在被告知埃切瓦里亚因中毒而不断呕吐和流血时，他也不过是不慌不忙地走出办公室，仅从牢房窗户那儿看了一眼。事实上，庭审录像显示，在前往牢房查看埃切瓦里亚的情况时，彭德格拉斯走得非常慢，慢到辩护律师都认为检察官有意放慢了录像的播放速度。实则不然。当看到行动迟缓、一脸漠然的彭德格拉斯时，你会感到非常悲哀，而这也是判他有罪的一条重要证据。

布赖恩·科尔的则是一个完全不同的故事。科尔五短身材，大腹便便，一脸褶子。在整个庭审期间，他一脸茫然，也很少与自己的律师互动。他的家人都很怕他，没有一个人参加旁听，也没有一个人愿意为他缴纳保释金。

科尔警官可能是一个具有反社会人格的人，是完全无可救药的。他的这种病态心理有一条最好的证据：早前，科尔从报纸《乡村之声》（*The Village Voice*）上剪下过一篇关于被他打死的罗纳德·斯皮尔的文章。这篇新闻报道描述了另一名犯人是如何告知斯皮尔的妹妹罗纳德的死讯的——"他们打死了他"。该文章还配了罗纳德·斯皮尔的一张照片。照片中的斯皮尔面带笑容，看起来也很健康。科尔剪下了这篇文章，然后装裱起来挂在床头，就像一个可怕猎人的战利品。什么样的人会这么做？可能就是那种具有反社会人格的人。

但反社会者犯了罪是不可能逃脱罪责的，除非他们受到同事的有意包庇或腐败文化的支持和保护。科尔可能处于残忍谱系的末端，可让他几乎逃脱罪责的保护性网络早已存在。他知道有一个安全网给他兜底，这个安全网就是合谋之下的沉默誓言。他知道每一个人都会给他打掩护。人人都知道安全网的存在。这就是他们为所欲为的原因所在。这是一种更大的腐败。

彭德格拉斯犯的是一种渎职罪，科尔实施的则是一种蓄意的残暴行为。这是两种不同的犯罪，却导致了同样可怕的后果：羁押候审、未被定罪的人由此失去生命。

我们办公室有一个传统，那就是在陪审团发言时，审判团队的成员会给全办公室发一封电子邮件，便于办公室其他同事前去观看并提供支持。在我还是一名一线助理检察官的时候，看到同事们跟陪审团的辩论，我感到非常激动。在美国诉科尔案中，负责该案总结陈词的马丁·贝尔给办公室的同事发了一封邮件，表示珍妮特·瓦尔加斯即将发表开庭陈词。邮件中写道："这个世界充满了各种复杂的问题，但有时候，说实话，我们真正要做的是在无人认为正义可及的地方实现正义。"

阿门。

有时候，希望和改革之光会穿透赖克斯岛监狱等机构的冰冷疆界。

"你做过的最糟糕的事情并不代表全部的你。"这是德菲创投机构（Defy Ventures）的根本性原则。作为一家与犯人打交道的创新型非营利组织，德菲创投的使命是为犯人重返社会提供帮助，并让人们了解他们所面临的独一无二的挑战。为使犯人为未来的生活做好准备，这家机构做了很多工作，包括向他们教授基本的求职技能和简历写作等，而最令人兴奋的则是开发他们的创业能力，并为他们的好点子提供资金和资本支持等。

2016年12月，我前往赖克斯岛了解监狱设备的改善情况以及监狱在司法同意令下的整改情况。这种考察显然不可能悄悄进行。在大量随行人员和几层安保人员的簇拥下，我感觉自己就像是到访某个专制国家的西方政要，开启了一场洁净之旅，所到之处都是精心安排的最好之地，监狱为了这次考察特意做了清洗和整理。在我们走进监狱的某间餐厅时，餐桌上摆放着专门为我及其他到访者准备的胡萝卜蛋糕。

在赖克斯岛监狱期间，我参加了德菲创投举办的一个讲习班，场面让人震撼，也让人大开眼界。在里外两层全副武装的安保人员的守护下，我们同犯人拥抱、握手。

然后我们对仍处于羁押中的未来创业家的创业项目进行评估——就像美国的那档著名的创业真人秀节目《鲨鱼坦克》(Shark Tank)。这给人一种超现实主义的感觉。我和弟弟坐在桌旁，听犯人向我们介绍他们精心思考过的项目。弟弟是颇有经济头脑的，这也是我请他参加这次活动的原因。犯人中有崭露头角的锁匠，也有设想出移动录音棚的犯人，希望为有抱负的艺术家和说唱歌手提供服务。一时间，你几乎忘了自己是在赖克斯岛监狱。

当天即将结束时，该组织还举办了一项令人吃惊的参与性练习：上前一步。志愿者和犯人面对面站立，一侧是志愿者，一侧是犯人，中间形成一条通道。有人会大声念出一句话，如果这句话跟你的生活和环境相符，则向前一步，站到中间线的位置。这项活动的目的在于考察人内心深处的诚实性，并以此激发他们的同理心。这些句子各不相同，但有些是我至今仍记忆犹新的。

> 如果你上过大学，上前一步。
> 如果你失去了父母，上前一步。
> 如果你在自己长大的地方听到过枪响，上前一步。
> 如果你被枪击或刺伤过，上前一步。
> 如果你曾经感到过羞耻，上前一步。

就某些句子而言，有时候几乎所有犯人都会上前一步；有时候所有志愿者会上前一步；还有一些时候，部分犯人和部分志愿者会上前一步。

我们来看这样一个句子：如果你做过违法的事却没有被逮捕，上前一步。

对于这句话，我想每一个人都会上前一步，无论是志愿者还是犯人。这里的每一句话都会加深你对他人及对自己的了解；你会知道你和他们有哪些不同之处，又有哪些相同之处。

一方面，一些自认为强硬的执法人员和政界人士的头脑中有一种不可动摇的信念：追求人道主义的政策是溺爱犯人的表现。他们嘲讽任何带有安慰或善意的计划，即便该计划可能会以一种巧妙的方式减少暴力，增强安全性并提升犯人重返社会的成功率。另一方面，智慧化改造需要思考和努力。我们必须时常同大男子主义思想做斗争。这种思想认为，监狱生活必须是痛苦的，这种痛苦会让犯人坚强起来，是一种必要的仪式。

此外，犯人和狱警之间始终存在一种紧张关系。在各种讨论中，一个极少被提及的问题是：狱警这份工作非常难做，而且几乎不可能做好。在所有的执法工作中，我认为这份工作最难做：让人焦虑、充满压力、危险、单调、暴力、低薪，而且费力不讨好。因此，有这样一种思想就不难理解了——狱警的生活如此艰难，犯人的生活就应该更加艰难。此种想法的伦理简单又易于理解：犯人不应得到任何特殊待遇。为什么他们可以免费上课？狱警可能会想。我的免费大学课程在哪里？他们可能会问。如此一来，任何为犯人考虑的事项都被认为是对狱警的侮辱。这些事项是真实存在的紧张和冲突，而如果没有狱警的支持，任何善意的计划都很容易夭折。监狱是滋生怨恨的天然温床。

人类最好的朋友登场了。"赖克斯岛漫游者"（Rikers Rovers）是一个独具一格的新项目，其理念很简单：让未成年犯人训练搜救犬，以为后期的犬只领养做准备。这些犬来自纽约市动物护理和控制中心（New York City Animal Care and Control），被寄养在赖克斯岛监狱住宅区。在赖克斯岛监狱，只有申请并通过该项目的人才能担任搜救犬的主要照顾者，为期9周。犯人分工明确，轮流换班，共担责任。你要在早上6点前起床。你要喂狗，要沿着一条特别的道路遛狗，而且一天要遛很多次。你要给狗洗澡。你要带狗去上课，教它基本的指令，比如坐、停和取物等。在这个过程中，你不可避免地和自己所训练的犬建立起关系。在项目开展初期，有一只叫洛克西的比特犬，一只罗得西亚脊背犬，一只叫伦尼的普洛特猎犬，一只叫埃斯的黑色拉布拉多犬，还有叫影子、安杰尔、吉吉、贝伊、科迪和玛丽的各种犬。在访问赖克斯岛监狱期间，我就见过一只叫佩雷斯的比特犬。事实上，这里的犬大多都是比特犬，因为只有它们天生就不怎么受监狱这种寒冷又恶劣的环境的影响。有一次，该项目引入了一只贵宾犬。这是一个错误，它根本就不听指令，最后不得不退出训练。

在项目开始时，狱警的反应是这样的：他们对项目嗤之以鼻，大加嘲讽。这种敌对态度源于两方面的原因。第一，该项目与监狱一贯的"硬汉"形象格格不入；跟狗狗玩耍并不是你所想象的那种监狱生活。第二，它激起了一直存在且极具破坏性的怨恨情绪。让那些被指控犯罪的人来训练犬只似乎是对他们的一种奖励。为什么他们应该得到这样一份礼物？另外，狱警也认为这样一个项目会给他们增加额外的负担。如果犯人虐待自己训练的狗该怎么办？怀疑中夹杂着怨恨。总结一下这种普遍存在的情绪：我们现在给犯人小狗，那么以后呢？要给他们小马吗？尽管该项目遭到属僚的白眼，但时任纽约市惩教部（NYC Department of Correction）部长的约瑟夫·庞特（Joseph Ponte）还是坚持将其推行下去。

对犯人来说，项目的积极效果是立竿见影的。每个人都有了一种更好的感受，人类最好的朋友改变了他们的心理状态。他们或单独或共同照看和训练犬只。有暴力行为史的青少年开始积极改造，因为这样才能获得项目的入选资格。该项目不仅使这些青少年开始朝着积极的方向发展，还让他们看到了自己在狗身上所付出的努力有了真正的回报。如果狗被成功领养，功劳是团队所有参与者的。每个团队都得到了教育，受到了鼓励。而最令人鼓舞的是，这些被遗弃的狗被用于帮助改变被社会抛弃的青少年的生活，帮助他们培养责任感、纪律性和奉献精神，帮助他们走向成熟。

如果说这一温和的犬只训练项目对犯人的影响令人惊讶，那么它对那些说"不"的狱警的影响就更大了。随着时间的推移，即便是最初那些冷嘲热讽的狱警也看到了该项目的真正价值。鉴于对犯人的积极改造效果，狱警高高兴兴地加入照护和喂养弃狗的项目。出人意料的是，他们不再翻白眼，而是卷起袖子大干起来，积极参与其中。大多数情况下，他们在那些狗身上投入的精力并不比犯人少；有时候，他们还会在白天偷着遛狗。还有一件事：在赖克斯岛监狱接受为期9周的训练后，公众便可以收养这些受训的狗。

在撰写本书时，赖克斯岛监狱至少有40只狗已完成训练。猜一下，赖克斯岛监狱的这些"漫游者"大都被谁领养了？

大多数受训犬都被那些起初讥讽该项目的狱警领养了。那年12月离开赖克斯岛时，我把该监狱的一名高级官员拉到一旁。他高大魁梧。我问他对赖克斯岛监狱未来的看法（他对该监狱的未来并不是很乐观，而从赖克斯岛监狱的历史来看，其未来也没有太大的希望），他却选择告诉我另外一件事情，令人印象深刻。他说，在"赖克斯岛漫游者"项目刚开展时，他是完全不看好的。"我觉得这是我听过的最蠢的事情。我觉得这是个笑话。但你知道吗？我现在是这个项目最坚定的支持者。这是一件小事，但意义重大。"

在我们发布调查报告、同赖克斯岛当局进行激烈谈判并达成司法同意令4年后，监狱暴力事件并没有呈现出明显的下降趋势。公布这一结果令人沮丧。所有的工作都已经做了，但没有取得太大的进展。僵化的文化似乎是难以改变的。越来越多的人呼吁关掉赖克斯岛监狱，呼吁从头开始，就好像暴力如石棉一样被嵌入混凝土墙体。这或许是对的。或许今天赖克斯岛监狱的文化就像布赖恩·科尔一样无可救药。监狱引入的带有人性化、旨在软化犯人并为他们重返社会做准备的渐进式改革和项目无疑都是好的。这样的改革和项目或许会给那些没那么糟糕的地方带来喘息的机会。漫游者项目是一次暖心的行动，但说实话，你必须考虑到像赖克斯岛监狱这样的地方，可能除了把它们彻底推倒重来，别无他法。这真是悲哀。

超越正义

法律概念或刑事司法的形式概念中不存在上帝或恩典。某些价值和理念是超越正义的，包括仁慈、宽恕、救赎、尊严，还有爱。

在下面的这个犯罪故事中，价值超越了单纯的程序正义。这是一个没有被媒体广泛报道的故事，但它应该被广泛报道。我第一次读到这个扭曲的故事是2011年，在《纽约时报》上；该故事后来成为阿南德·吉里达拉达斯（Anand Giridharadas）所著的《真正的美国人》（The True American）的主题。同很多可怕（但最终振奋人心）的故事一样，这个故事开始的时间也是2001年9月11日的上午。

那天，美国的纽约市、弗吉尼亚州和宾夕法尼亚州遭到恐怖袭击。世界再也不是原来的样子。

在可怕的9月11日之后，一些误入歧途的人决定对此发起报复行动。一场悲哀的仇恨犯罪"狂欢"由此拉开序幕。"9·11"事件发生三天后，一个叫弗兰克·罗克（Frank Roque）的人在一家酒吧宣称他要杀死"裹头巾的人"。他开枪杀死了住在亚利桑那州梅萨的巴比尔·辛格·索迪（Balbir Singh Sodhi）；索迪是一名美国人、锡克教徒，也是3个孩子的父亲，当时他正在自己的加油站外种花。"9·11"事件发生四天后，3名男子用燃烧弹袭击了加拿大的一座清真寺和一座印度寺庙。据联邦调查局的年度报告显示，"9·11"事件发生后，仇恨犯罪呈上升趋势。

另一个误入歧途的人叫马克·安东尼·斯特罗曼（Mark Anthony Stroman），31岁，石匠，居住在得克萨斯州达拉斯。斯特罗曼公然宣称自己是白人至上主义者；"9·11"事件发生后，他认为杀死一些阿拉伯人是他的职责。

2001年9月15日，斯特罗曼走进达拉斯的一家便利店，遇到46岁的巴基斯坦移民瓦卡·哈桑（Waqar Hasan）。当时哈桑正在自己的小店里烤汉堡，斯特罗曼朝他的头部开枪，杀死了他。

几周后，也就是10月4日，斯特罗曼走进得克萨斯州梅斯基特的一家壳牌加油站，遇到瓦苏德夫·帕特尔（Vasudev Patel）。帕特尔是印度移民，也是印度教徒。斯特罗曼用一把点四四口径的手枪近距离射杀了他。帕特尔的妻子阿尔卡（Alka）以及他们十几岁的儿子幸免于难。

幸运的是，斯特罗曼被逮捕了。第二年，他因谋杀帕特尔而受审。

据媒体报道，他在法庭上没有表现出任何悔意。2002年4月，法庭认定斯特罗曼蓄意谋杀罪名成立。仅在两天之后，他被判处死刑。

斯特罗曼的暴行下还有一个奇迹般活了下来的受害者，这个受害者就是我要讲的这个故事的主角。

2001年，在两次谋杀案之间，斯特罗曼还去了一家德士古小型超市，遇到赖斯·布伊扬（Rais Bhuiyan）。布伊扬是来自孟加拉国的穆斯林移民。

斯特罗曼持一把短筒双管霰弹枪走进店内。

对于接下来发生的事情，布伊扬做了这样的描述。"店里很冷清。外面下着瓢泼大雨……我以为遇到了抢劫的。我说：'求你别杀我。所有钱你都拿走。'他说：'你从哪儿来的？'他距离我四五英尺远。我感到后背发凉。

我说：'你问的是？'"

对于当时自己的所见所感，布伊扬继续解释说："那是一把双管枪。我感到有无数只蜜蜂爬在我脸上叮我。接着，我就听到了枪声，眼前出现了我的父母、兄弟姐妹和未婚妻的形象，然后是一片墓地。我心想，我今天是要死了吗？

"我低下头，看到鲜血从头上涌了出来。我双手抱头，想阻止血往外流，并尖声喊着'妈妈'。"

斯特罗曼转身离开，以为布伊扬会死去，但他并没有死。

总共有38颗子弹打到了布伊扬的面部、头部和眼部。袭击发生后，他接受了多次手术，一只眼睛几乎失明。

布伊扬是一名虔诚的穆斯林，一天祈祷5次。有一颗子弹正中他前额中央，所以每次祈祷、头碰地面时，都会让他痛苦不堪。

马克·安东尼·斯特罗曼虽然没有杀死赖斯·布伊扬，却给他留下了多年的痛苦——身体上和精神上的。

在经历了一段漫长的时间之后，布伊扬的生活才再次走上正轨。多年后，一件有趣的事情发生了。

布伊扬想到了那个给他带来这一切的人——正在得克萨斯州死囚牢房里等待死刑的斯特罗曼。他想到了那两名失去丈夫的妻子，想到了她们的孩子以及这个可憎的凶手给他们造成的所有伤害。

然后，他做了一件出人意料的事情，我认为这是大多数人永远都不会做的，包括我自己。

他原谅了试图杀死他的凶手，但做的不止于此。2010年，布伊扬发起了一场旨在免除斯特罗曼死刑的活动。

正如一家杂志在关于他的一篇文章中所问的："如果有人当面开枪杀你，

然后留你慢慢死掉,你会去挽救他的生命吗?"

这正是布伊扬所做的。

他说他审视自己的内心,忠实于自己的信仰,然后发现了爱、怜悯和慈悲。

布伊扬前前后后花了两年的时间,以挽救斯特罗曼的生命。他在网上发起请愿活动。他提交案情摘要。他同得克萨斯州总检察长展开交锋。

"他也是一个人,跟我一样。"布伊扬经常说。

布伊扬对斯特罗曼的孩子表达了关心,并为他们感到悲伤,因为如果得克萨斯州对斯特罗曼执行死刑,那么他的孩子将失去父亲。当然,斯特罗曼从未对受害者的孩子表达过任何关心。

赖斯·布伊扬将自己从受害者转变为辩护者,而在这一过程中,他并不是唯一改变的人。

你知道吗?那个想杀他的人,那个正在死囚牢房里等待死刑执行的人,也知道了布伊扬为挽救自己的生命所做的种种努力。

在被执行死刑前几天,《纽约时报》的记者问斯特罗曼:"你现在在想什么?"

对于该问题,斯特罗曼是这样回答的:"我可以告诉你我今天的感受。我非常感谢赖斯·布伊扬为挽救我的生命所做的努力,要知道,之前我试图终结他的生命。"

这个可憎又残忍的凶手,这个对受害者毫无怜悯之心、在法庭上毫无悔意的家伙,被他试图杀死的那个人感动和改变了。被执行死刑前夕,他说"希望会有一个好的结果"。

在生命的最后时刻,他留下了这样两句话:"世界上一直都充满了仇恨,而这种仇恨必须予以制止。仇恨会导致一生的痛苦。"

2011年7月20日晚上8点53分，也就是在说完上面这些话几分钟之后，马克·安东尼·斯特罗曼被执行死刑。这距离他实施谋杀已经过去了近10年的时间，法律程序终于走向终点。

站在检察官的角度，我现在可以说该案的形式正义已经实现。陪审团进行了评议，法律得到了遵守，犯人最终也受到了处罚。

但站在一个美国人的角度，站在一个人的角度，我认为该案还让我们获得了更多的经验。

这个经验或许就是：在该案中，我们尊重一丝不苟又无休无止的法律机器，但更惊叹于心怀仇恨的受害者的转变——他成为宽容之师，而且在这一过程中，他似乎也改变了那个试图杀死他的凶手。

所以，我在这里以开篇般结束本书。

法律是一个神奇的工具，但它也有局限性，而好人是没有局限性的。

法律与宽恕和救赎无关。

法律不能强迫我们相亲相爱，互相尊重。

它不能消除仇恨或战胜邪恶，不能教人仁慈或浇灭激情。

仅靠法律本身是无法实现这一切的。

它还需要人——勇敢、强大和非凡的人。

致谢

尽管篇幅很长，但本书只是简单谈及了我想要传递的正义以及我服务13年之久的这家机构，连皮毛都谈不上。我无法讲出每一个故事，讨论每一个教训，指出每一次失败，也无法介绍每一位英雄。有一些鲜为人知的案子我做了详细的描述，很多备受瞩目的大案要案却根本没有提及，或只是一带而过。即便如此，正是我所有经历的总和——大大小小的案子，包括我亲自处理或由我监管的案子——激励着我写下每一个或聪明或愚蠢的想法。书中的错误有很多，但所有责任在我。

我首先要感谢我杰出的编辑彼得·盖泽斯（Peter Gethers）。我认为他注定是要编辑这本书的。几年前，彼得抱着试试看的心态，主动向我约稿，这完全出乎我的意料。要知道，那时距我离开联邦检察官这个岗位还有三四年的时间。在可预见的一段时期内，我不可能写书，但彼此的友谊就此生根。我很幸运，彼得认为我首先是一个公务员，然后才是一个作者。这样的顺序是对的。他用铅笔——是的，铅笔，而不是红色墨水钢笔——仁慈又无情地开展编辑工作，大大提高了书稿的质量。在此一并感谢桑尼·梅塔（Sonny Mehta）对本书的支持和信任，同时也感谢克诺夫出版公司（Knopf）的让娜·德文斯基（Janna Devinsky）、保罗·博加德（Paul Bogards）、埃琳·哈特曼（Erinn Hartman）、杰茜卡·珀塞尔（Jessica Purcell）、尼古拉斯·拉蒂默（Nicholas Latimer）、克里斯·吉莱斯皮（Chris Gillespie）、萨拉·伊格尔（Sara Eagle）、卡罗尔·卡森（Carol Carson），以及其他所有优秀的人。

文学经纪人埃莉丝·切尼（Elyse Cheney）是我的朋友，而在本书的出版过程中，她也一直是我的支持者。在漫长而又充满思考的会谈中，埃莉丝和艾丽斯·惠特惠姆（Alice Whitwham）帮我磨砺思想，充实框架，传递心声。我们一起在欢声笑语中度过了这段时光。在此也对埃莉丝·切尼文学联合公司（Elyse Cheney Literary Associates）的克莱尔·吉莱斯皮（Claire Gillespie）和亚历克斯·雅各布斯（Alex Jacobs）付出的努力表示感谢。

在此特别感谢布赖恩·凯夫律师事务所（Bryan Cave）的埃里克·卡恩（Erik Kahn）和道格拉斯·温特斯（Douglas Winters），感谢他们在本书写作之初给我的支持及其提供的法律建议。

我在CAFÉ的同事给予了我很多帮助；CAFÉ是一家媒体公司，我的播客节目就是在这里制作的。在撰写本书的过程中，身兼双重身份的威尼特（Vinit）——既是我的弟弟，又是我的老板——不遗余力地帮助我，给我提供各种资源和建议，还一直给我打气。CAFÉ的多位优秀人士——塔玛拉·塞佩尔（Tamara Sepper）、朱莉娅·多伊尔（Julia Doyle）、维纳伊·巴斯蒂（Vinay Basti）和贾里德·米尔弗雷德（Jared Milfred）专门腾出时间，帮我审核、改进和研究本书的相关内容。朱莉娅和维纳伊更是不辞辛劳，对案子进行了复核，梳理了初稿，并校对了各个章节的内容，将我的部分文字点石成金。

我被纽约大学法学院聘为常驻杰出学者，这对我来说是一个崇高的头衔。特别感谢在该学校工作的学者和就读的学生。首先要感谢的是法学院出色的学生助理萨拉·博德纳（Sara Bodner）、鲁平德·加尔查（Rupinder Garcha）和拉维·辛格（Ravi Singh），感谢他们的洞见和研究，感谢他们严谨的精神和敏锐的目光。同时，我也特别感谢纽约大学法学院司法研讨班上的学生，他们非常聪明；本书中讲述的很多案子以及我所面临的窘境，我都和他们讨论过。最后，我还要感谢我的朋友、纽约大学法学院院长特雷弗·莫里森（Trevor Morrison），感谢他始终如一的鼓励和支持。

我承认我犯过本书中所提出的每一宗"罪"：忽视了受害者的痛苦，忘记了我也会犯错，在工作的压力下偏离正确的轨道，过于固执地长期持有某一观点，对于那些我认为无法用言语表达的愚蠢问题置之不理。在大多数时候，是我认识的那些最勤勉又理想主义的人拯救了我，是他们的优秀和正直拯救了我。这些人包括我在纽约南区的同事，也包括其他机构的同僚。在某种意义上，这本书是关于他们的，也是献给他们的。而这本书之所以能问世，也完全是因为他们。

我在纽约南区的助理——博伊德·约翰逊、理奇·扎贝尔和金俊贤是我最宝贵的三位朋友。他们是我最亲密的顾问，也是对我影响最大的人。此外，他们还是非常出色的编辑，每个人都为我提供了灵感和指导，并同我建立了永恒的友谊。在任何工作中，这都是一个人最需要的资源。

在这里还要感谢无数其他的朋友和同事，感谢他们的陪伴、建议、修正、指导、编辑和教诲。由于要感谢的人实在太多，我担心自己不经意间会有遗漏。其实书中已经提到了很多人，但我还是想给出他们所有人的名字：阿尼鲁德·班萨尔（Anirudh Bansal）、雷切尔·巴尔科（Rachel Barkow）、马克·伯杰（Marc Berger）、迈克尔·博斯沃思（Michael Bosworth）、佩里·卡蓬（Perry Carbone）、克里斯·康尼夫（Chris Conniff）、詹姆斯·科特（James Cott）、迈克尔·法尔比亚斯（Michael Farbiarz）、妮科尔·弗里德兰德（Nicole

Friedlander）、杰西·弗曼（Jesse Furman）、杰茜卡·戈德史密斯·巴尔齐莱、诺拉·赫勒（Nola Heller）、比尔·约翰逊（Bill Johnson）、邦尼·乔纳斯（Bonnie Jonas）、乔纳森·科洛德纳（Jonathan Kolodner）、阿曼达·克雷默（Amanda Kramer）、保罗·克里格（Paul Krieger）、琼·洛克南、布伦丹·麦圭尔、安妮·米尔格拉姆、卢·米廖内斯（Lou Millione）、莉萨·莫纳科（Lisa Monaco）、马克·拉卡内利（Marc Racanelli）、米米·罗卡（Mimi Rocah）、戴维·罗迪、安坚·萨尼、尤西尔·斯克里布纳（Yusill Scribner）、丹·斯坦和乔斯林·施特劳贝尔（Jocelyn Strauber）。

　　我在书中提到了很多纽约南区的调查员，因为在我先前供职的办公室，他们才是真正的幕后英雄，但我也要感谢他们的主管埃里克·布拉赫曼（Eric Blachman）和基思·塔尔伯特（Keith Talbert）。此外，还有很多很多特工、警察、监察员和分析师等工作人员应被提及，我感谢他们所有人，毕竟，书中写的案子是他们一手办理的。感谢联邦调查局的负责人乔治·韦尼泽洛斯（George Venizelos）、迭戈·罗德里格斯（Diego Rodriguez）、乔·德马雷斯特（Joe Demarest）和贾尼丝·费达齐克（Janice Fedarcyk），也感谢纽约市警察局的雷·凯利、比尔·布拉顿（Bill Bratton）、吉米·奥尼尔（Jimmy O'Neil）、约翰·米勒（John Miller），以及其他的很多工作人员。感谢美国缉毒局、烟酒枪械及爆炸物管理局、国家税务局、国土安全调查局（HSI）、内政部（DOI）和邮政管理局（USPS）等众多机构里不辞辛劳的英雄们。我会永远铭记我们的友谊，感谢他们的指导和服务。

　　在一个动荡又重要的时期，我曾在美国参议院司法委员会工作，担任参议员查尔斯·舒默的法律顾问。在这里，我要单独拿出一段来向他表示我永远的感激：正是因为他向奥巴马总统举荐，我才得以出任联邦检察官。他认为我完全可以胜任这份重要的工作，而除了我的直系亲属，再没有比参议员舒默更相信我专业能力的人了。他也是我见过的工作最努力的人。

在此我还要感谢我的家人，特别是我的妻子达利娅。她是爱和耐心的化身。在这艰巨的18个多月里，她读过本书每一稿的每一页，并就此提出了富有灵感的编辑建议。她包容了我无法陪伴她，包容我的紧张情绪和暴躁脾气。她跟我细细谈到了令人苦恼的不安全感，也谈到作家的写作瓶颈，正是她的文思让我免于陷入极大的尴尬境地。她不断鼓励我，但也对我非常严格，只不过她在这中间找到了一个完美的平衡点。这非常了不起，也完全符合我对一个配偶编辑的期待。谢谢你！

感谢我那三个美丽的孩子——马娅、杰登和拉姆。虽然没有编辑我的文稿，但他们每天都围着我，给我带来快乐，也激励着我，让我意识到他们更应该生活在一个公平和公正的社会里。因为这本书是关于未来的，所以也是献给他们的。

最后，让我把感谢和祝福送给我的爸爸和妈妈：杰格迪什·巴拉拉（Jagdish Bharara）和德什·巴拉拉（Desh Bharara）。在我还是一个婴儿的时候，他们便把我从印度带到美国。如今，49年过去了，这本书也出版了。他们并不是律师，也没有特别期望我能成为律师。但是他们最先让我知道了什么是正义，什么是公平，以及原则的重要性——他们只是以身作则，在日常生活中静静地展现这些美德和价值观。直到今天，他们也依然如此。